改訂版 世界一 高校入試
わかりやすい
中学英単語
難関高校対策編

著者
関 正生　桑原 雅弘

本書は 2018 年 2 月に小社より刊行された『高校入試 世界一わかりやすい中学英単語 [難関高校対策編]』を改題の上、増補・再編集したものです。

KADOKAWA

はじめに

中学のうちにできるだけ英語力を高めておこう

　難関高校の受験において、公立と私立では問題のレベルにとてつもなく大きな「差」があります。ある程度のレベルの中学生にとって、公立高校の入試問題は簡単すぎるのです。これをゴールと考えてしまうと、そのツケは高校にまわります（一部の地域の公立高校では独自入試などを取り入れているところもありますが、大半の地域では統一された問題です）。

　特に地方の場合、塾へ行っても「公立最重視」ということがよくあります。県内トップの高校を目指すクラスでも、ひたすら簡単な問題を繰り返す勉強が中心となることが多いのです。

　一方、難関私立の問題は、大学入試かと思うような問題も散見されます。とても同じ中学生が受けるものとは思えません。ですからこの本を手にしたみなさんは志望校が公立であれ、私立であれ、中学生としての上級～最上位レベルを目指してほしいのです。

　もしかしたら、公立高校を目指す人が不安になったかもしれませんが、だからこそこの本でしっかり英語力をつけてもらえれば大丈夫です。ちなみに本書の著者は2人とも県立高校出身です（関は埼玉県立浦和高校、桑原は山口県立下関西高校）。

高校受験は、自分のこれから通う学校を決めるために真剣に勉強するわけですから、見方を変えれば、ここまで真剣に英語を勉強する機会は人生でもそう多くはありません。ぜひこの機会でみなさんの英語力をできるだけ高めてください。公立高校の入試では必要のないレベルまで覚えたところで、どうせ高校に入ったら覚えないといけないものばかりです。ならば今のうちに覚えてしまうほうが高校でさらにレベルアップできるはずです。

　本書は単に中学の教科書や最新の高校入試を分析しただけでなく、将来（大学受験・大学以降の英語）を見据えたうえで、単語の選定・例文・コメントを加えているのが特長です。それは、たくさんの大学受験の問題集、英検対策本、TOEIC® テスト対策本、英会話の本などを書いてきた著者2人の実績と経験がなせることだと自負しています。

　この単語帳で、「単語の勉強って意外とオモシロイ！」「こうすれば覚えられるんだ！」と実感してもらえたら、我々2人にとってこれ以上に嬉しいことはありません。さまざまな工夫を凝らしたこの本を通して英語力を上げ、志望校合格を勝ち取ってください。

関 正生　桑原 雅弘

【本書の特長】

脱丸暗記！

　各単語に「コメント」をつけました。「語源・イメージ・日本語との関連・使い方・入試情報」など様々な視点からのコメントが「覚えるきっかけ」になるはずです。

最新テーマの対策も万全！

　高校入試の長文には最新テーマが出ます。本書では、新型コロナウイルスの話題で欠かせない infect「感染させる」、男女平等の話題で必須の gender「性」や diversity「多様性」、環境・ゴミ問題でよく出る recyclable「リサイクル可能な」といった単語まで対策しています。

点数につながる！

　実際の入試で「どう出るか？」という視点もかなり意識しています。たとえば、forward（385番）は look forward to -ing「〜するのを楽しみにする」の形で狙われます（灘・開成高校などの文法問題で出題済み）。他にも、boring（312番）は bored との区別が狙われる、content（628番）は「中身・内容」と「満足した」の2つの意味が狙われる、countryside（690番）は英作文や英検の面接でよく出る「都市 vs. 田舎」の話題で重宝する、flood（125番）は「フラッド」、blood（698番）は「ブラッド」という発音が狙われる、などの情報が満載です。

洗練された例文

　その単語を使っただけの無機質な英文ではなく、「例文から単語の意味や場面がイメージできる」「入試にそのままよく出る」「英会話で使える」「関連語が含まれている」などの工夫を凝らしました。その結果、従来の単語帳よりも長い（難しい）ものも含まれますが、あくまで入試レベルを意識した英文であり、長文読解の土台にもなるはずです。

※中には、実際に難関高校で出題された長文から抜粋したものもあります。「最新入試で実際にどう出るのか？」がわかります。

「日本紹介の英作文」も
しっかり対策

　高校入試では「日本の文化を英語で紹介する」英作文がよく出ます。たとえば、いきなり「お正月」について外国人に説明するのは、日本語であっても何を言うか迷ってしまいますよね。本書では中学レベルの単語を使った「お正月」などを説明する英文を掲載しました。多くの中学生が苦手としている「日本紹介の英作文」を完璧に攻略できるだけでなく、将来の大学入試でも、さらには実際に外国人と話をするときにも役立ちますよ。

【本書の使い方】

見出し語には意味、
派生語、発音記号＆ルビも記載

infect
[infékt] インフェクト

感染させる　infection **名** 感染
infectious **形** 感染性の

 例文 The number of people who have become infected by the coronavirus is increasing. (コロナウイルスに感染する人が増えている)

 構文 〈The number [of people [who have become infected (by the
S
coronavirus)]]〉 is increasing.
V

「体の中で（in）病気を作る（fect）」→「感染させる」で、受動態 be infected「感染する」でよく使います。難関校では、例文と More and more people have become infected by the coronavirus. の書き換えが狙われたこともあります。

目からウロコの解説は、
まさに「読む単語帳」！

＊「 **構文** のカッコの使い分け」
については 9 ページ参照。

すべての例文の「構文」を図
式化。文法・長文にも強くなる！
＊「S」＝主語、「V」＝動詞、
「O」＝目的語、「C」＝補語
を表します。

6

―――― 自由にやってOK ――――

しっかり取り組めば、どうやっても OKなので、自分の好き
なように取り組んでください。「単語の意味が言える」が1つの
ゴールで、「例文の意味がわかる」は理想のゴールです。どちら
を目指すかは自分で決めて OKです。

※以下の内容は参考にして、自分に合いそうなら取り入れてみてください。

―――― Chapter 1 と 2 の取り組み方 ――――

まずは Chapter 1 を完成させてから（Chapter 1 だけを何回
かやってから）、Chapter 2 へ進むのも 1 つのやり方です。

―――― あえて「意味」に絞る ――――

Chapter 1 から始めて、「単語・意味・コメント・例文」を
チェックしていきましょう。きつい場合は、まずは「単語・意
味・コメント」に絞って 1 周してから、 2 周目で例文を読む、
という流れでも OKです。

🔊 音声のご利用方法

見出し語（英単語）と例文の音声を、次の①または②の方法で聴くことができます。記載されている注意事項をよく読み、内容に同意いただける場合のみご利用ください。

※音声は、「見出し語」→「見出し語の日本語訳」→「見出し語」→「例文」という順に収録されています。
　トラック 🔊 1-01 は音声ファイル名に対応しています。

1 パソコンでダウンロードして聴く方法

https://www.kadokawa.co.jp/product/322211001041/

上記の URL へアクセスいただくと、mp3形式の音声データをダウンロードできます。「特典音声のダウンロードはこちら」という一文をクリックしてダウンロードし、ご利用ください。

※音声は mp3形式で保存されています。お聴きいただくには mp3ファイルを再生できる環境が必要です。
※ダウンロードはパソコンからのみとなります。携帯電話・スマートフォンからはダウンロードできません。
※ダウンロードページへのアクセスがうまくいかない場合は、お使いのブラウザが最新であるかどうかご確認ください。また、ダウンロードする前にパソコンに十分な空き容量があることをご確認ください。
※フォルダは圧縮されています。解凍したうえでご利用ください。
※音声はパソコンでの再生を推奨します。一部のポータブルプレーヤーにデータを転送できない場合もございます。
※なお、本サービスは予告なく終了する場合がございます。あらかじめご了承ください。

2 スマートフォンで音声を聞く方法

 abceed
AI英語教材エービーシード

abceed アプリ（無料）
Android・iPhone 対応

https://www.abceed.com/

ご利用の場合は、QRコードまたは URL より、スマートフォンにアプリをダウンロードし、本書を検索してください。

※ abceed は株式会社 Globee の商品です（2023年6月時点）。

関　正生（せき　まさお）
慶應義塾大学文学部（英米文学専攻）卒業。TOEIC® L&Rテスト990点満点取得。出講した予備校では、朝6時からの整理券配布、立ち見講座、定員200名の講座を1日に6回行い、すべて満席。スタディサプリでは年間140万人以上の受講者を持つ。著書は『真・英文法大全』（KADOKAWA）など130冊以上、累計300万部突破。

桑原　雅弘（くわはら　まさひろ）
東京外国語大学国際社会学部（英語科）卒業。英検1級、TOEIC® L&Rテスト990点満点、TOEIC® S&Wテスト各200点満点取得。大学入学時より関正生が所属する有限会社ストリームライナーにて80冊以上の参考書・語学書の制作に携わる。著作（共著）に『世界一わかりやすい英検準1級に合格する過去問題集』（KADOKAWA）など。

改訂版　高校入試　世界一わかりやすい中学英単語
［難関高校対策編］

2023年6月26日　初版発行

著者／関　正生／桑原　雅弘

発行者／山下　直久

発行／株式会社KADOKAWA
〒102-8177　東京都千代田区富士見2-13-3
電話　0570-002-301（ナビダイヤル）

印刷所／株式会社加藤文明社印刷所

製本所／株式会社加藤文明社印刷所

もっと深く
学ぶために （構文）のカッコの使い分け

　本書では、構文を理解しやすくするために必要に応じて下線やカッコを用いています。カッコは、品詞（名詞・形容詞・副詞）で〈　　〉[　　]（　　）を使い分けています。例文をしっかり読み込んで勉強したいという人は、「品詞」を意識して読むきっかけにしてください。高校へ行ってから品詞の力は重視されるので、将来役立ちますよ。

1　カッコや記号の使い分け

名詞句・名詞節 ➡ 〈　〉　※名詞は重要なので、目立つ〈　〉を。

形容詞句・形容詞節 ➡ [　]

副詞句 ・ 副詞節 ➡ （　）　※副詞は「なくてもかまわない要素」なので、（　）を使います。

等位接続詞（and / but / or / so など）➡ ┈┈┈

従属接続詞（when / if など）➡ □□□

※接続詞は構文をつかむ上で特に重要なので、普段から意識する習慣をつけるために枠で示しました。

主語 ➡ S　動詞 ➡ V　目的語 ➡ O　補語 ➡ C

従属節の中の主語・動詞 ➡ s・v

省略可能 ➡ {　}

2　品詞の考え方

❶ 名詞 ➡ S・O・Cになる
名詞は S（主語）、O（目的語）、C（補語）のどれかになります。

❷ 形容詞 ➡ 名詞修飾 or Cになる
形容詞は名詞を修飾（説明）するか、C（補語）になります。

❸ 副詞 ➡ 名詞以外を修飾
副詞は動詞・形容詞・他の副詞・文全体を修飾します。
「名詞以外を修飾」と覚えればカンタンです。

CONTENTS

CHAPTER

1

中上位の
公立高校
合格レベル

「possible は "It is possible for 人 to 〜 ." でよく狙われる」など、難関高校の入試問題でよく出る使い方や熟語にも触れて、得点アップに直結させていきます！

001

cancel
[kǽnsəl] キャンセル | 中止にする、取り消す

This is the first time that the Olympic Games have been postponed rather than canceled. （オリンピックが中止ではなく延期になったのは今回が初めてだ）

This is ⟨the first time ⟨that the Olympic Games have been postponed
S V   C
(rather than canceled)⟩⟩.

「予約をキャンセルする」と日本語でもよく使いますね（「予約を取り消す」ということ）。例文にある postpone「後に（post）まわす」→「延期する」もチェックしておきましょう。

002

cost
[kɔ́ːst] コースト | （お金が）かかる 名費用
cost – cost – cost

If you need a plastic bag, it costs five yen in this store.
（ビニール袋が必要な場合、この店では5円かかります）

(If you need a plastic bag), it costs five yen (in this store).
s v   o   S V   O

日本語でも「コスト（費用）がかかる」と使われています。本来「奪う」で、cost 人 お金「人 から お金 を奪う」→「人 に お金 がかかる」となりました（例文では 人 が省略）。cost 人 命 は「人 から 命 を奪う」→「人 の 命 が犠牲になる」です。

003

trust
[trʌ́st] トラスト | 信頼する 名信頼

Though Japanese people have trusted cash for a long time, we need cashless systems.
（日本人は長い間現金を信用してきたが、キャッシュレスシステムが必要だ）

(Though Japanese people have trusted cash (for a long time)),
s   v   o
we need cashless systems.
S V   O

会社名によく「トラスト」が使われていたりします。海外ドラマでは、Trust me!「オレを信じてくれ！」と使われることも多いです。

アイコン説明 Review! 前に出てきた単語を覚えているか、チェックしましょう。
周回Check! 取り組んだ日付を書きこんで、3周(回)はくりかえしましょう。

12

receive

[risí:v] リスィーヴ

受け取る
receipt 名 領収書

例文 I received the CD that I bought online in the mail.
（私はネットで買った CDを郵送で受け取った）

構文 <u>I</u> <u>received</u> 〈the CD [that I bought online]〉 (in the mail).
S　V　　　　O

バレーボールなどの「レシーブ」は「相手の球を受けること」です。「物を受け取る」に限らず、receive education「教育を受ける」、receive an award「賞を受ける」→「受賞する」のようにも使えます。

hit

[hít] ヒット

打つ、（災害が）襲う 名 打撃
hit – hit – hit

例文 The carpenter hit the nail with a hammer.
（その大工はハンマーでくぎを打った）

構文 <u>The carpenter</u> <u>hit</u> <u>the nail</u> (with a hammer).
S　　　　　V　　O

野球のヒットは「（球をバットで）打つ」ということです。難関校では「（災害が）ある土地を打つ」→「襲う」という意味も重要です（入試で災害の話題は頻出）。
例：A severe earthquake hit the town. 激しい地震がその町を襲った。

shut

[ʃʌ́t] シャット

閉める
shut – shut – shut

例文 It's cold here. Could you please shut the window?
（ここは寒いです。窓を閉めていただけませんか?）

構文 <u>It's</u> <u>cold</u> here. Could <u>you</u> please <u>shut</u> <u>the window?</u>
S V　C　　　　　　S　　　　V　　O

「シャッター（shutter）」や、パソコンを閉じる「シャットダウン（shut down）」からイメージできます。受動態で Water will be shut off for an hour.「1時間断水になります」のようにも使われます（この shutは過去分詞）。

周回Check! 1 / 2 / 3 /

007

drop
[dráp] ドゥラップ | 落ちる、落とす

例文 I think I dropped my wallet somewhere. I can't find it.
（どこかで財布を落としたみたい。見つからないんだ）

構文
$\underset{S}{\text{I}} \underset{V}{\text{think}} \langle \{\underline{\text{that}}\} \underset{s}{\text{I}} \underset{v}{\text{dropped}} \underset{o}{\text{my wallet}} (\text{somewhere}) \rangle . \underset{S}{\text{I}} \underset{V}{\text{can't find}} \underset{O}{\text{it}}.$

過去形は p を重ねて dropped とする点に注意しましょう（このパターンは stop と drop の2語が大切）。ちなみに「落ちる」→「（落ちるようにフラッと）立ち寄る」、「落ちる」→「やめる」という意味もあります。

008

check
[tʃék] チェック | 確認する

例文 I think the plane leaves at 6:50 p.m., but we should check.
（その飛行機は午後6時50分に出発すると思うけど、確認したほうがいい）

構文
$\underset{S}{\text{I}} \underset{V}{\text{think}} \langle \{\underline{\text{that}}\} \underset{s}{\text{the plane}} \underset{v}{\text{leaves}} (\text{at 6:50 p.m.}) \rangle , \underline{\text{but}} \underset{S}{\text{we}} \underset{V}{\text{should check}}.$

日本語でもそのまま「チェックする」と言いますね。check in「チェックインする」や check out「チェックアウトする」という熟語もおさえておきましょう。

009

attend
[əténd] アテンド | 出席する

例文 The students in my school attend class from Monday to Friday.
（私の学校の生徒たちは月曜日から金曜日まで授業を受けています）

構文
$\underset{S}{\langle \text{The students [in my school]} \rangle} \underset{V}{\text{attend}} \underset{O}{\text{class}} (\text{from Monday to Friday}).$

基本的に「直後に目的語をとる」点が大切です。難関校では（×）attend at a long school assembly で「at が不要」と指摘する文法問題が出たこともあります（正しい形は（○）attend a long school assembly「長い全校集会に参加する」）。

Review!

☐ cancel ☐ trust ☐ hit
☐ cost   ☐ receive ☐ shut

010

express

[iksprés] イクスプレス

表現する　形 急行の、速達の

例文 I expressed my thanks to her for giving me good advice.
（良いアドバイスをくれたことについて、私は彼女に感謝の意を表した）

構文 <u>I</u> <u>expressed</u> <u>my thanks</u> (to her) (for giving me good advice).
　　S　　V　　　　O

「外に（ex）考えを押し出す（press）」→「表現する」、「外に押し出されるくらい一気に走る」→「急行の・速達の」です。express trainは「急行列車」で、日本の鉄道でも「○○エクスプレス」と使われることがあります。

011

choose

[tʃúːz] チューズ

選ぶ　choice 名 選択
choose – chose – chosen

例文 There are so many delicious dishes on this menu. I don't know which one to choose. （このメニューにはおいしい料理が本当にたくさん載っている。僕はどれを選べばいいかわからないよ）

構文 <u>There</u> <u>are</u> ⟨so many delicious dishes⟩ (on this menu). <u>I</u> <u>don't know</u>
　　　　V　　　　S　　　　　　　　　　　　　　　　　S　　V
⟨which one to choose⟩.
　　　O

名詞 choice「選択」は「買い物で良いチョイスをする」と使われています。その動詞形が choose で、choose-chose-chosen と発音も一緒に覚えてください。

012

celebrate

[séləbrèit] セレブレイト

祝う　celebration 名 お祝い
celebrity 名 有名人

例文 We celebrate Christmas on December 25th.
（私たちは 12 月 25 日にはクリスマスをお祝いします）

構文 <u>We</u> <u>celebrate</u> <u>Christmas</u> (on December 25th).
　　S　　V　　　　O

お正月をはじめ、日本の「祝日」などを外国人に説明するときにも重宝する単語です。ちなみに日本語の「セレブ」は「お金持ち」のイメージですが、英語 celebrity は「みんなから祝福（celebrate）されるような人」→「有名人」です。

周回 Check!　1　／　2　／　3　／

013

support
[səpɔ́:rt] サポート

支える　**名** 支持、援助

例文 I like your idea, so I will support your plan.
（僕は君の考えを気に入ったので、君の計画を支持するよ）

構文
I like your idea, so I will support your plan.
S V O S V O

 サッカーなどで「応援して選手などを支える人」を「サポーター」と言います。「（天井などを）支える／（考え・計画を）支持する／（人・家族などを）援助する」など、幅広く使える単語です。

014

continue
[kəntínju:] カンティニュー

続く、続ける

例文 The tennis match continued for four hours.
（そのテニスの試合は4時間続いた）

構文
The tennis match continued (for four hours).
S V

 ゲームでゲームオーバーになったとき、continue「続ける（もう一度最初からやり直す）」という表示がよく出てきます。また、ドラマの最後に出る "to be continued" は「（次回に）続けられる」→「続く」のことです。

015

perform
[pərfɔ́:rm] パフォーム

行う、演じる
performance **名** 実行、上演

例文 My favorite Hollywood star performs in that movie, so I really want to see it. （私の大好きなハリウッドスターがその映画に出演しているので、その映画が本当に見たいなあ）

構文
〈My favorite Hollywood star〉 performs (in that movie), so I
S V S
really want to see it.
V O

 日本語の「パフォーマンス」は「人目を引く派手な行為」のイメージが強いと思いますが、英語の performや performanceは派手なものとは限りません。

Review!
□ drop
□ check
□ attend
□ express
□ choose
□ celebrate

動詞

名詞

形容詞

副詞

notice

[nóutis] ノウティス

気づく、注目する
名 注意、通知

例文 **Didn't you notice I changed my hairstyle?**
（ヘアスタイルを変えたのに気づかなかったの?）

構文 Didn't <u>you</u> <u>notice</u> ⟨{that} <u>I</u> <u>changed</u> <u>my hairstyle</u>⟩?
　　　　　S　　V　　　　　　　s　　v　　　o

「何かにパッと気づく」イメージで、「気づく」、「気づいた後にじっくり見る」→「注目する」となりました。看板や通知の掲示物に "NOTICE" と書かれていることもあります。

judge

[dʒʌdʒ] ヂャッヂ

判断する
名 審査員、裁判官

例文 **Don't judge Masaya by his appearance. He looks like a student, but he runs his own company.** （マサヤを見かけで判断してはいけません。彼は学生に見えますが、自分の会社を経営しています）

構文 <u>Don't judge</u> <u>Masaya</u> (by his appearance). <u>He</u> <u>looks</u> <u>like a</u>
　　　　V　　　　　O　　　　　　　　　　　　　S　　V　　　C
<u>student</u>, but <u>he</u> <u>runs</u> <u>his own company</u>.
　　　　　　　　　S　　V　　　O

スポーツ中継で「審判のジャッジが下る」「審判がジャッジする」と使われていますね。ちなみに、例文の run は「経営する」です。

post

[póust] ポウスト

貼る、掲示する、投函する
名 柱、郵便（ポスト）

例文 **Could you post this letter for me if you are going by a mailbox?** （ポストのそばを通るなら、この手紙を投函してくれませんか?）

構文 Could <u>you</u> <u>post</u> <u>this letter</u> (for me) (<u>if</u> <u>you</u> <u>are going</u> by a mailbox)?
　　　　S　　V　　O　　　　　　　　　　s　　v

本来は「柱」で（サッカーの「ゴールポスト」で使われています）、「（ビラを柱に）貼る・掲示する」→「投函する」、「ネットに掲示する」→「投稿する」となりました。post a video on Instagram「Instagramに動画を投稿する」と使えます。

周回Check! 1 / 2 / 3 /

019

prepare
[pripéər] プリペア

準備する

例文 Hina has to prepare for an important exam.
（ヒナは重要な試験に向けて準備しなければならない）

構文 <u>Hina</u> <u>has to prepare for</u> <u>an important exam</u>.
　　　　S　　　　V　　　　　　　　　　O

pre「前もって」に注目して、「前もって準備する」と考えればOKです。prepare for ～「～のために準備する」→「～の準備をする」の形で狙われます。

020

guess
[gés] ゲス

推測する、思う

例文 Can you guess his grandfather's age? – I guess he is over 80.
（彼のおじいさんの年齢はわかりますか? ― 80歳以上かなあ）

構文 Can <u>you</u> <u>guess</u> <u>his grandfather's age</u>? – <u>I</u> <u>guess</u> ⟨{that} <u>he</u> <u>is</u> <u>over 80</u>⟩.
　　　　　 S　　 V　　　　　O　　　　　　　　　S　 V　　　　　　 s　 v　　c

一説ではgetと語源が同じで、「手がかりをゲットする」→「推測する」となったそうです。I guess {that} ～ は「～かなあ・～かもね」といった感じです（I think ～ より確信の度合いが低いイメージ）。

021

follow
[fálou] ファロウ

後を追う、従う

例文 My dog always follows me when I have food.
（私の犬は、食べ物を持っているといつもついてきます）

構文 <u>My dog</u> always <u>follows</u> <u>me</u> (when <u>I</u> <u>have</u> <u>food</u>).
　　　　　S　　　　　　　V　　 O　　　　　　　s　 v　　o

「SNSをフォローする」とは「その人の発信を追いかける」ということです。「助言・ルールなどの後を追う」→「(助言・ルールなどに) 従う」の意味も大切で、follow one's adviceは「～のアドバイスに従う」です。

Review!　□ support　　□ perform　　□ judge
　　　　　　　□ continue　 □ notice　　 □ post

invent

022

[invént] インヴェント

発明する

invention 名 発明
inventor 名 発明家

例文 Long before the Big Mac was invented, Britain had its own national form of fast food. （ビッグマックが発明されるはるか前に、イギリスには独自の国民的ファストフードがあった）

構文 (Long <u>before</u> the Big Mac was invented), <u>Britain</u> <u>had</u> ⟨its own national form [of fast food]⟩.

「ベンチャー企業（新しいことにチャレンジする冒険的な会社）」の venture「冒険・試み」と同じ語源で、inventは「挑戦して発明する」イメージです。

attract

023

[ətrǽkt] アトラクト

引きつける、魅了する

attractive 形 魅力的な

例文 *Rakugo* has a history of about 400 years. Why has it attracted people for such a long time? （落語には約400年の歴史があります。なぜ、これほど長い間、人々を魅了してきたのでしょうか?）

構文 *Rakugo* <u>has</u> ⟨a history [of about 400 years]⟩. Why has <u>it</u> <u>attracted</u> <u>people</u> (for such a long time)?

「~に向けて (at) 引っ張る (tract)」→「引きつける」、「人の心を引きつける」→「魅了する」です。tractは <u>tractor</u>「トラクター（農作業で引っ張る機械）」で使われています。

add

024

[ǽd] アド

加える

addition 名 追加
additional 形 追加の

例文 You need to add salt to the soup.
（スープに塩を足すべきですよ）

構文 <u>You</u> <u>need to add</u> <u>salt</u> (to the soup).

スマホやパソコンで「（機能・アカウントなどの）追加ボタン」に addと書かれていることがあります。add A to B「AをBに加える」の形が重要です。名詞形は in addition「加えて」や in addition to ~「~に加えて」が狙われます。

025 pay
[péi] ペイ

支払う
pay – paid – paid

例文 **He paid 30,000 yen for his new bag.**
（彼は新しいカバンを買うのに3万円払った）

構文 <u>He</u> <u>paid</u> <u>30,000 yen</u> (for his new bag).
S　V　　O

 Apple Pay・LINE Pay・PayPayなどは「支払いサービス」のことです。pay お金 for 〜「〜に お金 を払う」の形でよく使います。「払う」→「（注意を）払う」で、pay attention to 〜「〜に注意を払う」という熟語も大切です（585番）。

026 exchange
[ikstʃéindʒ] イクスチェインヂ

交換する 名 交換

例文 **I don't like this soup. Could I exchange it for a salad instead?**
（私はこのスープが好きではありません。代わりにサラダと交換できますか？）

構文 <u>I</u> <u>don't like</u> <u>this soup</u>. Could <u>I</u> <u>exchange</u> <u>it</u> (for a salad) (instead)?
S　V　　O　　　　　S　V　　O

 「離れて（ex）変える（change）」→「手放して変える」→「交換する」で、exchange A for B「AをBと交換する」の形が重要です。名詞として使った exchange student「交換留学生」という表現もよく出ます。

027 share
[ʃéər] シェア

共有する、分ける

例文 **I shared my potato chips with Haruto and he shared his drink with me.**（僕はハルトにポテトチップスを分け、彼は僕に飲み物を分けてくれた）

構文 <u>I</u> <u>shared</u> <u>my potato chips</u> (with Haruto) and <u>he</u> <u>shared</u> <u>his drink</u> (with me).
S　V　　O　　　　　　　　　S　V　　O

 「シェアハウス」「ルームシェア」「シェアカー」などと使われていますが、すべて「1つのもの（家や車）を数人で共有する」という意味ですね。share A with B「AをBと共有する・AをBに分ける」の形が大事です。

Review! □ prepare □ follow □ attract
□ guess □ invent □ add

028

offer
[ɔ́ːfər] オーファ

提供する、申し出る
名 提供、申し出

例文 I didn't understand the homework, but Riku kindly offered to explain it to me. （私は宿題がわからなかったが、リクが親切にも私に教えてくれると言ってくれた）

構文 I didn't understand the homework, but Riku kindly
S   V   O   S
offered to explain it (to me).
V   O

スポーツやビジネスでも「オファーがきた」と使われます。offer to ～「～しようと申し出る」の形が大切です（「未来志向」の to と相性が良い）。

029

expect
[ikspékt] イクスペクト

期待する、予想する
expectation 名 期待、予想

例文 That team is expected to win the game. They are very good. （あのチームは試合に勝つと予想されています。彼らはとても上手です）

構文 That team is expected to win the game. They are very good.
S   V   O   S   V   C

「期待しながら外を(ex)見る(spect)」→「期待する・予想する」となりました。例文は expect 人 to ～「人 が～すると予想する」の受動態で、人 is expected to ～「人 は～すると予想されている」です（人 に That team がきています）。

030

imagine
[imǽdʒin] イマヂン

想像する
imagination 名 想像（力）

例文 I can't imagine living without my smartphone. （スマホなしの生活は想像できないよ）

構文 I can't imagine 〈living (without my smartphone)〉.
S   V   O

頭の中であれこれ反復するように想像することから、後ろには to ではなく -ing をとります。「反復」系の動詞は -ing と相性が良いのです（例：practice -ing「～を練習する」/ consider -ing「～を考える」など）。

seem
[síːm] スィーム

〜のようだ

例文 Everyone seems tired. We should take a break.
（みんな疲れているようだね。休憩しましょうか）

構文
<u>Everyone</u> <u>seems</u> <u>tired</u>. <u>We</u> <u>should take</u> <u>a break</u>.
　　S　　　V　　　C　　　S　　　V　　　O

seem 形容詞 / seem to be 〜「〜のようだ」の形でよく使われます。後ろに名詞がくる場合は、seem like 名詞「名詞のようだ」と前置詞 like を使います。
例：Ms. Morita seems like a nice person. モリタさんは優しそうな人だ。

appear
[əpíər] アピァ

現れる、見える
appearance 名 外見、出現

例文 I was walking with my boyfriend, and suddenly my father appeared. （私が彼氏と歩いていると、突然お父さんが現れた）

構文
<u>I</u> <u>was walking</u> (with my boyfriend), and suddenly <u>my father</u> <u>appeared</u>.
S　　V　　　　　　　　　　　　　　　　　　　　　S　　　　V

単に appear on TV newsのように「（テレビなどに）出る」にも使えます。「様子が現れる」→「〜に見える」の意味も大事で、appear 形容詞 / appear to be 〜「〜のように見える」の形でよく使われます（seemと同じ用法）。

disappear
[dìsəpíər] ディサピァ

消える

例文 The magician waved his hand and the coin disappeared. It was amazing! （そのマジシャンが手を振ると、コインが消えたんです。驚きでした!）

構文
<u>The magician</u> <u>waved</u> <u>his hand</u> and <u>the coin</u> <u>disappeared</u>. <u>It</u> <u>was</u> <u>amazing</u>!
　　S　　　　　V　　　O　　　　　S　　　　V　　　　　S　V　　C

「否定（dis）＋現れる（appear）」→「消える」です。appear「現れる」に否定の dis がついただけですね。入試の長文では「言語の消滅」や「動物・恐竜の絶滅」の話でキーになることがあります。

Review!　□ pay　　　□ share　　　□ expect
　　　　　　 □ exchange　□ offer　　　□ imagine

034

graduate

[grǽdʒuèit] グラヂュエイト

卒業する

 Takashi graduated from high school last year. He's a university student now. （タカシは昨年高校を卒業しました。彼は今大学生です）

 Takashi graduated (from high school) (last year). He's a university student
　S　　V　　　　　　　　　　　　　　　　　　　　　S　V　　　　C
now.

 grade は「学位・成績」で、そこから「学位を取る」→「卒業する」となります。graduate from ～「～を卒業する」の形が重要です（from は「分離（～から離れて）」を表す）。

035

marry

[mǽri] マリィ

結婚する
marriage 名 結婚

 I can't live without you. Will you marry me?
（僕は君なしでは生きていけないんだ。結婚してくれないか？）

 I can't live (without you). Will you marry me?
　S　　V　　　　　　　　　　　　S　　V　　O

 marry 人・get married to 人「人 と結婚する」や be married to 人「人 と結婚している」の形でよく使われます。難関校では、Tom married Mary last year. → Mary got married to Tom last year. に書き換える問題が出題済みです。

036

rise

[ráiz] ライズ

昇る、上がる
rise – rose – risen

 The sun rises in the east and sets in the west.
（太陽は東から昇り、西に沈む）

 The sun rises (in the east) and sets (in the west).
　　S　　V　　　　　　　　　　　V

 「サンライズ（sunrise）」とは「太陽（sun）が昇る（rise）」→「日の出」です。例文の「東から」は（×）from the east とミスしがちですが、英語では方角を「大きな空間」と捉えるため in を使う点にも注意しましょう。

周回Check! 1 / 2 / 3 /

---

037 raise
[réiz] レイズ

上げる、育てる、（お金を）集める

例文 Raise your hand if you know the answer.
（答えがわかったら手を挙げてください）

構文 Raise your hand (if you know the answer).
　　　V　　 O 　　　　 S 　 V 　　 O

本来は「上げる」で、「親が子どもの年齢を上げる」→「育てる」、「集めたお金を積み上げる」→「（お金を）集める」となりました。rise「上がる」は自動詞ですが、raise「～を上げる」は他動詞（直後に名詞が必要）という区別も重要です。

---

038 lie
[lái] ライ

いる、ある、横になる
lie – lay – lain

例文 I often lie on my bed and read comics.
（僕はよくベッドに横になってマンガを読みます）

構文 I often lie (on my bed) and read comics.
　　　 S　　 V 　　　　　　　　　 V 　　 O

「横たわる」と教わることが多いですが、「いる・ある・横になる」と考えたほうがわかりやすいでしょう。lie down on the sofa「ソファで横になる」のように down とセットでもよく使います。

---

039 lay
[léi] レイ

置く、横にする
lay – laid – laid

例文 You should lay a beach towel down before you lie down.
（横になる前にビーチタオルを敷くべきだ）

構文 You should lay a beach towel down (before you lie down).
　　　 S　　 V 　　　 O 　　　　　　　　　　 S 　 V

「配置すること」を layout「レイアウト」と言います。「横たえる」という訳語で習うことが多いですが、「置く」と覚えたほうが簡単です。lieは自動詞、layは他動詞（直後に名詞がくる）という区別が大切です。

Review!
☐ seem　☐ disappear　☐ marry
☐ appear　☐ graduate　☐ rise

040

lead
[líːd] リード

導く　leader 名 リーダー
lead – led – led

 例文
I was lost, but a kind man led me to the station.
(僕は道に迷ったが、親切な男性が駅へ連れていってくれました)

 構文
<u>I</u> <u>was</u> <u>lost</u>, but <u>a kind man</u> <u>led</u> <u>me</u> (to the station).
S　V　C　　　　S　　　　V　O

「リーダー」は「集団を導く(lead)人(er)」です。例文の lead 人 to ～「人 を～ に導く・連れて行く」に加えて、"原因 lead to 結果"の使い方も大事です。
例：Lack of sleep leads to weight gain.　睡眠不足は体重の増加につながる。

041

cause
[kɔ́ːz] コーズ

引き起こす 名 原因

 例文
Too much alcohol can cause liver disease.
(酒を飲み過ぎると、肝臓病を引き起こす可能性がある) ※ liver「肝臓」

 構文
<u>Too much alcohol</u> <u>can cause</u> <u>liver disease</u>.
S　　　　　　V　　　　O

理由を表す接続詞 because と関連があります。「引き起こす」という訳語よりも "原因 cause 結果"の関係をおさえることが大切です。右向きの矢印 (→) のイメージで捉えれば OK です。例文も「原因：酒の飲みすぎ → 結果：肝臓病」ですね。

042

contribute
[kəntríbjət] カントリビュート

貢献する、～の原因になる
contribution 名 貢献

 例文
Environmental factors have greatly contributed to food shortages. (複数の環境要因が食料不足の大きな原因となっている)
※ factor「要因」／ shortage「不足」(701番)

 構文
<u>Environmental factors</u> <u>have greatly contributed to</u> <u>food shortages</u>.
S　　　　　　　　　V　　　　　　　　O

contribute to the team「チームに貢献する」の使い方だけでなく、"原因 contribute to 結果"の関係をおさえることが大切です。例文は「原因：環境要因 → 結果：食料不足」ですね。

043

impress
[imprés] インプレス

印象を与える、感動させる
impression 名 印象

 例文 Yuzuru's fantastic jump impressed the fans.
（ユズルの素晴らしいジャンプはファンを魅了した）

構文 〈Yuzuru's fantastic jump〉 impressed the fans.
　　　　　　　　S　　　　　　　　　　　V　　　　O

「心の中に（im = in）印象を押し付ける（press）」→「良い印象を与える」となりました。「感銘を与える・感心させる」「"すげえ！"と思わせる」感じでよく使われます。

044

amaze
[əméɪz] アメイズ

驚かせる　amazing 形 驚くべき
　　　　　amazed 形 驚いた

 例文 I'm amazed at her knowledge of fashion history.
（私は彼女のファッションの歴史に関する知識に驚いた）

構文 I'm amazed (at her knowledge [of fashion history]).
　　　　　S　　V

「驚く」ではなく「驚かせる」という意味です。amazingは「驚かせるような」→「驚くべき・素晴らしい」、amazedは「驚かせられた」→「驚いた」です。be amazed at[by] ～「～に驚く」の形でよく使います。

045

shock
[ʃák] シャック

衝撃を与える　shocking 形 衝撃的な　shocked 形 衝撃を受けて

 例文 We were all shocked at hearing the news of her sudden death. Nobody expected it.（私たちはみな、彼女が突然死んだという知らせに衝撃を受けた。誰もが予期せぬことだった）

構文 We were all shocked (at hearing 〈the news [of her sudden
　　　　S　　　　V
death]〉). Nobody expected it.
　　　　　　　　S　　　V　　O

英語のshockは「ショックを与える」という動詞が大切です。be shocked at[by] ～ で「～にショックを与えられる」→「～にショックを受ける」となります。

Review!　□ raise　□ lay　□ cause
　　　　　　□ lie　□ lead　□ contribute

hurt

[hə́ːrt] ハート

傷つける
hurt – hurt – hurt

例文 She fell down and hurt her knee.
（彼女は転んでひざをケガした）

構文
<u>She</u> <u>fell down</u> and <u>hurt</u> <u>her knee</u>.
S　　V　　　　　V　　O

hurt her knee「ひざをケガする」、hurt her feelings「彼女の感情を傷つける」のように「体・心を傷つける」の両方に使えます。例文の hurt は、主語が she なのに3単現の s がないので「過去形」です。heart「心」と混同しないようにご注意を。

injure

[índʒər] インヂャァ

傷つける
injury 名 ケガ

例文 I injured my neck in the car accident. It's really painful.
（私は自動車事故で首を負傷した。本当に痛い）

構文
<u>I</u> <u>injured</u> <u>my neck</u> (in the car accident). <u>It's</u> <u>really painful</u>.
S　V　　O　　　　　　　　　　　　　　S　V　　　C

「傷つく」ではなく「傷つける」という意味です。受動態 be injured「傷つけられる」→「傷つく・ケガする」でもよく使います。be injured in a traffic accident は「交通事故でケガをする」です。

wound

[wúːnd] ウーンド

負傷させる、ケガさせる
名 ケガ

例文 My grandfather was wounded in the war.
（私の祖父は戦争で負傷した）

構文
<u>My grandfather</u> <u>was wounded</u> (in the war).
S　　　　　　　　V

受動態 be wounded「負傷させられる」→「負傷する・ケガする」でよく使います。injure は事故・スポーツなどによく使う一方で、wound は戦争など大規模な場面で使われます（特に武器によって皮膚を貫通した傷のイメージ）。

周回Check! 1 ／ 2 ／ 3 ／

049

die
[dái] ダイ

死ぬ　death 名 死
dead 形 死んでいる

 例文 When one species dies, maybe other species that need it will die, too. （1つの種が死ねば、それを必要とする他の種も死んでしまうかもしれない）

 構文 (When one species dies), maybe 〈other species [that need it]〉 will die, too.

 名詞 death は日本でも「デスゲーム（死を伴う危険なゲーム）」などで使われています。動詞形が die「死ぬ」で、環境・生態系に関する長文や物語文・伝記でよく出る単語です。

050

survive
[sərváiv] サヴァイヴ

生き延びる、～より長生きする　survival 名 生き残ること

例文 In the past many scientists believed all dinosaurs died out, but now some say some dinosaurs survived. （かつて、多くの科学者はすべての恐竜が絶滅したと考えていたが、現在では一部の恐竜が生き残っていたと言う科学者もいる）

構文 (In the past) many scientists believed 〈{that} all dinosaurs died out〉, but now some say 〈{that} some dinosaurs survived〉.

 名詞 survival は「サバイバルゲーム」や「サバイバルナイフ」などで使われています。その動詞形が survive で、例文のように動物の絶滅の話でよく出ます。

051

escape
[iskéip] イスケイプ

逃げる

例文 We escaped from the burning building. I'm glad we got out in time. （私たちは燃えさかる建物から逃げた。逃げるのが間に合ってよかった）

構文 We escaped (from the burning building). I'm glad 〈{that} we got out (in time)〉.

  脱出ゲームなどでよく「エスケイプ」と使われています。本来は「頭からかぶるもの（cape：cap と同語源）を脱ぎ捨てて逃げる」という意味です。escape from ～「～から逃げる」の形でよく使われます。

Review!　□ impress　□ shock　□ injure
　　　　　　 □ amaze　□ hurt　□ wound

protect
[prətékt] プラテクト

守る、保護する
protection 名 保護

例文 Sunscreen protects your skin from the sun.
（日焼け止めは日光から肌を守ってくれる）

構文 <u>Sunscreen</u> <u>protects</u> <u>your skin</u> (from the sun).
　　　S　　　　　V　　　　O

スポーツなどで「体を守る防具」を「プロテクター（protector）」と言いますが、その動詞形が protect です。protect A from B「Aを Bから守る」の形でよく使います。

---

destroy
[distrɔ́i] ディストロイ

破壊する
destruction 名 破壊

例文 The village was destroyed by the flood last month.
（先月その村は洪水によって壊滅状態になった）

構文 <u>The village</u> <u>was destroyed</u> (by the flood) (last month).
　　　　S　　　　　　V

deは「下へ」で、「建物を下に引きずり降ろして取り壊す」イメージで覚えてください。災害の話題に加えて、環境がテーマの長文で destroy the environment「環境を破壊する」とよく使われます（⇔ protect the environment）。

---

waste
[wéist] ウェイスト

無駄にする　名 無駄、廃棄物

例文 I have to study for my English test, so I can't waste time talking with my friends. （僕は英語のテスト勉強をしなくちゃいけないから、友達とおしゃべりして時間を無駄にできないんだ）

構文 <u>I</u> <u>have to study</u> (for my English test), <u>so</u> <u>I</u> <u>can't waste</u> <u>time</u>
　　　S　　V　　　　　　　　　　　　　　　　S　　V　　　　　O
(talking with my friends).

野球の「ウエストボール」は「（スクイズ・盗塁を警戒して）1球ハズすムダな球」のことです。例文は waste 時間 -ing「〜して 時間 を無駄に過ごす」の形です。

動詞　名詞　形容詞　副詞

055

burn
[bə́:rn] バーン

燃やす

例文 **We burned the old newspapers in the fireplace.**
(私たちは暖炉で古新聞を燃やした) ※ fireplace「暖炉」

構文 <u>We</u> <u>burned</u> <u>the old newspapers</u> (in the fireplace).
　　 S　V　　　　O

 「ガスバーナー(<u>burner</u>)」とは「何かを燃やすもの」です。「バーン(burn)と燃やす」と覚えてもいいでしょう。環境問題で burn fossil fuels「化石燃料を燃やす」、ゴミ問題で burn garbage[trash]「ゴミを燃やす」とよく出ます。

056

knock
[nák] ナック

ノックする

例文 **I knocked on the door, and Aoi opened it.**
(ドアをノックすると、アオイが開けてくれた)

構文 <u>I</u> <u>knocked on the door</u>, and <u>Aoi</u> <u>opened</u> <u>it</u>.
　　 S　V　　　　O　　　　S　　V　　O

 know「知っている」と同じように、最初の k は発音しません。knock on[at] the door「ドアをノックする」とよく使います。「手とドアが接触する(on)」「ドアの一点をめがけて(at)ノックする」イメージです。

057

brush
[bráʃ] ブラッシュ

磨く 名 筆

例文 **Brush your teeth before you go to bed.**
(寝る前に歯を磨きなさい)

構文 <u>Brush</u> <u>your teeth</u> (before you go to bed).
　　 V　　　O　　　　　　S　　v

 「歯ブラシ」のイメージで「磨く」と覚えてください(brushの発音は「ブラッシュ」という感じ)。brush one's teeth「歯を磨く」は上級者でも意外とパッと出てこないので、しっかりチェックしておきましょう。

Review! □ die　□ escape　□ destroy
　　　　　 □ survive　□ protect　□ waste

058

jump
[dʒʌ́mp] **ヂャンプ**

ジャンプする、跳ぶ

 例文 The basketball player jumped up and shot the ball into the basket. (そのバスケットボール選手はジャンプしてシュートし、ゴールを決めた)

 構文 <u>The basketball player</u> <u>jumped up</u> and <u>shot</u> <u>the ball</u> (into the basket).
　　　　　　S　　　　　　　　V　　　　　　V　　　O

 日本語でも「ジャンプする」と言います。一説には「ジャンプ」という発音は「跳ぶときの音」からきていると言われています(日本語では「ピョン」とかになりますね)。例文は jump up「ジャンプする」です(upは「上」のイメージ)。

059

cheer
[tʃíər] **チア**

元気づける、歓声をあげる
cheerful **形** 元気な

例文 All the fans cheered when the star player scored a goal.
(そのスター選手がゴールを決めると、ファン全員が歓声をあげた)

構文 <u>All the fans</u> <u>cheered</u> (when <u>the star player</u> <u>scored</u> <u>a goal</u>).
　　　　　S　　　　　V　　　　　　　　s　　　　　　v　　　o

「チアガール」は「選手を元気づける(励ます)女性」のことです(チアガールは和製英語で、正しくは cheerleader ですが)。例文のように「歓声をあげる・喝采を送る」の意味でも使えます。

060

shake
[ʃéik] **シェイク**

振る
shake – shook – shaken

 例文 I shook hands with a famous guitarist after his concert.
(有名なギタリストのコンサートの後、彼と握手をした)

 構文 <u>I</u> <u>shook hands with</u> <u>a famous guitarist</u> (after his concert).
　　　　S　　　　V　　　　　　　　　O

 ファストフード店の「シェイク」は「振って作った飲み物」のことです。重要熟語の shake hands with ~「~と握手する」では、握手をして「上下に振る」ので shake が使われます(自分と相手の2人が手を出すので、複数形 hands になる点にも注意)。

061

greet
[gríːt] グリート

挨拶する
greeting 名 挨拶

例文 **The woman who lives next to me greets me every morning. I always say "hello" back to her.** （私の隣に住んでいる女性は毎朝挨拶をしてくれます。私はいつも「こんにちは」と挨拶を返しています）

構文 〈The woman [who lives next to me]〉 greets me (every morning).
　　　　　S　　　　　　　　　　　　　　　V　　O
I always say "hello" back to her.
S　　　　V　　O

📖 「グリーティングカード（greeting card）」は、クリスマスや誕生日に送るカードです。異文化の話で「挨拶」や「握手」の仕方の違いに関する長文が出たりします。

062

pull
[púl] プル

引く

例文 **The boy pulled my hand, so I went with him.**
（その少年が私の手を引っ張ったので、彼についていった）

構文 The boy pulled my hand, so I went (with him).
　　　　S　　　V　　O　　　　S　　V

📖 ドアに「押す」は push、「引く」には pull と書かれていることがよくあります。pull up「（車が）止まる」という熟語は、馬車の時代に「馬の手綱を上に（up）引っ張る（pull）」→「止まる」と使われたことに由来します。

063

fold
[fóuld] フォウルド

折りたたむ、（腕を）組む

例文 **I fold my futon and put it away every morning when I get up.**
（起きたら、毎朝ふとんをたたんで片付けています）

構文 I fold my futon and put it away (every morning) (when I get up).
S　V　　O　　　　　V　O　　　　　　　　　　　　　　s　　v

📖 「フォルダー（folder）」は「書類を折りたたんで保存するもの」です。「腕を折りたたむ」→「腕を組む」で、with one's arms folded「腕を組んで」という表現も狙われます（with OC「O が C のままで」の形／直訳は「腕が組まされたままで」）。

Review!　☐ burn　　☐ brush　　☐ cheer
　　　　　　☐ knock　　☐ jump　　☐ shake

□ 064

pack
[pǽk] パック

詰める 名 包み、荷物

例文 **Have you finished packing your suitcase yet?**
（スーツケースの荷造りはもう終わりましたか?）

構文 Have <u>you</u> <u>finished</u> 〈<u>packing your suitcase</u>〉 yet?
       S   V   O

「卵1パック」と使われていますが、「包み」→「包みに詰める」→「〜に荷物を詰める・荷造りする」という動詞もおさえてください。最近は「荷造り」を「パッキング」と言うこともあります。

□ 065

hide
[hάid] ハイド

隠す
hide – hid – hidden [hid]

例文 **Larry hid the birthday present for his wife under the bed, but she found it.** （ラリーは妻への誕生日プレゼントをベッドの下に隠したが、妻はそれを見つけた）

構文 <u>Larry</u> <u>hid</u> 〈<u>the birthday present [for his wife]</u>〉 (under the bed), but <u>she</u> <u>found</u> <u>it</u>.
    S   V   O   S   V O

「かくれんぼ」のことを hide and seekと言います（seekは「求める・探す」）。入試の物語文でよく使われる単語です。hidを見たときに「hideの過去形」と認識できるようにしておきましょう。

□ 066

boil
[bɔ́il] ボイル

ゆでる、沸かす

例文 **How would you like your eggs? Scrambled, fried or boiled?** （卵はどのように料理いたしましょうか?　スクランブルエッグ、目玉焼き、ゆで卵、どれがよろしいですか?）

構文 How would <u>you</u> <u>like</u> <u>your eggs</u>? Scrambled, fried or boiled?
             S   V   O

日本語でも「エビをボイルする（ゆでる）」と使われています。boiled eggで「ゆでられた卵」→「ゆで卵」です（例文ではeggが省略されています）。海外のレストランでは How would you like 〜? で調理方法の好みをよく質問されます。

周回Check!   1 ／ 2 ／ 3 ／

□ 067

bake
[béik] ベイク

焼く
bakery 名 パン屋

 例文 My mother often bakes cakes in the oven.
（お母さんはよくオーブンでケーキを焼いています）

 構文 <u>My mother</u> often <u>bakes</u> <u>cakes</u> (in the oven).
　　　　 S　　　　　　 V　　 O

 「ベイクドチーズケーキ」は「焼かれた（baked）チーズケーキ」のことです。パン屋さんの看板に "bakery" と書かれていることもよくあります。ちなみに、例文にある oven「オーブン」の発音は「アヴン」です。

□ 068

feed
[fíːd] フィード

食べ物を与える
feed – fed – fed

 例文 The elephants at this zoo are very gentle. Visitors can feed them by hand. （この動物園の象はとてもおとなしい。お客さんが手でエサをやることができる）

 構文 ⟨<u>The elephants</u> [at this zoo]⟩ <u>are</u> <u>very gentle</u>. <u>Visitors</u> <u>can feed</u> <u>them</u> (by hand).
　　　　　 S　　　　　　　　　　　 V　　 C　　　　 S　　　 V　　 O

 「食べ物（food）を与える」ということです（実際には食事以外の物を「与える」場合にも使われています）。サッカーで「前方にパスをフィードする」と言えば、「前にパスを与える」ことです。

Review! □ greet　　□ fold　　□ hide
　　　　　 □ pull　　□ pack　　□ boil

日本紹介英作文 ①

お正月

Japanese New Year is called *oshogatsu*. We usually return to our hometowns to celebrate the holiday with our family. Japanese eat traditional New Year's dishes called *osechi*. It is said that these dishes will bring good luck. For example, *konbu*, a kind of seaweed, is a symbol of happiness, and *kuro-mame*, or black beans, are a symbol of hard work. Many people dress up in traditional kimonos and visit a shrine or a temple on New Year's Day. Other people climb up a mountain to see the sunrise.

和訳

日本の新年はお正月と呼ばれています。私たちは家族と祝日を祝うために、たいてい故郷へ戻ります。日本人はおせちと呼ばれる伝統的な新年の料理を食べます。これらの料理は幸福をもたらすと言われています。たとえば海藻の一種である昆布は幸福の象徴、黒豆は勤勉に働くことの象徴です。多くの人々は、元日に伝統的な着物で着飾り神社やお寺を訪れます。また、日の出を見るために山に登る人たちもいます。

英作文お役立ち単語
(赤文字は本書の見出し語（派生語含む）に掲載)

□ return	動 戻る	□ symbol	名 象徴 → 82番
□ hometown	名 故郷	□ a kind of 〜	熟 〜の一種
□ celebrate	動 祝う → 12番	□ bean	名 豆
□ holiday	名 祝日	□ shrine	名 神社
□ traditional	形 伝統的な、従来の → 255番	□ temple	名 寺、寺院
□ dish	名 料理	□ sunrise	名 日の出

069

technology | 科学技術
[tèknάlədʒi] テクナロヂィ

 例文 AI and other technologies have become very important in our lives.（人工知能などの科学技術は、私たちの生活においてとても重要になっている）

 構文 〈AI and other technologies〉 have become very important (in our lives).
S　　　　　　　　　　　　　V　　　　　C

 「テクノロジーの進化」などと日本語でもそのまま使われています。最近の入試では最新技術の話がよく出るので、欠かせない単語です。the latest technologyは「最新技術」、modern technologyは「現代の技術」です。

070

fact | 事実
[fǽkt] ファクト　factor **名** 要因

例文 Have you ever been to South Africa? – In fact, I lived there for three years.（今までに南アフリカへ行ったことはありますか？ ―実は、3年間そこに住んでいたんです）

 構文 Have you ever been (to South Africa)? – (In fact), I lived
S　　　　V　　　　　　　　　　　　　　　　　　S　V
(there) (for three years).

 ビジネスでは「ファクトを示す」や「それは意見なのか、ファクトなのか？」と使われています。in fact「実際・実は（それどころか）」は重要熟語ですし、the fact that ～「～という事実」の形もよく使われます（thatは「同格」と呼ばれる用法）。

071

opinion | 意見
[əpínjən] オピニョン

例文 I think this project will be successful. What's your opinion?（僕はこのプロジェクトが成功すると思う。君の意見はどう？）

 構文 I think 〈{that} this project will be successful〉. What's your opinion?
S V　　　　　O　　s　　　　v　　　c　　　　C V　　　S

 「セカンドオピニオン（2番目の意見）」とは、「患者が1人の医師だけでなく、他の医師の診断や治療法などを聞くこと」です。相手の意見を聞くときにも便利ですし、in my opinion「私の考えでは」は自分の意見を説明するときに使えます。

Review! □ bake
□ feed

072

view

[vjúː] ヴュー

眺め、見方、意見
動 眺める、思う

例文
What is your view on having school on Saturdays?
（土曜日に学校があることについてどう思いますか？）

構文
$\underset{C}{\underline{What}}$ $\underset{V}{\underline{is}}$ $\langle \underset{S}{\underline{\text{your view [on having school (on Saturdays)]}}} \rangle$?

 「オーシャンビュー」は「（ホテルからの）海の眺め」ですね。「（事柄に対しての）眺め」→「（ものの）見方・意見」で、What is your view on ～ ? は「～に関して（on）あなたの意見（your view）は何？／～についてどう思う？」です。

073

reason

[ríːzn] リーズン

理由

例文
Why were you late for school this morning? Tell me the reason.
（あなたは今朝どうして学校に遅刻したのですか？　理由を教えてください）

構文
Why $\underset{V}{\underline{were}}$ $\underset{S}{\underline{you}}$ $\underset{C}{\underline{late}}$ (for school) (this morning)? $\underset{V}{\underline{Tell}}$ $\underset{O_1}{\underline{me}}$ $\underset{O_2}{\underline{the\ reason}}$.

 for this reason「この理由で」や The reason is that sv.「その理由は sv するからだ」も大切です。長文では" 主張 . The reason is that 根拠 "「 主張 だ。その理由は 根拠 だ」の関係をしっかり意識してください。

074

purpose

[páːrpəs] パーパス

目的

例文
What is the purpose of your visit to Ireland? – Sightseeing.
（アイルランドを訪れる目的は何ですか？ ― 観光です）

構文
$\underset{C}{\underline{What}}$ $\underset{V}{\underline{is}}$ $\langle \underset{S}{\underline{\text{the purpose [of your visit [to Ireland]]}}} \rangle$? – Sightseeing.

 「前に（pur）置く（pose）」→「（行動の）前方に置くもの」→「目的」となりました。例文の What is the purpose of your visit? は、空港で質問されるお決まりのフレーズです。

 周回Check! **1** / **2** / **3** /

075

result
[rizʌ́lt] リザルト

結果　動 結果となる

 We will find out the results of today's exam in one week.
（1週間後に今日の試験結果がわかるだろう）

 構文　<u>We</u> <u>will find out</u> ⟨the results [of today's exam]⟩ (in one week).
　　S　　V　　　　　　　　O

ゲームの「結果」の表示画面やスポーツの「結果速報」に「リザルト」と使われています。as a result「結果として・その結果」という熟語が大切です。動詞は "原因 result in 結果" "結果 result from 原因" という関係を意識してください。

076

trouble
[trʌ́bl] トゥラブル

心配、困難

例文　I'm having trouble with my phone. I can't turn it on.
（スマホの調子が悪いです。電源が入りません）

構文　<u>I'm</u> <u>having</u> ⟨trouble [with my phone]⟩. <u>I</u> <u>can't turn</u> <u>it</u> on.
　　S　　V　　　　　O　　　　　　　　　　S　　V　　　O

例文の have trouble with ～ は、直訳「～に関して（with）トラブルを持っている（have trouble）」→「～に問題がある・～の調子が悪い」です。have trouble {in} -ing「～するのに苦労する」という表現もよく使います。

077

difficulty
[dífɪkəlti] ディフィカルティ

困難、苦労
difficult 形 難しい

例文　Some characters in books face many difficulties, go through them and grow from the experience. （本に出てくる登場人物の中には、多くの困難に直面し、それを乗り越え、その経験から成長する人もいる）

構文　⟨Some characters [in books]⟩ <u>face</u> <u>many difficulties</u>, <u>go through</u>
　　　　　　S　　　　　　　　　V　　　O　　　　　　V
<u>them</u> and <u>grow</u> (from the experience).
　O　　　　　V

difficult「難しい」の名詞形です。have difficulty {in} -ing「～するのに苦労する」の形もおさえておきましょう（≒ have trouble {in} -ing）。

Review!　□ technology　　□ opinion　　□ reason
　　　　　□ fact　　　　　□ view　　　　□ purpose

078 challenge

[tʃǽlindʒ] チャリンヂ

挑戦、困難、やりがい
動 挑戦する、異議を唱える

 例文 Yuna accepted Sota's challenge in a game of chess.
（ユナはソウタのチェスの試合の挑戦を受けた）

 構文
<u>Yuna</u> <u>accepted</u> 〈<u>Sota's challenge [in a game of chess]</u>〉.
　S　　　V　　　　　　　　　O

 本来は「悪口（を言う）」で、「挑戦する」や「従来の考えに悪口を言う」→「反論する・異議を唱える」となりました。最近では、スポーツで「チャレンジ」=「審判の判定に異議を唱えてビデオ判定を要求する」とよく使われています。

079 business

[bíznis] ビズネス

仕事、事業
businessperson 名 実業家、会社員

 例文 Ken went to Paris on business. He did some work for a French company. （ケンは出張でパリに行った。彼はフランスの会社で仕事をした）

 構文
<u>Ken</u> <u>went</u> (to Paris) (on business). <u>He</u> <u>did</u> <u>some work</u> (for a French company).
　S　　V　　　　　　　　　　　　　S　V　　O

 「忙しい（busy）こと（ness）」→「仕事・事業」で、日本語でも「ビジネス」や「ビジネスパーソン」とよく使われています。例文の on business は「仕事で・出張で」という重要熟語です。

080 article

[ɑ́ːrtikl] アーティクル

記事

 例文 I was shocked when I read that newspaper article yesterday. Is it really true? （昨日、その新聞記事を読んで衝撃を受けた。それは本当に真実なんですか？）

構文
<u>I</u> <u>was shocked</u> (<u>when</u> <u>I</u> <u>read</u> <u>that newspaper article</u>) (yesterday).
S　　V　　　　　　　　　s　v　　　o
<u>Is</u> <u>it</u> <u>really true</u>?
V　S　　C

 本来は「ひとかけら（の物）」で、「新聞や雑誌の中のひとかけら」→「記事」となりました。a magazine article なら「雑誌記事」です。

周回Check! 1 ／ 2 ／ 3 ／

081

course
[kɔ́ːrs] コース

進路、方向、コース

 The rocket is on course for Mars.
(そのロケットは火星の方に進んでいる)

 <u>The rocket</u> <u>is</u> (on course for Mars).
　　　　　S　　　V

 「コース」と読めればイメージできるでしょう。例文は on course for 〜「〜に向かう (for) 進路・方向 (course) の上に乗って (on)」→「〜の方に進んで」です。日常会話では Of course.「もちろん」が非常によく使われます。

082

symbol
[símbəl] スィンブル

象徴、記号

 A four-leaf clover is a symbol of good luck.
(四つ葉のクローバーは幸運の象徴です)

 <u>A four-leaf clover</u> <u>is</u> 〈<u>a symbol [of good luck]</u>〉.
　　　　　S　　　　　　V　　　C

 日本語でも「平和のシンボル（象徴）」と使われています。日本紹介で「天皇（Japanese Emperor）」について「天皇は日本の象徴」と説明するときにも必要な単語です。

083

peace
[píːs] ピース

平和
peaceful 形 平和な

 The dove is a symbol of peace.
(ハトは平和の象徴です)

 <u>The dove</u> <u>is</u> 〈<u>a symbol [of peace]</u>〉.
　　　S　　　V　　　C

 「ピースサイン」は「平和のサイン」と覚えれば OK です（ちなみに発音は piece「ひとかけら」と同じ）。例文の a symbol of peace「平和の象徴」はよく使う表現です。

Review! □ result 　□ difficulty 　□ business
　　　　　 □ trouble 　□ challenge 　□ article

40

☐ 084

experience
[ikspíəriəns] イクスピェリエンス

経験 　動 経験する

例文 Our trip to Spain last summer was a great experience.
（去年の夏のスペイン旅行は素晴らしい経験だった）

構文 〈Our trip [to Spain last summer]〉 was a great experience.
　　　 <u>　　　　　　S　　　　　　　</u> 　V　 <u>　　　　C　　　　</u>

ロールプレイングゲームでExとあれば「経験値」（experience）のことです。英作文やスピーキングで、Based on my experience, I think ～「私の経験から言うと、～だと思います」のようにも使えます（based on ～「～に基づいて」）。

☐ 085

age
[éidʒ] エイヂ

年齢、時代
動 年をとる

例文 Minami and Nana are the same age. They are in third grade. （ミナミとナナは同い年です。彼女たちは3年生です）

構文 〈Minami and Nana〉 are the same age. They are in third grade.
　　　 <u>　　　　S　　　　</u> 　V　 <u>　　C　　</u> 　S　 V 　<u>　　　C　　　</u>

「ゴールデンエイジ」とは「子どもの身体・運動能力が大幅に発達する年齢・時期」です。動詞「年をとる」もあり、-ing形は「アンチエイジング」などと使われています。an aging societyは「年をとっていく社会」→「高齢化社会」です。

☐ 086

factory
[fǽktəri] ファクトリィ

工場

例文 Televisions are made in that factory.
（あの工場ではテレビが作られています）

構文 Televisions are made (in that factory).
　　　 <u>　　　S　　　</u> 　V　

factoryの factorは「要素」という意味で、factoryは「要素（部品）を組み合わせて物を作る場所」→「工場」と考えればOKです。日本でもお店の名前などで「○○ファクトリー」と使われていることがあります。

周回Check! 　1 ／ 　2 ／ 　3 ／

087

person
[pə́ːrsn] パースン

人
personal **形** 個人の、個人的な

例文 This karaoke box costs 300 yen per person for one hour.
（このカラオケボックスは1人1時間あたり300円かかる）

構文 <u>This karaoke box</u> <u>costs</u> <u>300 yen</u> (per person) (for one hour).
　　　　　　S　　　　　　V　　　O

「ビジネスパーソン」とは「ビジネス・仕事をする人」のことです。複数の「人々」を表すときは、personsではなく people を使うのが基本です。

088

skill
[skíl] スキル

技術

例文 If you want to improve your skill in playing the trumpet, you have to practice every day. （トランペットの演奏技術を向上させたいなら、毎日練習しなければなりません）

構文 (If you want to improve ⟨your skill [in playing the trumpet]⟩),
　　　　　s　　　v　　　　　　　　o
you have to practice (every day).
　S　　　V

日本語でも「スキルを身につける」と使われますね。例文の skill in[at] -ing「〜する技術」はよく使う形です（inは「分野・範囲」、atは「一点」を表します）。

089

silence
[sáiləns] サイレンス

静けさ、沈黙
silent **形** 静かな

例文 The audience waited in silence for the performance to start.
（観客は演奏が始まるのを静かに待った）

構文 <u>The audience</u> <u>waited</u> (in silence) (for the performance to start).
　　　　S　　　　　　V

形容詞 silentはスマホの「サイレントモード」で使われています。その名詞形がsilenceで、in silenceは「静けさの状態で」→「静かに」という熟語です。例文では wait for A to 〜「Aが〜するのを待つ」の間に in silence が挟まれています。

Review!
☐ course ☐ peace ☐ age
☐ symbol ☐ experience ☐ factory

090

memory

[méməri] メモリィ

記憶

例文 Mr. Shimura has a great memory. He remembered all the students' names in one day. (シムラ先生は記憶力が良い。彼は1日で全生徒の名前を覚えた)

構文 Mr. Shimura has a great memory. He remembered 〈all the
　　　　S　　　　　V　　　O　　　　S　　　V
students' names〉(in one day).
　　O

パソコンやスマホの「メモリ」は「データを記憶する場所」です。have a good [great] memoryは、直訳「良い記憶力を持っている」→「記憶力が良い」となります。逆は have a bad[poor] memory「記憶力が悪い」です。

091

tool

[tú:l] トゥール

道具

例文 Thousands of years ago, people used tools made of stone. (何千年も昔、人々は石で作られた道具を使っていた)

構文 (Thousands of years ago), people used 〈tools [made of stone]〉.
　　　　　　　　　　　　　　　　　　　　S　　V　　　O

パソコンの「ツールバー」とは「いろんな道具（機能）が集まった場所」のことです（英語の発音は「トゥール」）。toolは、ハンマー・ドリル・ねじ回しなど手で持てる幅広い道具を表せます。

092

instrument

[ínstrəmənt] インストゥルメント

楽器、道具

例文 Takahiro can play many instruments such as guitar, piano and so on. (タカヒロはギターやピアノなど、多くの楽器を演奏できる)

構文 Takahiro can play 〈many instruments [such as guitar, piano
　　　　S　　　V　　　　O
and so on]〉.

「道具」という意味から、「演奏する道具」→「楽器」となりました。guitarやpianoなどの楽器を総称的に表す単語です。ちなみに音楽で「インストゥルメンタル」と言えば「ボーカルなしの楽器演奏だけの曲」のことです。

周回Check! 1 / 2 / 3 /

093

furniture

[fə́ːrnitʃər] ファーニチァァ │ 家具一式

 例文 My brother lives by himself, but he has almost no furniture in his apartment. (僕の兄は一人暮らしをしていますが、アパートにはほとんど家具がありません)

 構文 <u>My brother</u> <u>lives</u> (by himself), <u>but</u> <u>he</u> <u>has</u> ⟨<u>almost no furniture</u>⟩
　　　　　S　　　　V　　　　　　　　　　　　S　　V　　　　　　O
(in his apartment).

 bed・table・chairなどをひとまとめに表した単語が furniture です。「家具」ではなく「家具類・家具ひとまとめ・家具一式」を表す（もともと複数の概念を含む）ため、数えられない名詞になります（冠詞の a や複数の s はつきません）。

094

port

[póːrt] ポート │ 港

 例文 The big ship came into port.
(その大型船は港に入ってきた)

 構文 <u>The big ship</u> <u>came</u> (into port).
　　　　　　S　　　　　V

 「USBポート（USB機器のプラグの差込口）」は「港のように接続する場所」のイメージを持つといいでしょう。airportは「空の（air）港（port）」→「空港」です。

095

value

[vǽljuː] ヴァリュー │ 価値
valuable **形** 価値のある

 例文 What's the value of one gram of gold? – It's about 5,000 yen per gram. (金1グラムの価値はどれぐらいですか? — グラムあたり約5,000円です)

 構文 <u>What's</u> ⟨<u>the value</u> [of one gram of gold]⟩? – <u>It's</u> <u>about 5,000 yen</u>
　　　　　C　　　　　　S　　　　　　　　　　　　　　　S V　　　C
(per gram).

 ファストフード店などで「お得なセット」を「バリューセット」と言いますが、これは「価値がある」という意味です。形容詞 valuable「価値のある」は、スポーツで耳にする MVP（most valuable player）「最高殊勲選手」でも使われています。

Review! ☐ person ☐ silence ☐ tool
　　　　　 ☐ skill ☐ memory ☐ instrument

096

population
[pàpjuléiʃən] パピュレイション | 人口

例文 The population of Osaka is almost twice that of Kyoto.
（大阪の人口は京都の人口のほぼ2倍だ） ※ that = the population

構文 ⟨The population [of Osaka]⟩ is ⟨almost twice that [of Kyoto]⟩.
　　　　S　　　　　　　　　　　 V　　　　　　　　　 C

populationは people「人々」と関連があり、「人々の数」→「人口」となりました。「人口が多い・少ない」には large・small を使います（many・fewは使わない）。ちなみに例文は A is almost twice B「AはBのほぼ2倍だ」の形です。

097

fortune
[fɔ́ːrtʃən] フォーチュン | 運、財産　fortunate **形** 幸運な
　　　　　　　　　　　　　　　　　　fortunately **副** 幸運にも

例文 It's good fortune that I met you today. I really needed your help. （私が今日あなたに会えたのは幸運です。あなたの助けが本当に必要でした）

構文 It's good fortune ⟨that I met you today⟩. I really needed your help.
　　　 仮S V 　 C 　　　　 真S s　v　 o 　　　　 S　　　 V 　　 O

「フォーチュン・クッキー（fortune cookie）」とは、「中に運勢が書かれた紙が入ったクッキー」です。「占い師」は fortune-teller と言いますが、「運命を伝える人」ですね。

098

advice
[ədváis] アドヴァイス | アドバイス、助言
　　　　　　　　　　　　 advise **動** 助言する、忠告する

例文 I don't know what to do, so I want to get some advice from you. （私は何をすべきかわからないので、アドバイスをもらいたいです）

構文 I don't know what to do, so I want to get some advice (from you).
　　 S　　 V　　　 O 　　　　 S　 V　　　 V 　　　 O

名詞 advice と、動詞 advise（451番）で、品詞・つづり・発音をしっかり区別してください。adviceは目に見えない漠然としたものなので、数えられない名詞扱いです（冠詞の a や複数の s はつけません）。

周回Check! 　1 / 　2 / 　3 /

099 decision
[dɪsíʒən] ディスィジョン

決心、決断
decide 動 決める

 例文 Last year, I made a big decision to become a member of the student council. (昨年、私は生徒会役員になるという大きな決断をした)

 構文 (Last year), I made ⟨a big decision [to become ⟨a member of
　　　　　　S　V　　O
the student council⟩]⟩.

 decide「決める」の名詞形で、make a decision「決定を作り出す」→「決める・決心する」の形でよく使います。例文は make a big decision to ～「～するという大きな決断をする」です。

100 discount
[dískaunt] ディスカウント

割引　動 割り引く

 例文 If you bring this flyer to each shop, you will get a 10% discount. (このチラシを各店舗にお持ちいただくと、10%割引になります)

 構文 (If you bring this flyer (to each shop)), you will get a 10% discount.
　　　　s　v　　o　　　　　　　　S　V　　　　　O

 「反対に（dis）数える（count）」→「割引」となりました。「ディスカウントショップ」は「通常価格より割引する店」のことです。get[receive] a discount で「割引を得る[受け取る]」→「割引してもらう」となります。

101 fee
[fíː] フィー

報酬、授業料、公共料金、手数料

 例文 If you order ten or more T-shirts, you don't have to pay the shipping fee. (Tシャツを10枚以上ご注文いただければ、送料は無料となります)

 構文 (If you order ⟨ten or more T-shirts⟩), you don't have to pay the shipping fee.
　　　　s　v　　　o　　　　　　　S　V　　　　　　　　O

本来「専門職・公共団体への支払い」で、「手数料」の意味でよく使われます。shipping fee「配送料・送料」は重要表現で、you don't have to pay the shipping fee の直訳は「あなたは送料を払う必要はありません」です。

Review!　☐ furniture　　☐ value　　☐ fortune
　　　　　　☐ port　　　　☐ population　☐ advice

46

102

truth

[trúːθ] トゥルース

真実
true 形 本当の

 例文 **You want to be a designer! To tell the truth, my brother is a designer in the U.S.** (あなたはデザイナーになりたいのですね！実は、私の兄はアメリカでデザイナーをしています)

構文 <u>You</u> <u>want to be</u> <u>a designer</u>! (To tell the truth), <u>my brother</u> <u>is</u>
S   V   C   S   V
⟨<u>a designer</u> [in the U.S.]⟩
     C

to tell {you} the truth「実を言うと」は大事な慣用表現で、後ろには「重要情報」がきます（Actually「実は」と似た感覚で、後ろの内容が設問でよく問われます）。

103

address

[ədrés] アドレス

住所、演説
動 話しかける、取り組む

 例文 **I want to send a letter to your house. Please tell me your address.** (あなたの家に手紙を送りたいです。住所を教えてください)

構文 <u>I</u> <u>want to send</u> <u>a letter</u> (to your house). Please <u>tell</u> <u>me</u> <u>your address</u>.
S   V   O   V   O₁   O₂

本来は「ぽ〜んと向ける」イメージで、「手紙をぽ〜んと向ける宛先」→「住所」、「話を聴衆にぽ〜んと向ける」→「話しかける・演説」、「課題に自分自身の意識をぽ〜んと向ける」→「取り組む・対処する」となりました。

104

figure

[fígjər] フィギャァ

人物、数字、図

 例文 **Look at the figure and answer the following questions.** (その図を見て次の質問に答えなさい)

構文 <u>Look at</u> <u>the figure</u> |and| <u>answer</u> ⟨<u>the following questions</u>⟩.
  V   O   V   O

本来は「ハッキリした人影」で、「人物」や「ハッキリしたもの」→「数字・図」となりました（例：a historical figure「歴史上の人物・偉人」）。難関校では figure out「（何の形か）ハッキリわかる」→「理解する」という熟語も出ます。

周回Check!   1 ／ 2 ／ 3 ／

rest
[rést] レスト

休憩、残り 動 休む、置く

例文 We have worked hard today. Why don't we take a rest for a while?（私たちは今日、かなり働いているよ。しばらく休憩しない?)

構文 <u>We</u> <u>have worked</u> (hard) (today). Why don't <u>we</u> <u>take</u> <u>a rest</u> (for a while)?
    S   V   S   V   O

take a restは「休憩をとる」→「休憩する」で、日本でもスポーツの練習で「レストをとる」と使われます。restは「後ろに (re) 留まる (st = stand)」→「残り」という意味もあります（例：the rest of the day「その日の残り」)。

sight
[sáit] サイト

視力、景色
sightseeing 名 観光

例文 My father's sight has gotten worse in the last few years.
（私の父はここ数年で視力が悪くなってきた)

構文 <u>My father's sight</u> <u>has gotten</u> <u>worse</u> (in the last few years).
        S   V   C

<u>sight</u>の sighは see「見る」の意味で、そこから「視力・視界」や「景色・名所」と覚えてください。難関校の語彙問題では、Kyoto has a lot of <u>sights</u> to visit.「京都には観光名所がたくさんある」が問われたこともあります（sightsが空所)。

manner
[mǽnər] マナー

方法、マナー

例文 She has good manners. She always says "please" and "thank you."（彼女はマナーがよい。彼女はいつも「お願いします」や「ありがとう」と言う)

構文 <u>She</u> <u>has</u> <u>good manners</u>. <u>She</u> always <u>says</u> 〈"please" and "thank you."〉
  S V   O   S   V   O

本来は「方法」で（例：in this manner「この方法で」)、そこから「食事などの方法」→「行儀・マナー」となりました。「行儀・マナー」には複数のことが含まれるので、必ず複数形（manners）で使います。

Review! □ decision　　□ fee　　■ address
　　　　　 □ discount　□ truth　□ figure

☐ 108

interest
[íntərəst] インタレスト

興味、利益、利子
動 興味をもたせる

例文 If you borrow money from the bank, you have to pay interest on it. （銀行からお金を借りると、利息を支払わなければならない）

構文 (<u>If</u> <u>you</u> <u>borrow</u> <u>money</u> (from the bank)), <u>you</u> <u>have to pay</u> ⟨<u>interest</u> [on it]⟩.
s v o S V O

 本来「真ん中（inter）に立って興味を引く」イメージで、「真ん中に立って、興味を引くことで"利益"が生じる」→「利害・利益・利子・利息」の意味も出ます。例文は実際に難関校の語彙問題で出たもので、interestが空所で問われました。

☐ 109

environment
[inváiərənmənt] インヴァイ(ア)ランメント

環境

例文 Using less energy and recycling are ways to protect the environment. （省エネとリサイクルが環境を守るための方法です）

構文 ⟨Using less energy and recycling⟩ are ⟨ways [to protect the environment]⟩.
S V C

 protect the environment「環境を守る」は重要フレーズで、直前に theをつける点にも注意しましょう。難関校では、the air, water, land, animals, and plants around usという定義を参考に environmentを書く問題も出ました。

☐ 110

climate
[kláimit] クライミット

気候

例文 The climate of Tokyo is similar to that of Washington, D.C.
（東京の気候はワシントンの気候と似ている） ※ that = the climate

構文 ⟨The climate [of Tokyo]⟩ is similar to ⟨that [of Washington, D.C.]⟩
S V O

 weatherは「（特定の日の）天気」、climateは「（年間を通じての）気候」です。最新入試では climate change「気候変動」も超重要です（最近は global warming「地球温暖化」の代わりに、こちらが使われることも増えてきました）。

周回Check! 1 / 2 / 3 /

111

temperature
[témpərətʃər] テンペラチャ | 温度

例文 The temperature outside is only 1 degree. It's really cold today!（外の気温はたった1度です。今日は本当に寒い!）

構文 〈The temperature outside〉 is only 1 degree. It's really cold today!
　　　　　　　　S　　　　　　　　 V　　　 C　　　　S V　　　 C

「外の温度」→「気温」、「体の温度」→「体温」などを表します。日常会話で What's the temperature outside?「外の気温は何度ですか?」のようによく使うので、発音もしっかりおさえておきましょう。

112

average
[ǽvəridʒ] アヴェリッヂ | 平均
形 平均の、平均的な

例文 The temperature today is above average for December.（今日の気温は12月の平均より高い）

構文 〈The temperature today〉 is above average [for December].
　　　　　　　　　S　　　　　　　 V　　　　C

ボーリング・バスケ・ゴルフなどの「平均スコア」を「アベレージ」と言います。グラフや表の問題で必須で、above[below] average は「平均を上回って[下回って]」です。形容詞で average temperature「平均気温」のようにも使います。

113

nature
[néitʃər] ネイチャァ | 自然
natural **形** 自然の

例文 People destroy nature to make farms and build houses.（人々は農場を作ったり、家を建てたりするために自然を破壊しています）

構文 People destroy nature (to make farms and build houses).
　　　　S　　　 V　　　 O

元々は「生まれた本来の姿」で、そこから「自然」となりました。形容詞 natural も大事で、「自然な感じで化粧をしていないかのようなメイク」のことを「ナチュラルメイク」と言います。環境問題の話で natural resources「天然資源」が頻出です。

Review! □ rest　　　　□ manner　　　　□ environment
　　　　　 □ sight　　　 □ interest　　　 □ climate

☐ 114

oil
[ɔ́il] オイル

石油、油

 例文
Japan imports more than 99% of its oil.
（日本は国内の石油の 99%以上を輸入している）

構文
<u>Japan</u> <u>imports</u> ⟨more than 99% [of its oil]⟩.
　S　　　　V　　　　　　　　O

料理で使う「オリーブオイル」は「オリーブの果実からとれる植物性の<u>油</u>」です。また、歴史の授業で習う「<u>石油</u>危機」は「オイルショック」とも言います。長文で「環境保護のために石油の使用を減らす」といった話がよく出ます。

☐ 115

land
[lǽnd] ランド

陸地、国土
動 上陸する、着陸する

 例文
Eighty percent of Japan's land is mountains.
（日本の国土の 80 パーセントは山だ）

構文
⟨Eighty percent [of Japan's land]⟩ <u>is</u> <u>mountains</u>.
　　　　　　　S　　　　　　　　　　　V　　C

「海（sea）」に対する「陸地」が land です。例文は日本紹介で役立つので、そのまま書けるようにしておきましょう。「上陸する・着陸する」という動詞もあり、日本の飛行機内でも「着陸」を「ランディング（landing）」と言っています。

☐ 116

ocean
[óuʃən] オウシャン

海、大洋

 例文
Some scientists say that if we don't act, there will be more plastic than fish in our oceans by 2050. （もし私たちが行動を起こさなければ、海には 2050年までに魚よりもプラスチックが多くなってしまうと言う科学者もいる）

構文
<u>Some scientists</u> <u>say</u> ⟨that (if we don't act), there <u>will be</u> more plastic
　　　S　　　　　　V　　　　　　　　s'　　v'　　　　　　　　v　　　s
(than fish) (in our oceans) (by 2050)⟩.

「オーシャンビュー」は「海」の景色ですね。たいてい sea よりも大きな海に使われます（例：the Indian Ocean「インド洋」）。例文のような「海洋プラスチック」は社会問題になっており、最新入試でよく出題されています。

周回 Check! 　1 ／　2 ／　3 ／

117

island

[áilənd] アイランド | 島

 Japan has four major islands: Honshu, Hokkaido, Kyushu and Shikoku. (日本には、本州、北海道、九州、四国という4つの主な島があります)

 <u>Japan</u> <u>has</u> 〈four major islands: Honshu, Hokkaido, Kyushu and
  S   V
Shikoku〉.

 「アイランド」という発音で（islandの sは発音しません）、日本のマンガやゲームにも「○○アイランド」という島がよく出てきます。日本紹介でも大事な単語で、日本のような「島国」のことを an island countryと言います。

118

continent

[kántənənt] カンティネント | 大陸

 Australia is the smallest of the six continents.
(オーストラリアは6大陸の中で最も小さい)

 <u>Australia</u> <u>is</u> <u>the smallest</u> (of the six continents).
  S   V   C

 continue「続く」（14番）と関連があり、continentは「どこまでも続く連続した（continue）陸地」→「大陸」となりました。the European continentは「ヨーロッパ大陸」です。

119

jungle

[dʒʌ́ŋgl] ヂャングル | ジャングル

 Jungles in Africa and South America are home to many strange plants and animals. (アフリカや南米のジャングルには、変わった植物や動物がたくさん生息している) ※ be home to ～「～が生息している」

〈Jungles [in Africa and South America]〉 <u>are home to</u>
  S   V
〈many strange plants and animals〉.
  O

 熱帯の「密林の湿地帯」を指しますが、最近では rainforest「熱帯雨林」（634番）を使うことも増えています。

Review!

□ temperature □ nature □ land
□ average □ oil □ ocean

120

desert

[dézərt] デザート

砂漠

 例文 I don't like the desert because it is hot and dry, and sand gets in my shoes. (暑くて乾燥していて、砂が靴に入るので、私は砂漠が好きではありません)

 構文 I don't like the desert (because it is hot and dry, and sand gets (in my shoes).
S V O s v c s v

次の dessert「デザート」と区別してください。「砂漠（desert）には "sunが1つ"」または「サハラ砂漠（Sahara）には "sが1つ"」と覚えましょう。難関校ではつづりを書かせる問題も出題されていますよ。

121

dessert

[dizə́:rt] ディザート

デザート

 例文 I ate chocolate cake and ice cream for dessert last night. (僕は昨晩、デザートにチョコレートケーキとアイスクリームを食べた)

 構文 I ate 〈chocolate cake and ice cream〉 (for dessert) (last night).
S V O

今回は s が2つあります。アメリカの小学校では「デザート（dessert）の定番は "strawberry shortcake"」や「デザートは "super sweet"」と教わります。sの数に注目して「多いほうが嬉しいのはデザート」と覚えるのもアリです。

122

leaf

[líːf] リーフ

葉

例文 The leaves on those trees are green all through the year. (それらの木の葉は1年中緑色です)

構文 〈The leaves [on those trees]〉 are green (all through the year).
S V C

複数形は leaf の f を v にかえて es をつけた leaves です。動詞 leave「出発する」の3人称・単数・現在形と同じ形になるので注意してください。「（木の）枝」は branch（735番）、「（木の）幹」は trunk です。

 周回Check! 1 / 2 / 3 /

123

grass
[grǽs] グラス

草

例文 Horses, cows and sheep eat grass.
（ウマ、ウシ、ヒツジは草を食べます） ※ sheepは単数・複数が同じ形

構文 〈Horses, cows and sheep〉 eat grass.
　　　　　　　 S 　　　　　　　　 V 　 O

「広い草原に生えている植物」のイメージで、「草・牧草・芝生」などを指します。grassとglass「ガラス」は区別に注意が必要で、「草（grass）は成長して（grow）緑色（green）になる」と覚えてもいいでしょう（実際、語源に関連があります）。

124

nest
[nést] ネスト

巣

例文 There are three eggs in the bird nest in that tree.
（その木の鳥の巣に卵が3つある）

構文 There are three eggs (in the bird nest [in that tree]).
　　　　　　 V 　　 S

英語では「巣」にもいろいろあって、ミツバチの巣は hive、クモの巣は web ですが、鳥の巣には nest が使われます。どれも形がまるで違うので、単語も違うわけです。入試では「鳥の生態」に関する長文で出たりします。

125

flood
[flʌ́d] フラッド

洪水

例文 Three days of heavy rain caused a flood in the city and damaged many houses.（3日間の大雨により街は洪水となり、多くの家が被害を受けた）

構文 〈Three days [of heavy rain]〉 caused a flood (in the city) and
　　　　　　　 S 　　　　　　　　　　　　 V 　 O
damaged many houses.
　 V 　　　 O

"fl" には「流れ」という意味があり（flow「流れ」などで使われています）、floodは「大量の水が流れること」→「洪水」です。発音は「フラッド」で"oo"を「ア」と発音する点がよく狙われます。

Review! □ island 　 □ jungle 　 □ dessert
　　　　　 □ continent 　 □ desert 　 □ leaf

□ 126

damage
[dǽmidʒ] ダミッヂ

損害、被害
動 損害を与える

例文 The flood did a lot of damage to our house. Our first floor was like a swimming pool. (洪水は私たちの家に多大な被害をもたらした。1階はスイミングプールみたいだった)

構文 <u>The flood</u> <u>did</u> ⟨<u>a lot of damage</u>⟩ (to our house).
　　　　S　　　V　　　　　　O
　　　<u>Our first floor</u> <u>was</u> <u>like a swimming pool</u>.
　　　　　S　　　　　　V　　　　　C

日本語でも「ダメージを与える」と使われています(英語の発音は「ダミッヂ」)。
do 人 damage = do damage to 人「人 に損害を与える」の形が重要です。

□ 127

disaster
[dizǽstər] ディザスタァ

災害

例文 Natural disasters such as earthquakes and floods hit Japan almost every year. (地震や洪水などの自然災害は毎年のように日本を襲っている)

構文 ⟨<u>Natural disasters</u> [such as earthquakes and floods]⟩ <u>hit</u> <u>Japan</u>
　　　　　　　S　　　　　　　　　　　　　　　　　　　　　　V　　　O
(almost every year).

「幸運の星(aster)から離れて(dis)」→「災害」となりました。星型の "＊" マークを「アスタリスク」と言いますが、asterと語源が同じです。natural disasters「自然災害」とよく出てきます(複数形で使うことが多い)。

□ 128

space
[spéis] スペイス

場所、宇宙
spaceship **名** 宇宙船

例文 There isn't enough space in my room, so I'll sell some of my old comics. (私の部屋には十分な場所がないので、古いマンガを何冊か売るつもりです)

構文 There <u>isn't</u> <u>enough space</u> (in my room), so <u>I'll</u> <u>sell</u> ⟨<u>some of my old comics</u>⟩.
　　　　　　V　　　　　S　　　　　　　　　　　　　　S　　V　　　　　　O

日本語でも「スペース(空間・場所)を有効に使う」と言います(英語の発音は「スペイス」)。「広大な空間」→「宇宙」の意味もあり、the International Space Stationは「国際宇宙ステーション」です(ISSとよく略されます)。

周回Check! 1 ／ 2 ／ 3 ／

129

planet
[plǽnit] プラニット

惑星

 例文 **Do you think there is life on other planets?**
（他の惑星に生命は存在すると思いますか?）

 構文 Do <u>you</u> <u>think</u> ⟨{that} there <u>is</u> <u>life</u> (on other planets)⟩?
     S V   O   v s

「プラネタリウム（planetarium）」は「星・惑星などの天体の動きを再現する装置」ですね。the planetだと「みんなで共通認識できる（the）惑星（planet）」→「地球」を表します。our planetも同様に「私たちの惑星」→「地球」です。

130

health
[hélθ] ヘルス

健康
healthy 形 健康な

 例文 **Eating too much sugar is not good for your health.**
（砂糖のとりすぎは健康に良くない）

 構文 ⟨<u>Eating too much sugar</u>⟩ <u>is not</u> <u>good</u> (for your health).
             S   V   C

「健康管理」のことを「ヘルスケア」と言いますし、形容詞 healthyは「ヘルシーな食事を心がける」や「ヘルシーフード（healthy food）」と使われています。「健康」に関する長文は入試頻出です。

131

fever
[fíːvər] フィーヴァ

熱

 例文 **My son had a fever of 39 degrees, so I took him to the doctor.**
（息子は39度の熱があったので、私はお医者さんに連れていった）

 構文 <u>My son</u> <u>had</u> ⟨a fever [of 39 degrees]⟩, so <u>I</u> <u>took</u> <u>him</u> (to the doctor).
      S   V   O   S V O

熱狂的なファンが騒ぐと「大フィーバー」と言います。この場合は「熱狂」ですが、本来は「熱」です。I have a fever. で「私は熱を持っている」→「私は熱がある」となります。

Review!
- □ grass
- □ nest
- □ flood
- □ damage
- □ disaster
- □ space

132

pain
[péin] ペイン

痛み
painful 形 痛い

例文 He felt some pain in his leg when he was running, but it doesn't hurt anymore. （彼は走っているとき脚に痛みを感じたが、もう痛みはひいている） ※ not ～ anymore「もう～ない」

構文 <u>He</u> <u>felt</u> <u>some pain</u> (in his leg) (<u>when</u> <u>he</u> <u>was running</u>), <u>but</u> <u>it</u>
S   V   O   s   v   S
<u>doesn't hurt</u> anymore.
    V

日本で「ペインクリニック（痛みの軽減を専門とする診療所）」と使われることもあります。ちなみに「痛いの痛いの飛んでいけ」は、英語でも Pain, pain, go away! です。

133

medicine
[médəsin] メディスィン

薬
medical 形 医療の、医学の

例文 Take this medicine three times a day after meals.
（1日3回、食後にこの薬を飲みなさい）

構文 <u>Take</u> <u>this medicine</u> (three times a day) (after meals).
  V   O

病院関係で「メディカル（medical）」とよく使われます。mediは「医療」の意味で、medicine「薬」も mediつながりで覚えましょう。take medicineで「薬をとる」→「薬を飲む」です（drinkを使わないように注意）。

134

nurse
[nə́ːrs] ナース

看護師

例文 Many nurses work at that hospital.
（多くの看護師がその病院で働いている）

構文 <u>Many nurses</u> <u>work</u> (at that hospital).
    S   V

かつては女性を意味しましたが、現在は男女問わず「看護師」のことを nurseと言います。看護師不足は深刻な社会問題になっており、とても大切な単語です。

周回Check! **1** / **2** / **3** /

135 soap

[sóup] ソウプ

せっけん

例文 I always wash my hands with soap before I eat a meal.
（私は食事の前にいつもせっけんで手を洗う）

構文 <u>I</u> always <u>wash</u> <u>my hands</u> (with soap) ([before] <u>I</u> <u>eat</u> <u>a meal</u>).
S V O s v o

「ボディーソープ」は「体を洗うせっけん」です。難関校では、新型コロナに感染しない方法に関する会話中の英作文で「soapを用いて6語以上の英語を書け」と出ました（解答例：We should wash our hands carefully with soap.）。

136 meal

[míːl] ミール

食事

例文 It's bad manners to watch TV while eating meals.
（食事中にテレビを見るのはマナーが悪い）

構文 <u>It's</u> <u>bad manners</u> ⟨to watch TV (while eating meals)⟩.
仮SV C 真S

「オートミール」とは、ものすごくざっくり言うと「麦をお粥にしたようなもの」で、欧米で朝に出される「食事」です。朝食、昼食、夕食すべてに mealが使えます。eat between mealsは「食事の間に食べる」→「間食する」です。

137 recipe

[résəpi] レシピ

レシピ、調理法

例文 I found a recipe on the Internet and tried to make it, but it was too difficult.（インターネットでレシピを見つけて作ろうとしたけど、難しすぎたよ）

構文 <u>I</u> <u>found</u> <u>a recipe</u> (on the Internet) <u>and</u> <u>tried to make</u> <u>it</u>, but <u>it</u> <u>was</u> <u>too difficult</u>.
S V O V O S V C

「料理のレシピ」とは「調理法」のことです。入試では「食事・料理」の話がよく出るだけに大切な単語です。a recipe for chocolate chip cookiesは「チョコチップクッキーのレシピ」です。

Review!
- planet
- health
- fever
- pain
- medicine
- nurse

□138

past
[pǽst] パスト

過去　形 過去の

 例文 Now every home has electricity, but in the past no houses had electricity. （今ではどの家にも電気が通っているが、昔はどの家にも電気が通っていなかった）

 構文
Now every home has electricity, but (in the past) no houses had electricity.
　　　S　　　V　　O　　　　　　　　　　　　　　S　　　V　　O

 動詞 pass「通り過ぎる」と関係があり、「時間が通り過ぎた」→「過去（の）」となりました。in the past「過去・昔」は長文で大切な表現で、「過去は〜だったが、現在は…だ」のように過去と現在を対比するときによく使われます。

□139

century
[séntʃəri] センチュリィ

世紀

 例文 The tomato was brought to Japan by Europeans in the 17th century. （トマトは17世紀にヨーロッパ人によって日本にもたらされた）

 構文
The tomato was brought (to Japan) (by Europeans) (in the 17th century).
　　S　　　　V

 centは「100」で（percentは「百分率」）、centuryは「100個ごとの区切り」→「100年間・世紀」です。歴史の授業で「17世紀」が「17C」と書かれたりしますが、このCはcenturyのことです。

□140

human
[hjúːmən] ヒューマン

人間、人類
形 人間の

 例文 Only humans can read and write. No animals can do it. （人間だけが読み書きできる。それができる動物はいない）

 構文
Only humans can read and write. No animals can do it.
　　S　　　　V　　　　　　　　S　　　　V　O

 humanには man というつづりがありますが、複数形は（×）humenではなく（○）humansです。human being「人（human）として存在すること（being）」→「人間・人類」の形でもよく使います。

141

god
[gád] ガッド | 神

 Do you believe in God?
（あなたは神様を信じていますか?）

 Do <u>you</u> <u>believe in</u> <u>God</u>?
　　S　　V　　　O

 意味は大切ですが、自分から Oh my God! は使わないほうがいいでしょう。英語圏では「Godは畏れ多くて口にできない」という発想から、Godを言わない表現がよく使われます（Oh my! ／ My! ／ Oh my goodness! ／ Oh my gosh! など）。

142

heaven
[hévən] ヘヴン | 天国

 Do you believe that people go to heaven when they die?
（あなたは人は死んだら天国へ行くと信じていますか?）

 Do <u>you</u> <u>believe</u> ⟨[that] <u>people</u> <u>go</u> (to heaven) ([when] <u>they</u> <u>die</u>)⟩?
　　S　　V　　　　　　s　　v　　　　　　　　　　s'　v'

 つづりは heavenですが「ヘヴン」と発音します。go to heavenは「天国に行く」→「亡くなる」の意味でもよく使われます。die「死ぬ」は直接的なので、こういった遠回しな言い方がよく使われるわけです。

143

war
[wɔ́ːr] ウォー | 戦争

 I hope the leaders of those two countries can talk peacefully. No one wants a war. （私はその2国の指導者が平和的に話し合いをしてくれることを願っています。誰も戦争を望んでいません）

 <u>I</u> <u>hope</u> ⟨{that} ⟨<u>the leaders</u> [of those two countries]⟩ <u>can talk</u>
S　V　　O　　　　　s　　　　　　　　　　　v
peacefully⟩. <u>No one</u> <u>wants</u> <u>a war</u>.
　　　　　　　S　　V　　O

発音は「ワー」ではなく「ウォー」です。「第2次世界大戦」は World War IIと表記します。

Review! □ soap　□ recipe　□ century
　　　　　□ meal　□ past　□ human

60

□ 144

soldier

[sóuldʒər] ソウルヂァァ

兵士

例文 The soldiers were sent to the disaster area to help the people there. (兵士らは被災地の人々を助けるために派遣された)

構文 The soldiers were sent (to the disaster area) (to help the
<u>S</u>   <u>V</u>
people there).

 映画やゲームで「ソルジャー」と使われています（英語の発音は「ソウルヂァァ」です）。例文の disaster area「災害を受けた地域」→「被災地」もチェックしておきましょう。

□ 145

enemy

[énəmi] エネミィ

敵

例文 Those two boys always fight. They should stop being enemies and try to be kind to each other. (あの2人の少年はいつもケンカばかりしている。敵対するのはやめて、お互いに歩み寄ろうとするべきだ)

構文 Those two boys always <u>fight</u>. <u>They</u> <u>should stop</u> <u>being enemies</u> and
<u>S</u>   <u>V</u>   <u>S</u>   <u>V</u>   <u>O</u>
try to be kind to <u>each other</u>.
<u>V</u>   <u>O</u>

 ゲームでよく enemyと出てきます。rival「ライバル（好敵手）・競争相手」のようなニュアンスではなく、ただただ憎たらしい「敵」に使います。

□ 146

violence

[váiələns] ヴァイオレンス

暴力
violent **形** 暴力的な、激しい

例文 Some think that violent video games lead to violence in real life.
(暴力的なテレビゲームは実生活での暴力につながると考えている人もいる)

構文 <u>Some</u> <u>think</u> ⟨ that violent video games <u>lead to</u> ⟨violence [in real life]⟩⟩.
<u>S</u>   <u>V</u>   <u>O</u>   <u>s</u>   <u>v</u>   <u>o</u>

 ニュースなどで使われる「ドメスティックバイオレンス（domestic violence：DV）」は「家庭内暴力」のことです。例文のような「テレビやゲームでの暴力シーンが子どもに与える影響」は入試でよく出ます。

government
[gívərnmənt] ガヴァ(ン)メント

政府
govern 動 統治する

例文 **The government made a new law to protect forests.**
（政府は森林を守るための新しい法律を作った）

構文 The government made ⟨a new law [to protect forests]⟩.
　　　　　S　　　　　　　V　　　　　　　O

動詞 govern「統治する」の名詞形で、「統治する機関」→「政府」となりました。リンカーン大統領の government of the people, by the people, for the people「人民の、人民による、人民のための政治」という言葉が有名です。

nation
[néiʃən] ネイション

国家
national 形 国家の

例文 **The nations of North America include Canada, U.S.A., Mexico and some other small countries.** （北アメリカの国には、カナダ、アメリカ合衆国、メキシコやその他の小さな国々が含まれる）

構文 ⟨The nations [of North America]⟩ include ⟨Canada, U.S.A., Mexico
　　　　　S　　　　　　　　　　　　　V　　　　　O
and some other small countries⟩.

「国の代表チーム」を「ナショナルチーム（national team）」と言いますね。形容詞 national の名詞形が nation です。例文にある country も同じく「国」です。

state
[stéit] ステイト

州、国、状態
動 述べる　statement 名 声明

例文 **The United States of America is often called "the U.S." or "America."** （アメリカ合衆国は "the U.S." や "America" と呼ばれることもよくある）

構文 ⟨The United States of America⟩ is often called ⟨"the U.S." or "America."⟩
　　　　　S　　　　　　　　　　　　V　　　　　　　　　　C

アメリカは「50の州から構成されている国」なので、The United States of America と言います。state は本来「状態」で、「自立状態」→「州・国」、「（状態を）述べる」となりました。一気に「国の状態を述べる」と覚えても OK です。

Review!　□ god　□ heaven　□ war　□ soldier　□ enemy　□ violence

62

150

capital
[kǽpətl] キャピタル

首都、大文字

例文 Tokyo is the capital of Japan, and Beijing is the capital of China. （東京は日本の首都で、北京は中国の首都だ）

構文 <u>Tokyo</u> <u>is</u> ⟨<u>the capital [of Japan]</u>⟩, and <u>Beijing</u> <u>is</u> ⟨<u>the capital [of China]</u>⟩.
 S   V   C   S   V   C

capitalのcapは「頭」で（cap「帽子」から連想可能）、capitalは「国の頭・中心」→「首都」、「文字の頭」→「大文字」です。難関校の和訳問題では a capital letter「大文字」も問われます（この letterは「文字」）。

151

president
[prézədənt] プレジデント

大統領、社長

例文 The president of this company made a speech to all of the employees yesterday. （昨日、この会社の社長は全従業員に対してスピーチをした）

構文 ⟨<u>The president [of this company]</u>⟩ <u>made a speech</u> (to all of
 S   V   O
the employees) (yesterday).

「会議で前に（pre）座る（sid = sit）人」→「社長」となります。「大統領」の意味もあり、「バイデン大統領」は President Biden です。日本語の順番につられて（×）Biden Presidentと言わないように注意しましょう。

152

mayor
[méiər] メイア

市長

例文 Mr. Sato has been the mayor of this city for four years.
（サトウさんは4年間この市の市長を務めている）

構文 <u>Mr. Sato</u> <u>has been</u> ⟨<u>the mayor [of this city]</u>⟩ (for four years).
 S   V   C

major「主要な・メジャーな」（777番）と関連があります。「人目につくメジャーな立場」→「市長・町長」と覚えてください。海外ニュースでも頻出ですよ。

動詞

名詞

形容詞

副詞

周回Check!   1 / 2 / 3 /

153 law
[lɔ́ː] ロー　｜　法律

 例文　If people want to change the law, they have to ask the government to do it. （人々が法律を変えたいと思うなら、政府にそれを要求しなければならない）

 構文　(If people want to change the law), they have to ask the government to do it.
s　v　o　S　V　O　C

「ロースクール」とは「弁護士などを目指す人の学校・法科大学院」です。obey [follow/keep] the lawは「法律を守る」、break the lawは「法律を破る」です。raw「生の」と間違えないように気をつけてください。

154 statue
[stǽtʃuː] スタチュー　｜　像

例文　Tourists from all over the world come to see the famous Buddha statue in Kamakura. （鎌倉の有名な大仏を見に、世界中から旅行者がやって来ます）

 構文　⟨Tourists [from all over the world]⟩ come (to see the famous
S　V
Buddha statue [in Kamakura]).

Statue of Liberty「自由の女神像」という表現が有名で、statueは動物や人などの「像」のことです。例文の Buddha statue「仏陀の像」→「仏像・大仏」は、日本紹介でも便利な表現です。

155 movement
[múːvmənt] ムーヴメント　｜　動き、運動
move 動 動く

例文　Black Lives Matter is an international social movement against racism and violence. （ブラック・ライヴズ・マターとは、人種差別や暴力に反対する国際的な社会運動のことだ）※ racism「人種差別」

構文　Black Lives Matter is ⟨an international social movement [against
S　V　C
racism and violence]⟩.

move「動く」の名詞形です。日本でも、「社会的な運動・若者のデモ抗議（反対運動）」を表すときに「ムーブメント」と使われています。

 Review!　□ government　□ state　□ president
□ nation　□ capital　□ mayor

☑ 156

vocabulary | 語彙
[voukǽbjulèri] ヴォウキャビュレリィ

例文 How did you increase your vocabulary when you were learning French? （フランス語を学んでいたとき、どうやって語彙を増やしましたか?）

構文 How did <u>you</u> <u>increase</u> <u>your vocabulary</u> (<u>when</u> <u>you</u> <u>were learning</u> <u>French</u>)?
        S   V   O   s   v   o

「ボキャブラリー増強」と使われます。vocabularyは1つひとつの単語ではなく、その人が持つ単語の「総量」を指すことに注意してください。increase one's vocabulary「語彙を増やす」はよく使う表現です。

☑ 157

sentence | 文
[séntəns] センテンス

例文 English sentences always start with a capital letter.
（英文はいつも大文字で始まる）

構文 <u>English sentences</u> always <u>start</u> (with a capital letter).
        S   V

英語の授業で「このセンテンスが〜」と言われたら「文」のことです（主語と動詞があって、ピリオドで終わるもの）。sentenceが集まった1つのまとまりはparagraph「段落」です。

☑ 158

novel | 小説　形 目新しい
[nάvəl] ナヴル

例文 "I am a Cat" is a novel by Natsume Soseki.
（『吾輩は猫である』は夏目漱石が書いた小説だ）

構文 ⟨"I am a Cat"⟩ <u>is</u> ⟨a novel [by Natsume Soseki]⟩.
        S   V   C

若者向けの堅苦しくない感じの小説を「ライトノベル」と言いますね（これ自体は和製英語）。応用として「目新しい」という形容詞もありますが、novel「小説」は、18世紀に生まれた（当時は）「新しい」文学ジャンルだったんです。

動詞

名詞

形容詞

副詞

周回Check!　1　／　2　／　3　／

159

mystery
[místəri] ミステリィ

謎、推理小説
mysterious **形** 謎の、不思議な

 例文 I like reading mystery novels by Keigo Higashino.
（私は東野圭吾のミステリー小説を読むのが好きです）

構文
I like ⟨reading mystery novels [by Keigo Higashino]⟩.
S V   O

「ミステリー（mystery）小説」は「謎解き」がテーマの小説です。また、形容詞mysteriousは「彼はミステリアスな雰囲気をまとっている」のように使いますね。

160

gesture
[dʒéstʃər] ヂェスチャア

ジェスチャー、身振り

 例文 Gestures in Japan and America are different.
（日本とアメリカのジェスチャーは異なっている）

構文
⟨Gestures [in Japan and America]⟩ are different.
S   V   C

日本語でも身振りが大きいときに「ジェスチャーが大きい」と言いますね。「ジェスチャーの違い」に関する長文はよく出ますし、海外旅行の際にはジェスチャーの違いによって誤解を招く可能性があるので注意が必要です。

161

custom
[kʌ́stəm] カスタム

習慣、税関、関税

 例文 Taking off your shoes when you enter a house is a Japanese custom. （家の中に入るとき靴を脱ぐのは日本の習慣です）

構文
⟨Taking off your shoes (when you enter a house)⟩ is
S   s   v   o   V
⟨a Japanese custom⟩.
C

「カスタマイズする」とは、本来「自分の習慣・好みに合うようにする」ということです。さらに「習慣的にチェックする場所」→「税関（customs）」、「習慣的に払うもの・税金」→「関税（customs）」となりました。

 Review!

□ law
□ statue

□ movement
□ vocabulary

□ sentence
□ novel

relationship
[rɪléɪʃənʃɪp] リレイションシップ

関係

relation 名 関係
relate 動 関連づける

例文 I hope I will find a way to build a good relationship with Himari again.（もう一度ヒマリと良い関係を築けるような方法を見つけられたらいいなと思っています）

構文
I hope 〈{that} I will find 〈a way [to build a good relationship
S V   O S   V   o
with Himari again]〉〉.

例文の build a good relationship with 〜「〜と良い関係を築く」はよく使う表現です。buildは「（建物を）建てる」だけでなく、「（関係・名声などを）築く・形成する」にも使えます。

community
[kəmjúːnəti] カミューニティ

地域社会、共同体

例文 When I was a child, I visited your local community to watch fireflies.（子どもの頃、あなたの地元にホタルを見に行ったことがあります）

構文
(When I was a child), I visited your local community (to watch fireflies).
     S V   C   S   V   O

意外と訳しにくい単語ですが、「同じ土地に住み、習慣などを共有する地域社会」のことです。高校入試では「地域社会でのイベント」の話がよく出ますし、現代では an online community「ネット上のコミュニティ」も使われます。

neighbor
[néibər] ネイバァ

近所の人、隣人
neighborhood 名 近所

例文 We have been friends with our next door neighbors ever since we moved here.（私たちはここへ引っ越してきて以来、お隣さんとずっと仲良くしています）

構文
We have been friends (with our next door neighbors)(ever
S   V   C
since we moved here).
      S V

neighは near「近くの」という意味で、そこから「近くにいる人」→「隣人」となりました。発音は ghを読まない点に注意しましょう。neighborhoodは「隣人の状態」→「近所」です。

周回Check! 1 / 2 / 3 /

165

joke
[dʒóuk] ヂョウク

冗談 動 冗談を言う

例文 Kanako's joke was really funny. I couldn't stop laughing.
（カナコの冗談は本当におもしろかった。笑いが止まらなかったよ）

構文
<u>Kanako's joke</u> <u>was</u> <u>really funny</u>. <u>I</u> <u>couldn't stop</u> <u>laughing</u>.
　　S　　　　V　　　　C　　　　S　　　V　　　　　O

日本語でも「ジョークを言う」と使いますね。動詞「冗談を言う」も大切で、You must be joking. は直訳「あなたは冗談を言っているにちがいない」→「まさか・本当に？」という会話表現です（Really? と同じ感じ）。

166

guest
[gést] ゲスト

招待客、宿泊客

例文 About twenty guests stay at this hotel every night.
（毎晩、約20名のお客様がこのホテルに宿泊されます）

構文
〈<u>About twenty guests</u>〉 <u>stay</u> (at this hotel)(every night).
　　　　S　　　　　　　　　V

テレビで「今日のゲスト」と使われますが、guestは本来「招待客・宿泊客」です。修学旅行でホテルに泊まれば、皆さんがguestになります。「客」を表す様々な単語は区別する必要があるので、しっかり整理していきます。

167

passenger
[pǽsəndʒər] パスンヂァァ

乗客

例文 Passengers have to get on at the front of the bus.
（乗客はバスの前から乗らなければならない）

構文
<u>Passengers</u> <u>have to get on</u> (at the front of the bus).
　　S　　　　　　V

pass「通り過ぎる」に注目して、「改札を通り過ぎる人」「ある場所から別の場所へ通り過ぎていく人」と考えてください。空港や機内アナウンスでは、Attention to passengers.「（乗客の）皆さまにご案内いたします」とよく使われています。

Review!
□ mystery 　　□ custom 　　□ community
□ gesture 　　□ relationship 　　□ neighbor

audience
[ɔ́ːdiəns] オーディエンス | 聴衆、観客

例文 The audience clapped when the orchestra came on stage.
（オーケストラがステージに上がると、聴衆は拍手をした）

構文 The audience clapped (when the orchestra came (on stage)).
$\underset{S}{\quad}$ $\underset{V}{\quad}$ $\underset{s}{\quad}$ $\underset{v}{\quad}$

audiは「聞く」という意味で、オーディオ（audio）でなじみがあるかもしれません。audienceはイベントなどで「曲や話を聞く人」→「聴衆・観客」です。日本でも、コンサートなどで「大勢のオーディエンスの前で」と使われています。

customer
[kʌ́stəmər] カスタマァ | 顧客

例文 Three customers are standing in line to pay for their purchases.
（3人の客は買い物の支払いをするために並んでいる）

構文 Three customers are standing (in line) (to pay for their purchases).
$\underset{S}{\quad}$ $\underset{V}{\quad}$

「習慣（custom）的によく行くお店のお客」と考えればOKです。日本のお店でも「客の質問に答える場所」のことを「カスタマーセンター」と言ったりします。ちなみにclientは「（弁護士などの）依頼人・取引先」、spectatorは「観客」です。

department
[dipɑ́ːrtmənt] ディパートメント | 部門
department store **名** デパート

例文 Mr. Tanaka works in the marketing department.
（タナカさんはマーケティング部で働いています）

構文 Mr. Tanaka works (in the marketing department).
$\underset{S}{\quad}$ $\underset{V}{\quad}$

departmentは「各part」というイメージで、「（会社の）部門」や「（お店の）売り場・コーナー」を表します。お店の「デパート（department store）」は「各部門に分かれたお店」です（英語のdepart「出発する」はまったく違う単語）。

周回Check! 1 / 2 / 3 /

171

section
[sékʃən] セクシャン

部分、部門

例文 Smoking or non-smoking? – I'd like to sit in the non-smoking section please. （喫煙席と禁煙席どちらがよろしいですか？ — 禁煙席でお願いします）

構文 Smoking or non-smoking? – I'd like to sit (in the non-smoking
S   V
section) please.

sectionのsecは「切る」という意味があります（insect「昆虫」は本来「体に切れ目があるもの」です）。「区切られた場所」→「区域・部分」、「会社の区切られたところ」→「部門・課」となりました。

172

manager
[mǽnɪdʒər] マニヂャァ

経営者、部長
manage **動** 管理する、経営する

例文 I've worked hard as the cashier and the manager.
（私はレジ係や店長としてがんばって働いてきた）

構文 I've worked (hard) (as the cashier and the manager).
S   V

部活や芸能人のマネージャーを連想しがちですが、本来は「管理する（manage）人（er）」で、「経営者・部長・店長」などを指します。ざっくりと「偉い人」と考えてもいいでしょう。manager of the sales departmentは「営業部の部長」です。

173

clerk
[klə́ːrk] クラーク

事務員、店員

例文 The store clerk told the customer where the toy department was. （その店の店員はお客さんにおもちゃ売り場がどこにあるか教えた）

構文 The store clerk told the customer ⟨where the toy department was⟩.
S   V   O₁   O₂

「（銀行・会社・ホテルなどの）事務員」や「店員」の意味でよく使います。store clerk・sales clerkとすると「店員」の意味だとハッキリします。入試では「customer（客）とclerk（店員）」の会話問題が頻出です。

Review!
- [ ] joke
- [ ] guest
- [ ] passenger
- [ ] audience
- [ ] customer
- [ ] department

□ 174

owner

[óunər] **オウナァ**

所有者

own 形 自分自身の 動 所有する

例文 To be a good pet owner, we should think more about the lives of pets. (良い飼い主になるためには、ペットの命についてもっとよく考えるべきだ)

構文 (To be a good pet owner), <u>we</u> <u>should think</u> (more) about 〈<u>the lives [of pets]</u>〉.
S / V / O

「所有する (own) 人 (er)」→「所有者 (owner)」です。日本語では「オーナー」と言いますが、英語の発音は「オウナァ」です。入試では「動物・ペットの所有者」→「飼い主」や、「店の所有者」→「店主・経営者」の意味でよく出てきます。

□ 175

visitor

[vízətər] **ヴィズィタァ**

訪問者

例文 It is thought that there will be more foreign visitors next year than this year. (今年に比べて来年は訪日客が増えると考えられている)

構文 <u>It</u> <u>is thought</u> 〈<u>that</u> there <u>will be</u> <u>more foreign visitors</u> (next year) (than this year)〉.
仮S / V / 真S / v / s

「訪問する (visit) 人 (or)」→「訪問者」となりました。「家や観光地を visit する人」のことで、a foreign visitor は「外国からの訪問者」→「訪日客・外国人観光客」です。高校入試で「外国人観光客」の話題はよく出ます。

□ 176

tourist

[túərɪst] **トゥアリスト**

旅行者

例文 You can visit many tourist spots by bus, and enjoy good views of the city. (バスで多くの観光地を訪れ、町の良い景色を楽しんでいただけます)

構文 <u>You</u> <u>can visit</u> <u>many tourist spots</u> (by bus), and <u>enjoy</u> 〈<u>good views [of the city]</u>〉.
S / V / O / V / O

「旅行する (tour) 人 (ist)」のことです。例文の tourist{s} spot は「観光地」で、高校入試では「観光旅行」の話題がよく出ます。a foreign tourist は「外国人観光客」、tourist information center は「観光案内所」です。

動詞

名詞

形容詞

副詞

周回 Check! **1** / **2** / **3** /

sightseeing
[sáitsìːŋ] サイトスィーング

観光

sight 名 視力、景色

 例文 **This summer, I am planning to go sightseeing in Kyoto.**
（今年の夏は京都へ観光に行く予定だ）

 構文 (This summer), <u>I</u> <u>am planning to go sightseeing</u> (in Kyoto).
S　　　　　V

 「景色（sight）を見ること（seeing）」→「観光」です。「〜に観光に行く」は（×）go sightseeing to 場所 とするミスが多いのですが、「場所において（場所の中で）観光する」という関係なので go sightseeing in 場所 となります。

Olympics
[əlímpiks] オリンピックス

オリンピック

 例文 **The Olympics were held in Tokyo in 2021.**
（オリンピックは 2021年に東京で開催された）

 構文 <u>The Olympics</u> <u>were held</u> (in Tokyo) (in 2021).
S　　　　　V

 the Olympics「オリンピック」の形で使います。Oは必ず大文字で、様々な種目があるので Olympics と複数形にする点に注意してください。もしくは the Olympic Games でも OKです。

medal
[médl] メドゥル

メダル

 例文 **Mr. Kitajima won several gold medals at the Olympics.**
（キタジマ選手はオリンピックでいくつかの金メダルを獲得した）

 構文 <u>Mr. Kitajima</u> <u>won</u> ⟨several gold medals⟩ (at the Olympics).
S　　　　 V　　　　　　　O

 winは「勝ち取る」イメージで、win a medal「メダルを勝ち取る」→「メダルを取る・メダルを獲得する」とよく使います。過去形 wonは「ワン」と発音されるので、リスニングでは oneと混同しないように注意が必要です。

Review! □ section 　　□ clerk 　　□ visitor
　　　　　　 □ manager 　□ owner 　□ tourist

180

award
[əwɔ́ːrd] アウォード

賞　動 授与する

例文 Takumi won an award for his good grades. His parents were really proud of him.（タクミは良い成績をとったので賞をもらった。彼の両親は本当に誇りに思った）

構文 <u>Takumi</u> <u>won</u> <u>an award</u> (for his good grades). <u>His parents</u>
　　　　S　　V　　O　　　　　　　　　　　　　　　S
<u>were really proud of</u> <u>him</u>.
　　　　V　　　　　　O

 テレビで「賞を与える番組」を「○○アワード」と言ってます（正確な発音は「アウォード」）。win an awardは「賞を勝ち取る」→「賞をもらう・受賞する」です。

181

ceremony
[sérəmòuni] セレモウニィ

式（式典・儀式）

例文 Most of my classmates cried at our graduation ceremony.
（クラスメイトのほとんどが卒業式で泣いた）

構文 <Most of my classmates> <u>cried</u> (at our graduation ceremony).
　　　　　　　　S　　　　　　　　V

 「儀式」と言うと大げさですが、entrance ceremony「入学式」や graduation ceremony「卒業式」など様々なものに使えます。日本語でも「開会式」のことを「オープニングセレモニー（opening ceremony）」と言いますね。

182

prize
[práiz] プライズ

賞

例文 Ryota won the first prize in the 100-meter race.
（リョウタは 100メートル走で優勝した）

構文 <u>Ryota</u> <u>won</u> <u>the first prize</u> (in the 100-meter race).
　　　　S　　V　　　O

 例文のように win {the} first prize「一等賞をとる・優勝する」でよく使います。入試では「大会・コンテスト」の話題がよく出るだけに大事な表現です。「ノーベル賞」は Nobel Prize、「ノーベル賞受賞者」は a Nobel Prize winnerです。

動詞

名詞

形容詞

副詞

183 quiz
[kwíz] クウィズ

クイズ、小テスト

 Ms. Murata gave us a pop quiz in Japanese class today.
（ムラタ先生は今日の国語の授業で私たちに抜き打ちテストをした）

 <u>Ms. Murata</u> <u>gave</u> <u>us</u> <u>a pop quiz</u> (in Japanese class) (today).
　　　S　　　V　　O₁　　O₂

「クイズ番組」のイメージが強いですが、quizは「小テスト」という意味も大切です（学校で非常によく使われます）。例文の a pop quizは「抜き打ちテスト」です（「ポンッと急に行われる」イメージ）。

184 score
[skɔ́ːr] スコーァ

得点　**動** 得点する

 What was your score on our test last week? Did you do well?
（先週のテストの点数はどうだった？　よくできた？）

 <u>What</u> <u>was</u> <u>your score</u> (on our test) (last week)? Did <u>you</u> <u>do</u> well?
　C　　V　　S　　　　　　　　　　　　　　　S　　V

日本語でも「ボーリングのスコア」や「スコアシート（得点表）」と使われています。学校の話では、get a good score on a test「テストで良い点をとる」／ get a perfect score on a test「テストで満点を取る」とよく使われます。

185 report
[ripɔ́ːrt] リポート

報告書、レポート
動 報告する

 Please hand in your report about the Edo period by Monday.
（江戸時代についてのレポートを月曜日までに提出してください）

 Please <u>hand in</u> ⟨your report [about the Edo period]⟩ (by Monday).
　　　　　V　　　　　　　O

「報告書」を「レポート」と言ったりしますね。ちなみに例文の hand inは、直訳「手を（hand）提出箱の中に入れる（in）」→「提出する」という熟語です（難関校の語彙問題で狙われます）。

Review! ☐ sightseeing ☐ medal ☐ ceremony
☐ Olympics ☐ award ☐ prize

☑ 186

essay
[ései] エセイ

作文、エッセイ（随筆）

例文 This essay written by Aya is very interesting.
（アヤが書いたこの作文はとても興味深い）

構文 〈This essay [written by Aya]〉 is very interesting.
　　　　　　S　　　　　　　　　　　V　　C

日本語の「エッセイ」は「随筆」などの軽い文章をイメージしがちですが、英語の essay は「小論文・感想文・レポート」などの作文を指すことが多いです。特に学生が課題として書く作文によく使われます。

☑ 187

project
[prádʒekt] プラヂェクト

計画、プロジェクト

例文 The project to build the new stadium will be completed in two years. （新しい競技場を建設する計画は2年後に完了するだろう）

構文 〈The project [to build the new stadium]〉 will be completed
　　　　　　S　　　　　　　　　　　　　　　　　　　　　V
(in two years).

日本語でも「大きな計画」のことを「一大プロジェクト」と言いますね。高校入試や英検では「授業のプロジェクト」→「課題」という意味でもよく使われます。たとえば school project「学校の課題」はポスター作りなどのことです。

☑ 188

presentation
[prèzəntéiʃən] プレズンテイシャン

プレゼンテーション、発表

例文 I was nervous when I made my presentation in front of the class. （私はクラスの前で発表をするとき緊張していた）

構文 I was nervous (when I made my presentation (in front of the class)).
　　　　　S V　　C　　　　　　s　v　　　o

「発表」のことを日本語でも「プレゼンテーション（プレゼン）」と言います。make[give] a presentation「発表する」の形をチェックしておきましょう。

周回Check!　1　／　2　／　3　／

189

topic
[tápik] タピック

話題

例文 **What is the topic for today's discussion?**
（今日の議論の話題は何ですか?）

構文 <u>What</u> <u>is</u> ⟨<u>the topic [for today's discussion]</u>⟩?
　　　C　 V　　　　　　S

 テレビのニュースなどでも「今夜の主な<u>トピック</u>（話題）は〜」と使われています。高校入試では「発表・プレゼンテーション」の場面が頻出なので、「○○の話題について発表する」とよく出てきます。

190

lesson
[lésn] レスン

練習、授業

例文 **That's all for today's lesson. See you tomorrow.**
（今日の授業はここまでです。また明日）

構文 <u>That's</u> <u>all</u> (for today's lesson). <u>See</u> <u>you</u> (tomorrow).
　　　S　 V C　　　　　　　　　　V　 O

 日本語でも「ダンスレッスン」のように使われています。take lessonsで「授業をとる」→「授業を受ける」です。

191

gym
[dʒím] ヂム

体育館

例文 **We go to the gym to play volleyball every Friday.**
（私たちは毎週金曜日に、バレーボールをしに体育館へ行く）

構文 <u>We</u> <u>go</u> (to the gym) (to play volleyball) (every Friday).
　　　S　 V

 「ジム」と聞くと「トレーニングジム」を思い浮かべがちですが、「体を動かす場所」→「体育館」という意味でもよく使われます。リスニングでも頻出なので、しっかり聞き取れるようにしておきましょう（最後の mはあまり聞こえない）。

Review! 　□ quiz　　　　□ report　　　□ project
　　　　　　　□ score　　　□ essay　　　　□ presentation

☑ 192

percent
[pərsént] パセント

| パーセント

 例文 **Eighty percent of the students in this school read two books a month.** (この学校の生徒の80%が月に2冊の本を読んでいる)

 構文 〈Eighty percent of the students [in this school]〉 read two books
S ・ V ・ O
(a month).

 発音は「パセント」で、「セ」にアクセントがきます。percentという単語自体は「単数形」で使う点にも注意しましょう。(×) Eighty percents ではなく (○) Eighty percent です。

☑ 193

meter
[míːtər] ミータァ

| メートル

 例文 **Mt. Fuji is the highest mountain in Japan. It is 3,776 meters high.** (富士山は日本で最も高い山です。高さは 3,776 メートルです)

 構文 Mt. Fuji is 〈the highest mountain〉(in Japan). It is 3,776
S ・ V ・ C ・ S ・ V ・ C
meters high.

 例文は It is ○○ meters high.「それは○○メートルの高さだ／その高さは○○メートルだ」です。英語の発音は「ミータァ」といった感じです。ちなみに、英語圏では mile「マイル」もよく使われます(1マイルは約 1.6 キロメートル)。

☑ 194

bottom
[bátəm] バタム

| 底

 例文 **An airplane crashed into the sea, and now it is at the bottom of the sea.** (飛行機は海に墜落し、今は海底に沈んでいる)

 構文 An airplane crashed (into the sea), and now it is (at the
S ・ V ・ S ・ V
bottom of the sea).

 ズボンのことを「ボトムス(下半身に身に着ける服)」と言うことも多いです。例文のように、at[in/on] the bottom of ~「~の底に・~の一番下に」という形でよく使われます。

周回Check! 1 / 2 / 3 /

195

medium
[míːdiəm] ミーディアム

中間、媒体、手段
media 名 メディア ※ medium の複数形

例文 **My shirt size is usually medium, but sometimes it's small.**
（シャツのサイズはたいてい Mだが、Sのときもある）

構文 <u>My shirt size</u> is usually <u>medium</u>, <u>but</u> sometimes <u>it's</u> <u>small</u>.
　　　　S　　　　　　　　　　C　　　　　　　　　S V　C

ステーキの焼き加減で焼き過ぎず、生でもなく「普通の(中間の)焼き方」を「ミディアム」と言います。サイズのLは large、Mは medium、Sは smallの頭文字です。応用として「中間にあるもの」→「媒体・手段」の意味もあります。

196

middle
[mídl] ミドル

中間 形 中間の
midnight 名 真夜中、夜の12時

例文 **My mother put the big dish in the middle of the table.**
（私の母はテーブルの真ん中に大きなお皿を置いた）

構文 <u>My mother</u> <u>put</u> <u>the big dish</u> (in the middle of the table).
　　　　S　　　　V　　　O

サッカーやバスケの「ミドルシュート」は「ある程度距離のある（中間の）地点から打つシュート」のことです。ジュースの「Mサイズ」を「ミドルで」と言わないように注意しましょう（本来は medium sizeのことです）。

197

circle
[sə́ːrkl] サークル

円

例文 **Adults and children were dancing in a circle at the summer festival.** （その夏祭りでは、大人と子どもが輪になって踊っていた）

構文 〈<u>Adults and children</u>〉 <u>were dancing</u> (in a circle) (at the summer festival).
　　　　S　　　　　　　　　　　V

同じ趣味を持った集まりのことを「サークル」と言いますが、「集まって円になって楽しむ」イメージを持つといいでしょう。in a circleは、直訳「円・輪（a circle）という形式で（in）」→「円になって・輪になって」という表現です。

Review! □ topic 　　□ gym 　　□ meter
　　　　　　□ lesson 　□ percent 　□ bottom

198

road

[róud] ロウド

道路
street 名 通り

 The road is covered in snow, so be careful not to fall down.
（その道路は雪で覆われているから、転ばないように気を付けて）

構文 <u>The road</u> <u>is covered</u> (in snow), so be <u>careful</u> (not to fall down).
　　　S　　　　V　　　　　　　　　　　　V　　C

「ロウド（road）」と「どうろ（道路）」ってなんか似ていますよね。roadは「車が
ビュンビュン走る道路」のイメージ、streetは「ビルやお店に囲まれた車や通行人
が行き交う通り・生活をする場所」のイメージです。

199

traffic

[træfik] トラフィック

交通
traffic jam 名 交通渋滞

 We got caught in heavy traffic, so we arrived late.
（私たちは大渋滞につかまったので、到着が遅れた）

構文 <u>We</u> <u>got caught</u> (in heavy traffic), so <u>we</u> <u>arrived</u> late.
　　　S　　　V　　　　　　　　　　　　　　　　　　　S　　V

ニュース番組で「トラフィックインフォメーション（交通情報）」と使われていま
す。trafficは「交通量」なので、量が「重い・軽い」という発想から heavy・light
を使います。例文の get caught in heavy trafficは「大渋滞につかまる」です。

200

flight

[fláit] フライト

飛行、航空便

 How long was your flight from London? – Eleven and a half
hours. （ロンドンからの飛行時間はどれぐらいでしたか？ ― 11時間半でした）

構文 How long <u>was</u> ⟨<u>your flight</u> [from London]⟩? – Eleven and a half hours.
　　　　　　　V　　　　　S

日本語でも「フライトが遅れる」や「フライトアテンダント」＝「飛行機の客室乗
務員」と使われています。動詞の fly からきているので、つづりは flightです
（frightではありません）。miss a flightは「乗るべき航空便に乗り遅れる」です。

201

block
[blák] ブラック

区画
🔲 ふさぐ、ブロックする

 例文 This is 52nd Street, so go ten blocks to get to 42nd street.
（ここは52番街なので、42番街へは10ブロック行ってください）

 構文 $\underset{S}{\underline{This}}$ $\underset{V}{\underline{is}}$ $\underset{C}{\underline{52nd\ Street}}$, so $\underset{V}{\underline{go}}$ (ten blocks) (to get to 42nd street).

ブロック塀やおもちゃのブロックを浮かべがちですが、入試では「区画（道路までの建物のかたまり）」という意味でよく出ます（道案内の会話で頻出）。「ブロックを積み上げてさえぎる」→「ふさぐ・ブロックする」という動詞もあります。

202

cycling
[sáikliŋ] サイクリング

サイクリング
cycle 🟩 自転車、循環 🔲 自転車に乗る、循環する

 例文 Would you like to go cycling along the river this weekend? （今週末、川沿いにサイクリングに行きませんか?）

 構文 Would $\underset{S}{\underline{you}}$ $\underset{V}{\underline{like\ to\ go\ cycling}}$ (along the river)(this weekend)?

go cycling「サイクリングに行く」の形が重要です。goにつられて（×）go cycling to the riverとするミスが多いので注意してください。cycleは動詞で cycle around Kyoto「京都を自転車で周る」のようにも使えます。

203

step
[stép] ステップ

歩み、足元、段

 例文 Watch your step. The ground is wet.
（足元に気を付けてください。地面がぬれています）

構文 $\underset{V}{\underline{Watch}}$ $\underset{O}{\underline{your\ step}}$. $\underset{S}{\underline{The\ ground}}$ $\underset{V}{\underline{is}}$ $\underset{C}{\underline{wet}}$.

日本語の「ステップ」は「歩み・一歩」ですね（step by step「一歩ずつ」という熟語が大事）。Watch your step. は「足元をしっかり見て」→「足元に気を付けて」です。また、複数形 steps で「複数の段」→「階段」も表します。

Review! □ medium □ circle □ traffic
□ middle □ road □ flight

stairs
[stéərz] ステアーズ

階段

例文 Some people took the stairs, while others took the escalator. (階段を使う人もいれば、エスカレーターを使う人もいた)

構文 <u>Some people</u> <u>took</u> <u>the stairs</u>, (<u>while</u> <u>others</u> <u>took</u> <u>the escalator</u>).
　　　　　S　　　　 V　　 O　　　　　　　　 s　　 v　　 o

stairは「(階段の) 1段」で、複数形 stairsで「(一続きの) 階段」の意味になります。take the stairsは、直訳「階段を (交通手段として) とる」→「階段を使う」です。

elevator
[éləvèitər] エレヴェイタァ

エレベーター

例文 The office is on the 17th floor, so take the elevator instead of the stairs. (オフィスは17階にあるので、階段ではなくエレベーターに乗ってください)

構文 <u>The office</u> <u>is</u> (on the 17th floor), <u>so</u> <u>take</u> <u>the elevator</u> (instead of the stairs).
　　　　　S　　　 V　　　　　　　　　　　　　　　　 V　　 O

日本語とは違って、elevatorは「エレヴェイタァ」のように最初を強く読みます (発音・アクセント問題でよく狙われます)。take the elevatorは、直訳「エレベーターを (交通手段として) とる」→「エレベーターを使う[に乗る]」です。

track
[trǽk] トラック

跡、道
動 跡を追う、追跡する、記録する

例文 The runners ran quickly around the track.
(ランナーたちはトラックを素早く走り回った)

構文 <u>The runners</u> <u>ran</u> (quickly) (around the track).
　　　　　S　　　　 V

陸上競技場の「トラック」からイメージすれば OK です。「跡」→「跡を追う・追跡する・記録する」という動詞もあり、最新入試では AI tracking system「AI追跡システム (人工知能で人の移動などを追跡するシステム)」も出ました。

207

field
[fíːld] フィールド

野原、田畑、分野

例文 Children often play in the field next to the river.
（子どもたちは川の隣の野原でよく遊んでいる）

構文 <u>Children</u> often <u>play</u> (in the field [next to the river]).
     S   V

「陸上部」を英語で track and field club と言います。走るコースが track で、トラックに囲まれている中央の芝生が field です。field trip は「野原（field）への旅行（trip）」→「遠足」です（実際には様々な場所への遠足を表します）。

208

hall
[hɔ́ːl] ホール

ホール、廊下

例文 The mayor works in City Hall.
（市長は市役所で働いている）

構文 <u>The mayor</u> <u>works</u> (in City Hall).
      S   V

例文の City Hall は「市の（City）ホール・人が集まる場所（Hall）」→「市役所」です。hall には「廊下」の意味もあり、こちらも日常会話でよく使われます。hallway「ホール（hall）に向かう道（way）」→「廊下」もチェックしておきましょう。

209

ceiling
[síːliŋ] スィーリング

天井

例文 That basketball player is so tall that he can touch the ceiling.
（あのバスケットボール選手はとても背が高いので天井に手が届く）

構文 <u>That basketball player</u> <u>is</u> <u>so tall</u> (<u>that</u> <u>he</u> <u>can touch</u> <u>the ceiling</u>).
            S   V   C   s   v   o

最近は「天井につける照明」を「シーリングライト」と言うことが増えてきました。ceiling fan は「天井の扇風機・シーリングファン」です。

Review!
  □ block   □ step   □ elevator
  □ cycling   □ stairs   □ track

210

roof
[rúːf] ルーフ

屋根

例文 The house with the red roof is mine.
（赤い屋根のその家は私の家です）

構文 〈The house [with the red roof]〉 is mine.
　　　　　　S　　　　　　　　　　　　V　C

「サンルーフ（sunroof）」とは、日光を取り入れるために「開閉できる屋根」のことです。the house with the red roof「赤い屋根を持ったその家」→「赤い屋根の家」は、上級者でも意外とパッと言えない表現です。

211

piece
[píːs] ピース

1つ、ひとかけら、作品

例文 There are only three pieces of pizza left. Do you want one?
（ピザは3切れしか残っていません。1切れほしいですか？）

構文 There are 〈only three pieces of pizza〉 left. Do you want one?
　　　　　　　V　　　　　　　　S　　　　　　　　　　　S　V　　O

本来「1つ（のカタマリ）」で、数えられない名詞に対して a piece of ～「～の1つ・1つの～」と使います。例文は three pieces of pizza「ピザ3切れ」です。pizzaに複数の s をつけず、pieces になる点に注意しましょう。

212

slice
[sláis] スライス

薄切り

例文 I put lettuce, tomatoes and cheese between two slices of bread and made a sandwich.
（2枚のパンにレタス、トマト、チーズをはさんでサンドイッチを作った）

構文 I put 〈lettuce, tomatoes and cheese〉 (between two slices of
　　　S V　　　　　　　　O
bread) and made a sandwich.
　　　　　　　V　　O

a slice of bread「パン1切れ」、a slice of cheese「チーズ1切れ」です。bread や cheese 自体に冠詞の a や複数の s はつかないので、a slice of ～ を使って数えます。

周回Check!　1　/　2　/　3　/

213

sheet
[ʃíːt] シート

1枚の紙、シーツ

例文 Can I borrow some paper? – Sure. How many sheets do you want? （紙を何枚か借りてもいい? — もちろん。何枚ほしい?）

構文 Can I borrow some paper? – Sure. How many sheets do you want?
　　　　S　V　　　O　　　　　　　　O　　　　S　V

例文のように「紙を数える」ときに sheetを使います。a sheet of paperは「1枚の紙」です。paper「紙」は数えられない名詞で、paper自体に冠詞の aや複数の sはつけられないため sheetを使うわけです。

214

noise
[nɔ́iz] ノイズ

騒音
noisy 形 騒々しい

例文 Shhh! Be quiet! Don't make noise in the library.
（しーっ! 静かに! 図書館で騒いではいけません）

構文 Shhh! Be quiet! Don't make noise (in the library).
　　　　　　V　C　　　　V　　　O

日本語でも雑音や耳障りな音のことを「ノイズ」と言います。make {a} noise「騒音を作る」→「騒ぐ」という表現が大切です。英語の noiseは「騒音」のような大きな音から小さな物音まで使えます。

215

style
[stáil] スタイル

スタイル、様式、方法

例文 *Rokumeikan* was one of the first western-style buildings in Japan. （鹿鳴館は日本で最初期の西洋式建造物の1つだった）

構文 *Rokumeikan* was ⟨one of the first western-style buildings⟩ (in Japan).
　　　　S　　　　　　V　　　　　　　　　　C

スポーツで「彼のプレースタイル（方法・流儀）が好き」のように使われています。western-styleは「西洋式の」、Japanese-styleは「日本式の」です。ちなみに日本語の「スタイル」とは違って、英語の styleは「体つき」には使えません。

Review!
- □ field
- □ hall
- □ ceiling
- □ roof
- □ piece
- □ slice

84

□ 216

schedule

[skédʒuːl/ʃédjuːl] スケデュール / シェジューл

スケジュール
動 予定する

例文 Do you have any plans on Saturday? – I'm not sure. Let me check my schedule. （土曜日は何か予定がありますか？ — わかりません。予定を確認させてください）

構文
Do you have any plans (on Saturday)? – I'm not sure. Let me
　S　V　　　O　　　　　　　　　　　　S　V　C　　V　O
check my schedule.
　　　C

 Let me check my schedule. は let OC「OがCすることを許可する」の形で、直訳「私が自分の予定を確認することを許可して」→「予定を確認させて」です。

□ 217

calendar

[kǽləndər] キャレンダァ

カレンダー

例文 I write my important appointments and my friends' birthdays on my calendar. （私はカレンダーに、大切な約束と友達の誕生日を書いている）

構文
I write ⟨my important appointments and my friends' birthdays⟩
S　V　　　　　　　　　　　　O
(on my calendar).

 「キャレンダァ」のように最初にアクセントがきます。Let me check my calendar.「カレンダー（予定）を確認してみるね」のようにも使えます。

□ 218

list

[líst] リスト

リスト
動 リストに入れる

例文 This list has the names of all the people who are coming to the wedding. （このリストには結婚式に来る予定の全員の名前が載っています）

構文
This list has ⟨the names [of all the people [who are coming
S　　　V　　　　　　　　　　　　　　　
to the wedding]]⟩.

 「TODOリスト」「リストアップする」など、日本語にもなっていますね（「リストアップ」自体は和製英語ですが）。難関校では、動詞「リストに入れる・載せる」の意味でも出ます。

219

meeting
[míːtin] ミーティング

会議、ミーティング

 例文 **We discussed the problems at the meeting.**
（私たちは会議でその問題について話し合った）

 構文 <u>We</u> <u>discussed</u> <u>the problems</u> (at the meeting).
　　　 S　　 V　　　　 O

 動詞 meet は「会って話をする」という意味があり、そこから meeting が「会議・ミーティング」となりました。「会議を開く」は have[hold] a meeting です。最近の入試では online meeting「オンライン会議」も出ています。

220

system
[sístəm] スィステム

システム、制度

 例文 **The Tokyo subway system is very convenient.**
（東京の地下鉄網はとても便利だ）

 構文 〈<u>The Tokyo subway system</u>〉 <u>is</u> <u>very convenient</u>.
　　　　　　　 S　　　　　　　 V　　 C

 「きちっとした仕組み」のイメージで、「制度・ルール・交通網・ネットワーク」といった意味で使われます。education system「教育制度」、subway system「地下鉄網」、web meeting system「ウェブ会議システム」です。

221

model
[mádl] マドゥル

模型、型、手本

 例文 **My hobby is collecting and building plastic model cars.**
（趣味はプラモデルの車を集めたり作ったりすることです）

 構文 <u>My hobby</u> <u>is</u> 〈<u>collecting and building plastic model cars</u>〉.
　　　 S　　 V　　　　　　　　 C

 読者モデルなどを浮かべがちですが、model は「模型・型・手本」の意味が大切です（plastic model は「プラスチックで作ったお手本のようなもの」のこと）。例文の My hobby is -ing「私の趣味は～することです」も使えるようにしておきましょう。

Review!
- □ sheet
- □ noise
- □ style
- □ schedule
- □ calendar
- □ list

design
[dizáin] ディザイン

デザイン 動 設計する
designer 名 デザイナー

例文 The colorful flower design on your *kimono* is beautiful.
（あなたの着物の色とりどりの花のデザインは美しいですね）

構文 〈The colorful flower design [on your *kimono*]〉 is beautiful.
　　　　S　　　　　　　　　　　　　　　　　　　　　　　V　C

名詞「デザイン」は難しくありませんが、動詞「設計する」もしっかりチェックしてください。design a Web siteは「ウェブサイトを設計する」です。designer「デザイナー」は絵や建物の全体像を「設計する」仕事ですね。

court
[kɔ́ːrt] コート

コート、裁判所

例文 The ball the tennis player hit landed on the court, just inside the line. （そのテニス選手が打ったボールは、ちょうどラインギリギリでコートに入った）

構文 〈The ball [the tennis player hit]〉 landed (on the court), (just inside the line).
　　　　S　　　　　　　　　　　　　　V

まずはそのまま「コート」と覚えてください。難関私立の長文ではたまに「裁判所」の意味で出てきます。本来「囲われた場所」で、「白線で囲まれた場所」→「コート」、「高い壁に囲まれた場所」→「裁判所（法廷）・宮廷」となりました。

type
[táip] タイプ

タイプ、活字
動 文字を打つ、入力する

例文 Electric cars are a new type of car. The old type of cars run on gasoline. （電気自動車は新しいタイプの車です。古いタイプの車はガソリンで走ります）

構文 Electric cars are 〈a new type of car〉. 〈The old type of cars〉 run
　　　　S　　　　　V　　C　　　　　　　　　S　　　　　　　　　V
(on gasoline).

a new type of ～「～の新しいタイプ」はよく使います。「共通のタイプ（型）の文字・型を使った印刷」→「活字」、さらに動詞「文字を打つ・タイプする・入力する」という意味もあります（「タイピング（typing）」でおなじみですね）。

225

engineer
[èndʒiníər] エンヂニア | 技術者、エンジニア

 例文 He has worked as an engineer since 2020.
(彼は 2020年からエンジニアとして働いている)

構文 <u>He</u> <u>has worked</u> (as an engineer) (since 2020).
　　　 S　　　V

「エンジン (engine) を設計して作るような人」と考えてください。エンジン・道路・橋・機械などを設計したり修理したりする人を表します。アクセント問題でもよく狙われるので、「エンヂ二ア」と ee を強く読む点を意識しましょう。

226

voice
[vɔ́is] ヴォイス | 声　**動** 言う、述べる

例文 Please speak in a loud voice. I can't hear what you are saying.
(大きな声で話してください。あなたが何を言っているのか聞こえません)

構文 Please <u>speak</u> (in a loud voice). <u>I</u> <u>can't hear</u> 〈<u>what you are saying</u>〉.
　　　　　 V　　　　　　　　　　　　　 S　　 V　　　　　 O

 「ボイスレコーダー」は「声を録音する機械」です。例文の in a loud voice は「大きな声の形式で」→「大きな声で」です。「声を出す」→「言う・述べる」という動詞もあり、voice one's opinion「自分の意見を述べる」のようにも使えます。

227

actor
[æktər] アクタァ | 俳優

例文 That Japanese actor is famous because he sometimes appears in Hollywood movies. (その日本人俳優はハリウッド映画に時々出演するので有名だ)

構文 <u>That Japanese actor</u> <u>is</u> <u>famous</u> (because <u>he</u> sometimes <u>appears</u>
　　　　 S　　　　　　　　 V　 C　　　　　　 s　　　　　 v
(in Hollywood movies)).

「演じる (act) 人 (or)」→「俳優」です。a film actorなら「映画俳優」、a voice actorなら「声の俳優」→「声優」となります（最近は日本でも「ボイスアクター」と使われています）。

Review! □ meeting　　□ model　　□ court
　　　　　 □ system　　□ design　　□ type

228

actress
[ǽktris] アクトレス

女優

 例文
I'm a big fan of the leading actress in this movie.
（私はこの映画の主演女優の大ファンです）

 構文
I'm ⟨a big fan [of the leading actress [in this movie]]⟩.
S V C

 "-ess" は女性を表す働きがあり、actor「俳優」に ess がついて actress「女優」となりました（現在では actor に「女優」も含まれますが）。例文の leading actress は「先頭に出る（leading）女優（actress）」→「主演女優」です。

229

theater
[θíːətər] シアタァ

劇場、映画館
cinema **名** 映画、映画館

 例文
There are two movie theaters in this town.
（この街には映画館が2つあります）

 構文
There are two movie theaters (in this town).
V S

 日本にも「シアター○○」という名前の映画館や劇場がたくさんあります。「映画館」のイメージが強いかもしれませんが、お芝居などを見る「劇場」の意味もしっかりチェックしてください。

230

film
[film] フィルム

映画

 例文
Charlie Chaplin is a famous actor who acted in many silent films.（チャーリー・チャップリンは多くの無声映画に出演した有名な俳優です）

 構文
Charlie Chaplin is ⟨a famous actor [who acted (in many silent films)]⟩.
S V C

 昔の映画はフィルム撮影で、その名残りで、今でも映画のことを film と言います。主にアメリカでは movie、イギリスでは film をよく使います。

動詞

名詞

形容詞

副詞

周回Check! 1 / 2 / 3 /

231

professional

[prəféʃənl] プラフェッショヌル

プロ、専門家

形 プロの、専門の

 例文 He played baseball for his university before he signed as a professional. （彼はプロとして契約する前に大学で野球をしていた）

構文 <u>He played baseball</u> (for his university) (before he signed (as a S　V　O　　　　　　　　　　　　　　s　v professional)).

テレビ番組のタイトルにも使われています。形容詞、名詞ともに professional というつづりです。形容詞の例としては、have a dream to be a professional soccer player「プロサッカー選手になる夢を持っている」です。

232

license

[láisəns] ライセンス

免許

 例文 Sara got her driver's license when she was twenty. （サラは 20歳のときに運転免許を取得した）

構文 <u>Sara got her driver's license</u> (when she was twenty). S　V　　　O　　　　　　　　s　v　c

日本語でも「ダイビングのライセンス（許可証・免許証）を取得する」のように使われています。driver's license は「運転する人の免許」→「運転免許証」です。

233

shape

[ʃéip] シェイプ

形、（健康）状態

動 形作る

 例文 She gave me some big chocolate in the shape of a heart on Valentine's Day. （バレンタインデーに、彼女はハート形の大きなチョコレートをくれた）

構文 <u>She gave me</u> 〈some big chocolate [in the shape of a heart]〉 S　V　O₁　　O₂ (on Valentine's Day).

美容や健康のために「体の形を整えること」を「シェイプアップ」と言います。「形」→「体つき・健康状態」となりました。in good shape は「（普段から体を鍛えて）体型が引き締まっている・体調が良い」という重要熟語です。

Review! □ engineer　　□ actor　　□ theater
　　　　　　□ voice　　　□ actress　　□ film

90

□ 234

secret
[síːkrit] スィークリット

秘密

例文 She kept her trip to Hokkaido a secret from her husband.
（彼女は北海道旅行を夫に秘密にしていた）

構文 <u>She</u> <u>kept</u> 〈<u>her trip [to Hokkaido]</u>〉 <u>a secret</u> (from her husband).
S　　V　　　　　O　　　　　　　　　C

「トップシークレット」とは「誰にも言ってはいけない秘密」のことです。例文は keep OC「OをCのままにする」の形で、keep her trip to Hokkaido a secret「北海道旅行を秘密のままにする」となっています。

□ 235

date
[déit] デイト

日付、デート

例文 The date of *Children's Day* is May 5th.
（子どもの日は5月5日です）

構文 〈<u>The date [of *Children's Day*]</u>〉 <u>is</u> <u>May 5th</u>.
S　　　　　　　　　　　V　　C

dayは主に「曜日」を表すのに対し、dateは「日付」を表します。「デート」という意味と、「日付」という意味があるので、まとめて「dateはデートの日付」と覚えてください。have a date with ～ は「～とデートする」です。

□ 236

gift
[gíft] ギフト

贈り物、才能

例文 For her birthday, Tom bought Airi a gold necklace as a gift.
（トムはアイリの誕生日に、ゴールドのネックレスをプレゼントとして買ってあげた）

構文 (For her birthday), <u>Tom</u> <u>bought</u> <u>Airi</u> 〈<u>a gold necklace</u>〉 (as a gift).
S　　　V　　　O₁　　　　O₂

「ギフトカード」「ギフトカタログ」などでおなじみですね。発展として「神様からの贈り物」→「才能」という意味もあります（最近では日本でも「生まれつき突出した才能を持つ人」を「ギフテッド」と言うことが増えています）。

周回Check! 1 ／ 2 ／ 3 ／

237

cloth
[klɔ́:θ] クロース

布
clothes 名 服

 例文 **This shirt is made of cotton cloth.**
（このシャツはコットン生地でできている）

 構文 <u>This shirt</u> <u>is made of</u> <u>cotton cloth</u>.
　　　　 S 　　　　 V 　　　　 O

「テーブルクロス」は「テーブルにかぶせる布」です。clothesは本来複数形で、「複数の布」→「（複数の布を合わせて作った）衣服」ということです。

238

tie
[tái] タイ

ネクタイ 　動 結ぶ

例文 **In summer, most men don't wear a tie when they work.**
（夏になると、大半の男性が仕事をするときにネクタイを締めない）

 構文 (In summer), <u>most men</u> <u>don't wear</u> <u>a tie</u> (when <u>they</u> <u>work</u>).
　　　　　　　　 S 　　　　 V 　　 O 　　　　　　 s 　 v

「ネクタイ（necktie）」は「首に（neck）結ぶ（tie）」ものですね。英語では tie だけで「ネクタイ」を表すことが多いです。動詞「結ぶ」も大切で、tie my hair「髪を結ぶ」、Tie your shoes.「靴ひもを結びなさい」のように使います。

239

costume
[kʌ́stju:m] カスチューム

衣装

例文 **I wore a ghost costume at the Halloween party. Everybody loved it.** （僕はハロウィーンパーティーでお化けの衣装を着た。みんなそれを気に入ってくれたよ）

 構文 <u>I</u> <u>wore</u> <u>a ghost costume</u> (at the Halloween party). <u>Everybody</u> <u>loved</u> <u>it</u>.
　　　 S 　V 　　　 O 　　　　　　　　　　　　　　　　　　 S 　　　 V 　 O

「コスプレ」のコスは costume のことで、本来は「コスチューム（衣装）プレイ（遊び）」です。例文の wore は wear「着る・身に着ける」の過去形です。

Review!
　□ professional 　□ shape 　□ date
　□ license 　　 □ secret 　□ gift

92

240

hole

[hóul] ホウル

穴

 例文 My old jeans have many holes in them.
（僕の古いジーンズにはたくさん穴が開いています）

 構文 <u>My old jeans</u> <u>have</u> <u>many holes</u> (in them).
　　　　S　　　　　　V　　　　O

英語の発音は「ホール」ではなく「ホウル」です。ゴルフのコースを数えるときに「ホール」を使うのは、ゴルフボールを沈める「穴」があるからなんです。

241

copy

[kápi] カピィ

コピー、（本・雑誌などの）冊・部　**動** コピーを取る

 例文 Do you have an extra copy of the textbook? I forgot mine at home today. （教科書を余分に持っていますか？　今日、自分のを家に忘れてしまったんです）

 構文 <u>Do</u> <u>you</u> <u>have</u> 〈an extra copy [of the textbook]〉? <u>I</u> <u>forgot</u> <u>mine</u>
　　　S　　V　　　　　　O　　　　　　　　　　　　S　V　　　O
(at home) (today).

本来「たくさん書き写す」で、「（コピー機の）複写」だけでなく、「印刷所でたくさん書き写したもの」→「（本・雑誌などの）冊・部」の意味も重要です。例文のan extra copy of the textbookは「余分な 1 冊の教科書」です。

242

purse

[pə́ːrs] パース

財布、ハンドバッグ
wallet **名** 財布

 例文 I found a lady's purse on the train and brought it to the police. （私は電車で女性の財布を見つけ、警察にそれを届けた）

 構文 <u>I</u> <u>found</u> <u>a lady's purse</u> (on the train) and <u>brought</u> <u>it</u> (to the police).
　　S　V　　　　　O　　　　　　　　　　　　　　　　V　　　O

本来「皮製の袋」で、そこから「（主に女性用の）財布・ハンドバッグ」となりました。「（主に男性用の）財布」は walletです。若い男性が財布につけているチェーンを「ウォレットチェーン」と言います。

周回Check!　1　／　2　／　3　／

243 aquarium

[əkwéəriəm] アクウェァリアム

水族館

例文 Mei likes watching fish. She asked her parents to take her to the **aquarium.** （メイは魚を見るのが好きだ。彼女は両親に水族館に連れていくよう頼んだ）

構文 <u>Mei</u> <u>likes</u> <u>watching fish.</u> <u>She</u> <u>asked</u> <u>her parents</u> <u>to take her</u> <u>(to the aquarium)</u>.
　　　S　　V　　　O　　　　　S　　V　　　O　　　　　　　　C

 aquaは「水」という意味で、日本でも水や水に関する商品名に「アクア○○」と使われています。aquariumは「水」→「水槽・水族館」です。ちなみに、入試には出ませんが「みずがめ座」は Aquarius（アクエリアス）です。

244 kid

[kíd] キッド

子ども 　動 冗談を言う

例文 When I was a kid, my parents gave me money every New Year's Day. （子どものとき、私の両親は毎年元日にお年玉をくれました）

構文 <u>(When</u> <u>I</u> <u>was</u> <u>a kid</u>), <u>my parents</u> <u>gave</u> <u>me</u> <u>money</u> <u>(every New Year's Day)</u>.
　　　　　　s　v　　c　　　　S　　　　V　　O₁　O₂

 服の「キッズサイズ」は「子ども用のサイズ」です。動詞として、会話では Are you kidding?「冗談を言っているの？」→「冗談でしょ？／マジで？」もよく使われます。Really? と同じ感覚です。

245 twin

[twín] トゥウィン

双子

例文 Tatsuya and Kazuya are twins. They look exactly the same and have the same birthday.
（タツヤとカズヤは双子だ。2人の見た目はそっくりで、誕生日も同じだ）

構文 <u>⟨Tatsuya and Kazuya⟩</u> <u>are</u> <u>twins.</u> <u>They</u> <u>look</u> exactly <u>the same</u> and <u>have</u>
　　　　　　　S　　　　　　　　V　　C　　　S　　V　　　　　　C　　　　V
<u>the same birthday</u>.
　　O

 日本でも「2つセット」のものに「ツイン」と使うことがあります。ホテルで「ツインルーム」と言えば「2つのベッドがある部屋」のことです。

Review! 　□ cloth　　　□ costume　　　□ copy
　　　　　　　□ tie　　　　□ hole　　　　□ purse

□ 246

wave
[wéiv] ウェイヴ

波　**動** 手を振る

例文 The waves became higher when the typhoon came.
（台風が来たとき、波が高くなった）

構文 <u>The waves</u> <u>became</u> <u>higher</u> (<u>when</u> <u>the typhoon</u> <u>came</u>).
　　　　　S　　　　 V　　　　 C　　　　　　　　 s　　　　 v

日本語でも「ビッグウェーブがきた」と使われています（正確な発音は「ウェイヴ」です）。難関校を目指す人は、「波」→「（波のように）手を動かす」→「振る・合図をする」という動詞もチェックしておきましょう。

□ 247

flag
[flǽg] フラッグ

旗

例文 The Canadian flag is red and white and has a picture of a leaf on it. （カナダの国旗は赤と白で、それには葉っぱの絵がほどこされている）

構文 ⟨<u>The Canadian flag</u>⟩ <u>is</u> ⟨<u>red and white</u>⟩ <u>and</u> <u>has</u> ⟨<u>a picture [of a leaf]</u>⟩
　　　　　　　S　　　　　　　 V　　　 C　　　　　　　　　 V　　　 O
(on it).

「優勝旗」のことを champion flag と言います（日本語でも「チャンピオン・フラッグ」と使われています）。wave a Japanese flag は「日本の国旗を振る」です。

□ 248

rainbow
[réinbòu] レインボウ

虹

例文 After the rain stopped, we saw a rainbow.
（雨が止んだあと、虹が見えた）

構文 (<u>After</u> <u>the rain</u> <u>stopped</u>), <u>we</u> <u>saw</u> <u>a rainbow</u>.
　　　　　　　　　 s　　　　 v　　　　　 S　 V　　 O

本来は「雨（rain）で作られた弓（bow）」で、「虹」は雨が降った後に弓のような形で見えますね。英語の発音は「レインボー」ではなく「レインボウ」です。

  周回 Check! **1** / **2** / **3** /

249

cage
[kéidʒ] ケイヂ | かご

例文 We have a parrot as a pet. We keep it in a cage.
（私たちはペットとしてオウムを飼っています。鳥かごの中に入れています）

構文
<u>We</u> <u>have</u> <u>a parrot</u> (as a pet). <u>We</u> <u>keep</u> <u>it</u> (in a cage).
S   V   O   S   V   O

 日本でもペットショップで「ケージ」とよく使われています（正確な発音は「ケイヂ」です）。野球の「バッティングゲージ（ケージ）」は本来 batting cage で、打撃練習で球が遠くに飛ぶのを防ぐ「囲い・かご」のことです。

250

vase
[véis/vάːz] ヴェイス / ヴァーズ | 花瓶

例文 The vase started to fall over but Fumio caught it. I'm glad it didn't break.（その花瓶は倒れかけたが、フミオがつかんだ。割れなくてよかった）

構文
<u>The vase</u> <u>started to fall over</u> but <u>Fumio</u> <u>caught</u> <u>it</u>. <u>I'm</u> <u>glad</u>
S   V   S   V   O S V C
({that} <u>it</u> <u>didn't break</u>).
       s   v

 本来「入れ物（vessel）」で、そこから「花瓶」となりました。put flowers in a vase で「花を花瓶に挿す」です。発音は「ヴェイス」や「ヴァーズ」です。

251

note
[nóut] ノウト | メモ
動 メモする、注意する、気づく

例文 Hiroto wrote a note to Eri and passed it to her when the teacher wasn't looking.（先生が見ていないとき、ヒロトはメモを書いてエリに渡した）

構文
<u>Hiroto</u> <u>wrote</u> <u>a note</u> (to Eri) and <u>passed</u> <u>it</u> (to her) (when the teacher
S   V   O   V   O   s
<u>wasn't looking</u>).
   v

 日本語の「ノート」は英語では基本的に notebook で、「note（メモ）するための book」ということです。英語の note は「ノート」ではなく「メモ」を表すので注意してください。

Review!
- ☐ aquarium
- ☐ kid
- ☐ twin
- ☐ wave
- ☐ flag
- ☐ rainbow

日本紹介英作文 ②

年賀状

Nengajo are special post cards sent at New Year's. People mail the cards at the end of December, and the post office delivers them on New Year's Day. People send *nengajo* to relatives, friends and so on. Senders thank the person who receives the card for their past kindness and offer wishes for happiness in the coming year. In recent years many young people exchange greetings online instead of sending *nengajo*.

和訳

年賀状は新年に送られる特別なはがきです。12月の終わりに投函し、郵便局が元日に配達します。年賀状は親戚や友人などに送ります。送る側は受け取る人にそれまでの親切に感謝し、来たるべき年が幸福であるようにと願います。最近では、年賀状を送る代わりにオンライン上で挨拶を交わす若者が多いです。

英作文お役立ち単語
(赤文字は本書の見出し語(派生語含む)に掲載)

□ mail	動 投函する	□ wish	名 願い
□ deliver	動 配達する → 408番	□ coming	形 来たるべき
□ relative	名 親戚	□ recent	形 最近の → 374番
□ person	名 人 → 87番	□ exchange	動 交換する → 26番
□ receive	動 受け取る → 4番	□ greeting	名 挨拶 → 61番
□ past	形 過去の → 138番	□ online	副 オンラインで
□ kindness	名 親切	□ instead of ~	熟 ～の代わりに → 367番
□ offer	動 申し出る、提供する → 28番		

周回Check! 1 / 2 / 3 /

動詞 名詞 形容詞 副詞

252

helpful
[hélpfəl] ヘルプフル

役立つ
help 動 助ける、役立つ

 例文 This dictionary is very helpful. It has a sample sentence for every word. (この辞書はとても役に立つ。どの単語にも例文がついている)

 構文
This dictionary is very helpful. It has a sample sentence (for
　　　S　　　 V　　C　　　 S　 V　　　　 O
every word).

 「役立つことが (help) いっぱい (ful)」→「役に立つ」となりました。helpful adviceは「役に立つアドバイス」、helpful informationは「役に立つ (有益な) 情報」です。

253

useful
[júːsfəl] ユースフル

役立つ
use 動 使う

 例文 Smartphones are becoming more and more useful.
(スマートフォンはますます便利になっています)

 構文
Smartphones are becoming more and more useful.
　　　S　　　　 V　　　　　　 C

 「使えることが (use) いっぱい (ful)」→「役に立つ」です。helpfulと同じく、useful advice「役に立つアドバイス」、useful information「役に立つ (有益な) 情報」もよく使われます。helpful ≒ usefulをセットでおさえておきましょう。

254

common
[kámən] カモン

共通の、よくある

 例文 The *shiba* dog is a very common dog in Japan.
(柴犬は日本ではとても一般的な犬だ)

 構文
The *shiba* dog is ⟨a very common dog⟩ (in Japan).
　　　　S　　　 V　　　　　 C

 「共通の」とだけ教わりがちですが、「よくある・ありふれた・一般的な」の意味も重要です (「みんなに共通した」→「よくある」と考えればOKです)。a common mistakeは「よくあるミス」、a common nameは「よくある名前」です。

Review!　□ cage　　　□ note
　　　　　　　□ vase

255

traditional
[trədíʃənl] トゥラディシュヌル

伝統的な、従来の
tradition 名 伝統

 例文 **O-zōni is a traditional Japanese New Year's dish.**
（お雑煮は日本の伝統的なお正月の料理です）

 構文 $\underset{S}{\underline{O\text{-}z\bar{o}ni}}$ $\underset{V}{\underline{is}}$ $\underset{C}{\langle \underline{\text{a traditional Japanese New Year's dish}} \rangle}$.

 「伝統的な」という意味が有名で、たしかに高校入試ではこの意味でよく使われますが、難関校では「従来の・古くさい」という意味でも出ます。challenge traditional thinkingは「従来の考えに反論する」です（challengeは78番）。

256

original
[ərídʒənəl] オリヂナル

最初の、元々の、独創的な
originally 副 元々は

 例文 **The company's original name was BackRub.**
（その会社の当初の名前は BackRubだった）

 構文 $\underset{S}{\langle \underline{\text{The company's original name}} \rangle}$ $\underset{V}{\underline{was}}$ $\underset{C}{\underline{\text{BackRub}}}$.

 「オリジナル」と聞くと「独創的」なイメージを浮かべがちですが、本来は「最初の・元の」です（origin「起源」を意識すればOK）。「元々は○○だったが、その後は△△だ」のような流れでよく使われます。

257

unique
[juːníːk] ユニーク

独特の

 例文 **This painting is very unique. I have never seen one like it before.**
（この絵はとても独特だ。私はこれまで一度も同じような絵を見たことがない）

 構文 $\underset{S}{\underline{\text{This painting}}}$ $\underset{V}{\underline{is}}$ $\underset{C}{\underline{\text{very unique}}}$. $\underset{S}{\underline{I}}$ $\underset{V}{\underline{\text{have never seen}}}$ $\underset{O}{\langle \underline{\text{one [like it]}} \rangle}$ before.

 「ユニークで面白い（笑える）」イメージは完全に捨ててください。uniは「1つ」で（unicorn「ユニコーン・一角獣」や unicycle「一輪車」で使われています）、uniqueは本来「唯一の」→「独特の・特有の」です。

動詞

名詞

形容詞

副詞

周回 Check! 　1 ／ 　2 ／ 　3 ／

258

local
[lóukəl] ロウカル

地元の、その土地の

 I think it is good to buy the food produced in our local area not only for the environment but also for us.（地元で生産された食品を買うことは、環境のためだけでなく、私たちのためにも良いと思います）

構文
<u>I think</u> ⟨{that} <u>it is</u> <u>good</u> <u>to buy</u> ⟨the food [produced in our
　S　V　　　　　　O　仮sv　c　　真s
local area]⟩ (not only for the environment but also for us)⟩.

「田舎の」という勘違いが多いのですが、正しくは「地元の・その土地の」という意味です（大都市にも使えます）。

259

own
[óun] オウン

自分自身の　**動** 所有する
owner **名** 所有者

 Mayu got her own room when she was eight years old.
（マユは8歳のときに自分の部屋をもらった）

 構文
<u>Mayu</u> <u>got</u> <u>her own room</u> (<u>when</u> <u>she</u> <u>was</u> <u>eight years old</u>).
　S　　V　　　O　　　　　　s　　v　　c

owner「所有者」（174番）は「所有する（own）人（er）」のことですね。ownは動詞「所有する」→形容詞「自分自身の」となります。例文は" 所有格 + own + 名詞 "「～自身の 名詞 」の形です。

260

dead
[déd] デッド

死んでいる
die **動** 死ぬ　death **名** 死

 She has been dead for twenty years.
（彼女が死んで 20年が経っています）

 構文
<u>She</u> <u>has been</u> <u>dead</u> (for twenty years).
　S　　V　　　　C

例文は、直訳「彼女は 20年間死んでいる（dead）状態のままだ」→「彼女が死んで 20年が経つ」です。She died twenty years ago. と同じ意味で、言い換えがよく狙われます。品詞をきちんと区別してください。

Review!　□ helpful　　□ common　　□ original
　　　　　　□ useful　　□ traditional　□ unique

□ 261

comfortable

[kʌ́mfərtəbl] カンファタブル

心地よい、快適な

 例文 These shoes are really comfortable. I can walk all day without getting tired. (この靴は本当に快適だ。疲れることなく一日中歩ける)

 構文

$$\underset{\text{S}}{\text{These shoes}}\ \underset{\text{V}}{\text{are}}\ \underset{\text{C}}{\text{really comfortable.}}\ \underset{\text{S}}{\text{I}}\ \underset{\text{V}}{\text{can walk}}\ \text{(all day)}$$
(without getting tired).

「ストレスを感じない」というイメージで、日常会話では想像以上に使われる単語です。「物」に対してだけでなく、「人」に対して feel comfortable when you are with 人「人 と一緒にいて居心地がよい」のようにも使えます。

□ 262

serious

[síəriəs] スィリアス

深刻な、まじめな
seriously 副 深刻に、まじめに

 例文 Too much garbage is a serious problem. We should all recycle more. (ゴミが多すぎるのは深刻な問題だ。我々はみなもっとリサイクルするべきだ)

 構文

$$\underset{\text{S}}{\text{Too much garbage}}\ \underset{\text{V}}{\text{is}}\ \underset{\text{C}}{\text{a serious problem.}}\ \underset{\text{S}}{\text{We}}\ \underset{\text{V}}{\text{should all recycle}}\ \text{more.}$$

「シリアスなドラマ」とは「重くて深刻な雰囲気のドラマ」です。例文の a serious problem「深刻な問題」はよく使います。「まじめな・本気な」という意味もあり、Are you serious?「あなたは本気なの?」→「マジで?」は便利な表現です。

□ 263

several

[sévərəl] セヴェラル

いくつかの

 例文 I have been to Hawaii several times, but I'd still like to go again. (何回かハワイに行ったことがあるけど、それでもまた行きたいと思っています)

 構文

$$\underset{\text{S}}{\text{I}}\ \underset{\text{V}}{\text{have been}}\ \text{(to Hawaii)}\ \text{(several times), but}\ \underset{\text{S}}{\text{I'd}}\ \text{(still)}\ \underset{\text{V}}{\text{like to go}}\ \text{again.}$$

some は漠然と「少しある」ことを表しますが、several は具体的に「3〜6」くらいを表します (あくまで目安で、個人差は多少ありますが)。「3以上で many ほどいかない」イメージです。

周回 Check! 　1 ／ 　2 ／ 　3 ／

264

various
[véəriəs] ヴェアリアス

| 様々な | variety 名 多様性
vary 動 変化する、異なる

 I have been to various countries in Europe: France, Spain, Germany and England. （私はフランス、スペイン、ドイツ、イギリスといったヨーロッパの様々な国へ行ったことがある）

 I have been (to ⟨various countries [in Europe]: France, Spain,
S　　V
Germany and England⟩).

 「バラエティー番組」は「トークあり、歌ありの多様性ある番組」です。名詞 variety「多様性」の形容詞形が various「多様な・様々な」です。

265

tough
[tʌf] タフ

| 骨の折れる、丈夫な

 That test was really tough. I don't think I passed.
（あのテストは本当に大変だった。僕は合格できたと思わないよ）

 That test was really tough. I don't think ⟨{that} I passed⟩.
　　　　S　　V　　　C　　　S　　V　　　O　s　v

 日本語でも「体力がある人・丈夫な人」のことを「タフな人」と言いますが、英語では例文のように「骨の折れる・大変な」という意味でも使います。a tough jobは「骨の折れる仕事」、a tough math problemは「手ごわい数学の問題」です。

266

normal
[nɔ́ːrməl] ノーマル

| 普通の

 I had a fever last week, but now my temperature is back to normal. （私は先週熱があったが、もう平熱に戻った）

 I had a fever (last week), but now my temperature is back to normal.
S　V　　O　　　　　　　　　　　　S　　　　　V　　　　C

 ゲームで「ノーマルタイプ」と使われています。「（特別な特徴がない）普通の」のことで、本来は norm「標準」という単語からできた形容詞です。例文の back to normalは「普通の状態に戻る・平熱に戻る」という表現です。

Review!　□ local　　□ dead　　□ serious
　　　　　　□ own　　　□ comfortable　□ several

102

動詞

名詞

形容詞

副詞

267

precious
[préʃəs] プレシャス | 貴重な

例文
Time is precious, so don't waste it.
（時間は貴重だから、無駄にしてはいけません）

構文
Time is precious, so don't waste it.
　S　V　C　　　　　　V　　O

本来は「価値・値段（preci = price）がある」で、そこから「価値がある・貴重な」となりました。CMなどで「プレシャスな○○」と使われています。

268

whole
[hóul] ホウル | 全体の、完全な

例文
My brothers spent the whole day playing video games.
（私の兄弟は一日中テレビゲームをして過ごした）

構文
My brothers spent the whole day (playing video games).
　　S　　　　V　　　　O

「ケーキ丸ごと1個（ケーキを切ってない完全な状態）」を「ホールケーキ」と言いますね。難関校では「発音は同じだがつづりが異なる語を書く」問題として、wholeとhole「穴」（240番）が正解になったこともあります。

269

exact
[igzǽkt] イグザクト | 正確な
exactly **副** 正確に、まさに

例文
The exact distance of a marathon is 42.195 kilometers.
（マラソンの正確な距離は42.195キロメートルだ）

構文
〈The exact distance [of a marathon]〉 is 42.195 kilometers.
　　　　　S　　　　　　　　　　　　V　　　C

寸分の狂いもなく「ピッタリ」「ビシッとしかるべき場所に来る」イメージです。副詞exactlyは「正確に」→「まさに」という意味もあり、会話の返答としてExactly.「まさにその通りです」とよく使われます。

270

direct
[dirékt/dairékt] ディレクト / ダイレクト

直接の 　動 指揮する、監督する
directly 副 直接、すぐに

 Is there a direct train to Tokyo station?
（東京駅までの直通列車はありますか?）

 Is there ⟨a direct train [to Tokyo station]⟩?
　　V　　　　　　　　S

 本来は「(まっすぐ正しい) 方向を示す」で、「まっすぐな・直行の・直接の」となりました。a direct flightなら「直行便」です。「方向を示す」→「指揮する・監督する」という動詞もあり、direct a projectは「プロジェクトを指揮する」です。

271

rapid
[rǽpid] ラピッド

急速な、速い
rapidly 副 速く

Because of the firefighters' rapid response, the fire was put out before a lot of damage was done.（消防隊の迅速な対応により、大きな被害が出る前に火は消し止められた。）※ put out「(明かり・火を) 消す」

 (Because of the firefighters' rapid response), the fire was put out
　　　　　　　　　　　　　　　　　　　　　　　　　　S　　　　V

(before a lot of damage was done).
　　　　　　　　　　　　　　s　　　v

「快速電車」には rapidと表示されていることも多いです。「動きが速い」だけでなく、rapid growth「急速な成長」のようにも使えます。

272

empty
[émpti] エンプティ

から
空の

I was hungry and opened the fridge, but I found it empty.（僕はお腹がすいて冷蔵庫を開けたが、空っぽだった）

 I was hungry and opened the fridge, but I found it empty.
S　V　　C　　　　　V　　　　O　　　　　S　V　　O　C

 車の燃料メーターの「満タン」は "F (full)"、「空」のときは "E" です。この "E" は empty「空っぽの」という意味なんです。例文の後半は find OC「OがCだとわかる」の形で、直訳は「私はそれ (冷蔵庫) が空っぽだとわかった」です。

Review!

- □ various
- □ tough
- □ normal
- □ precious
- □ whole
- □ exact

extra
[ékstrə] エクストラ

余分な

例文 Does someone have an extra textbook that they can lend me?
（誰か、僕に貸してくれる余分なテキストを持っていませんか?）

構文 Does <u>someone</u> <u>have</u> 〈<u>an extra textbook [that they can lend me]</u>〉?
　　　　　　S　　　V　　　　　　　　　　O

映画の「エキストラ」とは、「（メインの役者以外の）余分な人」という意味です。また、カフェで多めのクリームを「エクストラホイップ」と言ったりします。ちなみに「課外活動・部活」は extracurricular activities です。

opposite
[ápəzit] アパズィット

反対の　**前** 反対に
oppose **動** 反対する

例文 Mariko and Satomi never agree. They always have the opposite opinion. （マリコとサトミは決して考えが一致しない。彼女らはいつも意見が反対なのだ）

構文 〈<u>Mariko and Satomi</u>〉 never <u>agree</u>. <u>They</u> always <u>have</u> <u>the opposite opinion</u>.
　　　　　　　S　　　　　　　V　　　S　　　　　V　　　　O

the opposite 名詞「反対の名詞」や、be opposite to ～「～と反対で」の形でよく使われます。His opinion was opposite to hers.「彼の意見は彼女と反対だった」です。

physical
[fízikəl] フィズィクル

身体の

例文 Doctors say we should do 30 minutes of physical exercise every day to stay healthy. （医者は健康を維持するために毎日30分運動するべきだと言う）

構文 <u>Doctors</u> <u>say</u> 〈{<u>that</u>} <u>we</u> <u>should do</u> 〈<u>30 minutes of physical exercise</u>〉
　　　　S　　　V　　　　　　　　S　　　V　　　　　　　　O
(every day) (to stay healthy)〉.

「フィジカルトレーニング」は「体を鍛えること」です。「体育」は P.E. と表されますが、"physical education" の略なんです。応用として「物理的な・実際の」という意味で、a physical store「実店舗」のようにも使えます。

動詞

名詞

形容詞

副詞

276 total
[tóutl] トウトゥル

全部の、合計の
totally 副 全部で、合計で

 例文 I bought a pair of jeans and a belt, and the total cost was about 100 dollars. (私はジーンズとベルトを買い、合計の値段は100ドルほどだった)

 構文
I bought 〈a pair of jeans and a belt〉, and the total cost was
S　V　　　　　O　　　　　　　　　　　　　S　　　　V
about 100 dollars.
C

日本語でも「合計」のことを「トータル」と言ったりします。難関校の長文では、in total「合計で」という熟語もよく出ます。

277 former
[fɔ́rmər] フォーマァ

以前の、前者の
latter 形 後者の

例文 Yoshihide Suga is a former prime minister of Japan.
(菅義偉は以前の日本の内閣総理大臣だ)

構文
Yoshihide Suga is 〈a former prime minister [of Japan]〉.
S　　　　　V　　　　C

「前の」→「以前の」「（2つのうち）前者の」となりました。the former baseball playerは「元野球選手」です。対義語の latter「後者の」とセットでおさえておきましょう。

278 ordinary
[ɔ́rdənèri] オーディネリィ

普通の

 例文 Yoshimi was an ordinary housewife until she appeared on that TV show. (ヨシミはあのテレビ番組に出るまでは普通の主婦だった)

構文
Yoshimi was 〈an ordinary housewife〉 (until she appeared
S　　V　　　　C　　　　　　　　s　　v
(on that TV show)).

「正常な状態（ordin = order）の」→「普通の」です。「普通の」に加えて、「ありふれた・平凡な・並の」という訳語を覚えておくと便利です。ordinary people「普通の人々・平凡な人々」、ordinary life「ありふれた人生」のように使えます。

 Review!
- direct
- rapid
- empty
- extra
- opposite
- physical

possible
[pásəbl] パッスィブル

可能な
possibility 名 可能性

例文 It is possible for him to solve the problem. He knows how to do it. (彼はその問題を解くことができる。彼はその方法を知っているのだ)

構文 <u>It is possible</u> (for him) ⟨to solve the problem⟩. <u>He knows</u> ⟨how to do it⟩.
仮S V C　　　　　　　真S　　　　　　S　　V　　O

It is possible {for 人} to ～「(人 が) ～するのは可能だ」の形でよく使います。応用として「可能性がある・ありえる」の意味もあり、It is possible that I left my phone on the train. は「私は電車にスマホを忘れた可能性がある」です。

impossible
[impásəbl] インパッスィブル

不可能な

例文 She found it impossible to lift the box. It was too heavy for her. (彼女はその箱を持ち上げるのは不可能だとわかった。それは彼女には重すぎた)

構文 <u>She found it impossible</u> ⟨to lift the box⟩. <u>It was too heavy</u> (for her).
S V 仮O C　　　　真O　　　　S V　　C

possibleに否定の imがついた単語です。It is impossible {for 人} to ～「(人 が) ～するのは不可能だ」や、find it impossible to ～「～するのは不可能だとわかる」の形でよく使われます (この itは仮目的語、to ～ が真目的語です)。

convenient
[kənvíːnjənt] カンヴィーニェント

便利な、都合がよい
convenience 名 便利

例文 Is Wednesday convenient for you? – I'm sorry but I'm busy on Wednesday. (水曜日の都合はいかがですか? — 申し訳ありませんが、水曜日は忙しいんです)

構文 <u>Is Wednesday convenient</u> (for you)? – <u>I'm sorry</u> but <u>I'm busy</u> (on Wednesday).
V S C　　　　　　　　S V C　　　S V C

「コンビニエンスストア (convenience store)」は、いつでも欲しい物が手に入る「便利なお店」という意味です。convenientは「人」を主語にできない点が入試で狙われます (例文でも曜日が主語になっていますね)。

動詞　名詞　形容詞　副詞

周回Check! 1 / 2 / 3 /

282

alive
[əláiv] アライヴ

生きている

 例文 **My grandfather is still alive. I think he will live to be 100.**
(僕のおじいさんはまだ生きています。100歳まで生きると思います)

 構文 <u>My grandfather</u> <u>is</u> <u>still</u> <u>alive</u>. <u>I</u> <u>think</u> ⟨{that} <u>he</u> <u>will live</u> (to be 100)⟩.
S V C S V O s v

liveの部分は「ライヴ」と発音します。「今まさにライブで生き続けている」イメージです。名詞を修飾することはできず（alive 名詞 の形では使えず）、例文のように "主語 is alive" という形で使います。

283

asleep
[əslíːp] アスリープ

眠っている

 例文 **I looked in his room and he was asleep in his bed.**
(彼の部屋をのぞいたら、彼はベッドで寝ていた)

 構文 <u>I</u> <u>looked</u> in <u>his room</u> <u>and</u> <u>he</u> <u>was</u> <u>asleep</u> (in his bed).
S V O S V C

先頭のaは本来「〜中」で、「眠っている（sleep）最中（a）」ということです。aliveと同じく、名詞を修飾することはできません。例文のようにbe動詞の後ろで使ったり、fall asleep「眠りに落ちる」という熟語で使ったりします。

284

certain
[sə́ːrtn] サートゥン

確信して、ある〜
certainly 副 確かに

 例文 **I am certain that she will pass the entrance exam. I know she is ready.** (私は彼女が入学試験に合格すると確信している。準備万端だと知っているのだ)

 構文 <u>I</u> <u>am</u> <u>certain</u> ⟨that <u>she</u> <u>will pass</u> <u>the entrance exam</u>⟩. <u>I</u> <u>know</u> ⟨{that} <u>she</u> <u>is</u> <u>ready</u>⟩.
S V C s v o S V O s v c

例文は be certain that 〜「〜すると確信している」という形です。名詞の前につくと「ある特定の」という意味で、on a certain day「ある決まった日に」のように使います。

Review! □ total □ ordinary □ impossible
□ former □ possible □ convenient

285

ready
[rédi] レディ

準備ができた

例文 We can be ready for an emergency after we take part in the evacuation drills. （避難訓練に参加すれば、私たちは緊急時に備えることができる）

構文 <u>We can be</u> <u>ready</u> (for an emergency) ([after] <u>we</u> <u>take part in</u> <u>the evacuation drills</u>).
S   V   C   s   v   o

Are you ready?「準備はできている？」は日本でもよく聞きます。be ready for ～「～の準備ができている」、be ready to 原形「～する準備ができている」の形が重要です。ちなみに、高校入試で evacuation drill「避難訓練」の話題は頻出ですよ。

286

fond
[fánd] ファンド

大好きな

例文 Mr. Hamasaki is fond of fishing. He goes to the sea every weekend. （ハマサキさんは釣りが大好きです。彼は毎週末、海へ行っています）

構文 <u>Mr. Hamasaki</u> <u>is</u> <u>fond of</u> <u>fishing</u>. <u>He</u> <u>goes</u> (to the sea) (every weekend).
S   V   O   S   V

likeを強めた感じの意味です。be fond of ～「～が好きだ」の形が大事で、難関校の文法・語彙問題ではこの形がよく狙われます（ofの後ろに動詞を置くときは -ing 形にします）。

287

proud
[práud] プラウド

誇りを持った
pride 名 誇り、プライド

例文 I'm proud of my brother for winning the race. （私は弟がレースに勝ったことを誇りに思います）

構文 <u>I'm</u> <u>proud of</u> <u>my brother</u> (for winning the race).
S   V   O

名詞 prideは日本語でも「プライド」と使われますが、その形容詞形が proudです。be proud of ～「～を誇りに思う」の形が大切です。日常会話では I'm proud of you.「よかったね・すごいね・私も嬉しいよ」といった軽い感じでよく使います。

周回Check! 1 / 2 / 3 /

288 similar
[símələr] スィミラァ | 似ている

 例文 A *mikan* is a kind of fruit. It is similar to an orange, but it's smaller.
(ミカンは果物の一種です。それはオレンジに似ていますが、オレンジより小さいです)

 構文

$$\underset{S}{\text{A \textit{mikan}}}\ \underset{V}{\text{is}}\ \underset{C}{\langle\text{a kind of fruit}\rangle}.\ \underset{S}{\text{It}}\ \underset{V}{\text{is}}\ \underset{O}{\text{similar to an orange}},\ \text{but}\ \underset{S\ V}{\text{it's}}\ \underset{C}{\text{smaller}}.$$

 be similar to ~「~と似ている」の形で狙われます。be similar in ~ だと「~において似ている・~が似ている」です（くっついて、be similar in ~ to ...「~において…と似ている」の形も OKです）。

289 native
[néitiv] ネイティヴ | 本来その土地の、生まれつきの

 例文 His native language is French, but he learned English at school. (彼の母語はフランス語だが、学校で英語を学んだ)

 構文

$$\underset{S}{\langle\text{His native language}\rangle}\ \underset{V}{\text{is}}\ \underset{C}{\text{French}},\ \text{but}\ \underset{S}{\text{he}}\ \underset{V}{\text{learned}}\ \underset{O}{\text{English}}\ (\text{at school}).$$

 学校にいる ALTの先生などを「ネイティブの先生」と言ったりしますね。「英語のネイティブ」は「生まれつき英語を話す人」ということです。native languageは「母語」、a native speaker of Englishは「英語を母語とする人」です。

290 familiar
[fəmíljər] ファミリャァ | よく知っている

 例文 Shota is familiar with this computer. He can tell you how to use it. (ショウタはこのコンピューターに詳しい。彼は君にその使い方を教えられるよ)

 構文

$$\underset{S}{\text{Shota}}\ \underset{V}{\text{is familiar with}}\ \underset{O}{\text{this computer}}.\ \underset{S}{\text{He}}\ \underset{V}{\text{can tell}}\ \underset{O_1}{\text{you}}\ \underset{O_2}{\langle\text{how to use it}\rangle}.$$

 family「家族」と関連があり、「familyのような」→「(家族のように) 慣れ親しんだ」となりました。be familiar with ~「~に詳しい・精通している」の形が重要です（withは「関連（~について）」を表す）。

Review! □ alive □ asleep □ certain □ ready □ fond □ proud

absent

[ǽbsənt] アブセント

欠席して

例文 Cindy was absent from school because of Covid.
（シンディはコロナで学校を休んだ）

構文 <u>Cindy</u> <u>was absent from</u> <u>school</u> (because of Covid).
　　　　S　　　V　　　　　　O

abには「離れて」という意味があり（abroad「海外へ」でも使われている）、「存在した状態（sent = present）から離れて（ab）」→「欠席して」となりました。be absent from ～「～を欠席する」の形が重要です（fromは「分離」を表す）。

independent

[ìndipéndənt] インディペンデント

独立した　　independence **名** 独立
　　　　　　independently **副** 独立して

例文 He is independent of his parents. He works at a big company and lives alone. （彼は両親から自立している。彼は大企業で働き、一人暮らしをしている）

構文 <u>He</u> <u>is</u> <u>independent of</u> <u>his parents</u>. <u>He</u> <u>works</u> (at a big company)
　　　　S　V　　　　　　　O　　　　　　S　　V
<u>and</u> <u>lives</u> alone.
　　　　V

dependent「頼っている」に、否定のinがついた形です。be independent of ～「～から独立した」の形で狙われます（ofは「分離」です）。名詞形は政治や歴史の話でdeclare independence「独立を宣言する」とよく出ます。

fluent

[flúːənt] フルーエント

流ちょうな
fluently **副** 流ちょうに

例文 She became fluent in English by reading a lot and watching videos on the Internet. （彼女はたくさん本を読み、ネットで動画を見ることによって英語が流ちょうになった）

構文 <u>She</u> <u>became</u> <u>fluent</u> (in English) (by reading (a lot) <u>and</u> watching
　　　　S　　V　　　C
videos (on the Internet)).

"fl"は「流れ」という意味で（125番）、fluentは「流れるように（flu）話す」→「流ちょうな」です。be fluent in 言語 で、直訳「言語 において（in）流ちょうだ（be fluent）」→「言語 が流ちょうだ・ペラペラだ」となります。

周回Check! 　1 ／　2 ／　3 ／

294

tropical
[trápikəl] トラピクル

熱帯の

 例文 I love tropical fruit like mangos, pineapples and bananas.
（私はマンゴー、パイナップル、バナナといった熱帯の果物が大好きです）

 構文 $\underset{S}{\underline{I}}\ \underset{V}{\underline{love}}\ \langle \underline{tropical\ fruit\ [like\ mangos,\ pineapples\ and\ bananas]}\rangle.$
　　　　　　　　　　　　　　　　　　　　　O

 「トロピカルジュース」とは、「熱帯地方で採れる果物（パイナップル・マンゴー・グアバなど）を使ったジュース」のことです。tropical fishは「熱帯魚」、a tropical islandは「熱帯の島」、a tropical rainforestは「熱帯雨林」です（634番）。

295

wild
[wáild] ワイルド

野生の
wildlife 名 野生生物

 例文 There are lots of wild animals in these mountains, like bears and deer. （この山々には熊や鹿といった野生動物がたくさんいる）

 構文 $There\ \underset{V}{\underline{are}}\ \langle \underset{S}{\underline{lots\ of\ wild\ animals}}\rangle\ (in\ these\ mountains),\ [like\ bears$
and deer].

 日本語でも「野生っぽい」ことを「ワイルドな〇〇」と言ったりします。wild animals「野生動物」はよく使う表現で、動物・生態系に関する長文やツアーの案内でよく出ます。

296

mild
[máild] マイルド

穏やかな

 例文 Southern Europe has a mild climate.
（南ヨーロッパの気候は穏やかだ）

 構文 $\underset{S}{\underline{Southern\ Europe}}\ \underset{V}{\underline{has}}\ \underset{O}{\underline{a\ mild\ climate}}.$

 コーヒーが「マイルド」と言うと、「まろやかな味わい」を表します。全体的に「優しい」イメージの単語で「（気候が）穏やかな・温暖な」や「（味が）まろやかな」といった意味で使われます。

 Review!　□ similar　　□ familiar　　□ independent
　　　　　　　□ native　　□ absent　　　□ fluent

global

[glóubəl] グロウバル

地球規模の

例文 To solve big problems, we have to look at them from a global point of view. （大きな問題を解決するためには、私たちは地球規模の視点から見つめなければならない）

構文 (To solve big problems), <u>we</u> <u>have to look at</u> <u>them</u> (from a

<u>S</u> <u>V</u> <u>O</u>

global point of view).

a global point of viewは日本語でも「グローバルな視点」と言ったりします。また、global warming「地球温暖化」は環境がテーマの長文で超重要です。

electric

[iléktrik] イレクトリク

電気の
electricity **名** 電気

例文 My father's car is electric. It doesn't use gas at all.
（父の車は電気自動車です。ガソリンをまったく使いません）

構文 <u>My father's car</u> <u>is</u> <u>electric.</u> <u>It</u> <u>doesn't use</u> <u>gas</u> (at all).

<u>S</u> <u>V</u> <u>C</u> <u>S</u> <u>V</u> <u>O</u>

「エレキギター（エレクトリックギター：electric guitar）」は、弦の振動を「電気信号」に変えて音を出す楽器です。名詞形electricity「電気」は、produce [generate] electricity「電力を生み出す・発電する」とよく使われます。

scientific

[sàiəntífik] サイエンティフィック

科学的な
science **名** 科学

例文 He wrote and published many scientific papers.
（彼は多くの科学論文を書き、発表した）

構文 <u>He</u> <u>wrote and published</u> <u>many scientific papers.</u>

<u>S</u> <u>V</u> <u>O</u>

science「科学」の形容詞形です。入試で「研究結果・調査結果」を説明する英文が頻出で、scientific research「科学的な研究」もよく出ます。ちなみに例文のpaperは「論文」という意味で、数えられる名詞扱いです（複数のsがついていますね）。

動詞

名詞

形容詞

副詞

□ 300

modern
[mádərn] マダン

現代の

 Now doctors can cure many illnesses with modern medicine. (今では、医者は現代医学により多くの病気を治すことができる)
※ cure「治療する」／ illness「病気」

 Now <u>doctors</u> <u>can cure</u> <u>many illnesses</u> (with modern medicine).
　　 S　　　　V　　　　　O

 日本語でも「モダンなデザイン（現代的なデザイン）」や「モダンアート（現代芸術）」と使われています。modern lifeは「現代生活」、modern societyは「現代社会」、in the modern worldは「現代世界では」です。

□ 301

legal
[líɡəl] リーガル

法律の、合法の
illegal 形 違法の

 In this country, we recognize brain death as legal death.
(この国では、脳死を法律上の死と認めている)

 (In this country), <u>we</u> <u>recognize</u> <u>brain death</u> <u>as legal death</u>.
　　　　　　　　　　 S　　 V　　　　 O　　　　　　C

 law「法律」（153番）の形容詞です。弁護士が主人公の『リーガル・ハイ』というドラマがありましたが、この「リーガル」はlegalです。海外ニュースでも「同性婚の合法化」「大麻の合法化」などで頻繁に使われる単語です。

□ 302

individual
[ìndəvídʒuəl] インディヴィヂュアル

個々の、個別の

 Would you like to take group lessons or individual lessons? (集団授業がいいですか、それとも個別指導がいいですか?)

 Would <u>you</u> <u>like to take</u> <u>group lessons</u> or <u>individual lessons</u>?
　　　　 S　　　 V　　　　　　 O　　　　　　　　　 O

 inは「否定」、divideは「分割する」で、individualは「これ以上分割できない最少単位」→「個人」です。take individual lessonsで「個別レッスン（個別指導）をとる」→「個別指導を受ける」となります。

Review! 　□ tropical 　　□ mild 　　□ electric
　　　　　　 □ wild 　　　□ global 　　□ scientific

303

personal
[pə́ːrsənəl] パーソナル

個人の、個人的な
person 名 人　personality 名 個性、性格

例文 Today, increasing numbers of Japanese carry their own personal chopsticks to restaurants instead of using disposable ones.
（現在、日本では割り箸を使わず、レストランにマイ箸を持参する人が増えています）

構文 Today, ⟨increasing numbers of Japanese⟩ carry ⟨their own personal chopsticks⟩
　　　　　　　　　S　　　　　　　　　　　　　V　　　　　O
(to restaurants) (instead of using disposable ones).

「人・個人（person）に関する」→「個人的な」となりました。例文の one's own personal chopsticks は「自分自身の個人的な箸」→「マイ箸」、disposable ones は「使い捨ての（disposable）箸（ones = chopsticks）」→「割り箸」です。

304

private
[práivət] プライヴァット

個人的な、プライベートな
privacy 名 プライバシー

例文 That is private land. We can only enter if the owner allows us. （それは私有地だ。私たちは所有者が許してくれたときだけ入ることができる）

構文 That is private land. We can only enter (if the owner allows us).
　　　　S　V　　C　　　　S　　　　V　　　　　　s　　　　v　　o

「プライベートな質問」とは「個人に関する質問」のことです（英語の発音は「プライヴァット」という感じ）。例文の private land は「個人的な土地」→「私有地」です。

305

public
[pʌ́blik] パブリック

公共の

例文 Anyone who lives in this town can borrow books from the public library. （この町に住んでいる人は誰でも、その公立図書館から本を借りることができる）

構文 ⟨Anyone [who lives in this town]⟩ can borrow books (from
　　　　　S　　　　　　　　　　　　　　　　V　　　　O
the public library).

private の反対が public というイメージです。「パブリックビューイング（public viewing）」とは、「別の会場の試合を大型スクリーンなどで中継し、公開すること」です。public transportation「公共交通機関」もチェックを。

306

elderly
[éldərli] エルダリィ

年配の

 These seats on the train are for elderly people.
（電車のここの席はお年寄りのためのものだ）

 〈<u>These seats</u> [on the train]〉 <u>are</u> (for elderly people).
　　　S　　　　　　　　　　　 V

 elderは「（兄弟・姉妹間で）年上の」という意味ですが、elderlyは完全に「年配の」という意味です。old peopleは直接的で失礼な印象を与える可能性があるため、代わりに elderly people「年配の人・お年寄り」を使うとよいでしょう。

307

male
[méil] メイル

男性の、オスの

 I called Yuina's phone, but a male voice answered.
（私はユイナの電話にかけたのに、男性の声が応えた）

 <u>I</u> <u>called</u> <u>Yuina's phone</u>, but <u>a male voice</u> <u>answered</u>.
　S　 V　　　　O　　　　　　　　　 S　　　　　V

 様々な書類（たとえば外国に入るときに書く入国の書類）には性別欄に、M・Fとあります。男性なら male、女性なら femaleにチェックを書き込めば OKです。発音は「メイル」で mail（郵便）と同じです。

308

female
[fí:meil] フィーメイル

女性の、メスの

 Male and female ducks look different. Males are more colorful than females. （オスのカモとメスのカモは見た目が違う。オスはメスよりもカラフルだ）

 〈<u>Male and female ducks</u>〉 <u>look</u> <u>different</u>. <u>Males</u> <u>are</u> <u>more colorful</u>
　　　　　S　　　　　　　　　 V　　　 C　　　　 S　　 V　　　　 C
(than females).

 maleと femaleは「マッチョな male」「フェミニンな female」と覚えるのもアリです。「フェミニン（女性らしい）」という言葉はファッション誌などで使われています。最近の入試では「男女平等」や「女性の活躍」の話がよく出ます。

Review!　　□ modern　　　　　□ individual　　　□ private
　　　　　　　□ legal　　　　　　□ personal　　　　□ public

□ 309

equal
[íːkwəl] イークウェル

平等の
equality 名 平等

例文 **Everyone has an equal chance to win the contest. No one has a special advantage.** （そのコンテストで優勝するチャンスは誰にでも平等にある。特別に有利な人などいない）

構文 <u>Everyone</u> <u>has</u> 〈an equal chance [to win the contest]〉. <u>No one</u>
　　S　　　V　　　　　　　　O　　　　　　　　　　　　　　　　　S
<u>has</u> <u>a special advantage</u>.
　V　　　　　O

「イコール（＝）」のことだとわかれば意味は簡単ですね。発音・アクセントの違いに注意が必要で、「イークウェル」という感じで最初にアクセントがきます。

□ 310

blind
[bláind] ブラインド

盲目の、目が見えない

例文 **Some blind people get help from guide dogs.**
（目が見えない人の中には、盲導犬に助けてもらっている人もいる）

構文 <u>Some blind people</u> <u>get</u> <u>help</u> (from guide dogs).
　　　　　S　　　　　　　V　　O

「ブラインドカーテン」は「部屋の中が見えないようにするカーテン」のことです。例文のような「障がい・社会福祉」がテーマの長文でよく出ます。ちなみに、Love is blind.「恋は盲目」はシェイクスピアが使った有名な言葉です。

□ 311

deaf
[déf] デフ

耳が聞こえない

例文 **This TV can show the words people say, so deaf people can read and understand.** （このテレビ番組は人が言ったことを表示できるので、耳が不自由な人も読んで理解することができる）

構文 <u>This TV</u> <u>can show</u> 〈the words [people say]〉, <u>so</u> <u>deaf people</u>
　　　S　　　　　V　　　　　　　　O　　　　　　　　　　　S
<u>can read</u> and <u>understand</u>.
　　V

本来「ぼんやりとした」という意味で、「デフ」という発音からボヤ～っとした響きを感じ取れるかもしれません。「音がぼんやり」→「耳が聞こえない」となります。

312 boring

[bɔ́ːriŋ] ボーリング

退屈な

bore 動 退屈させる
bored 形 退屈した

 例文 This TV show is boring. Let's watch something else.
(このテレビ番組は退屈だ。何か他のを見ましょう)

 構文
This TV show is boring. Let's watch something else.
　　S　　　　V　 C　　　　　　V　　　　　O

boreは動詞「退屈させる」で、boringは「退屈させるような」→「退屈な」となります。be boredは「退屈させられる」→「退屈した」です。-ing形と -ed形をしっかり区別してください（難関校の文法問題でこの区別がよく問われます）。

313 attractive

[ətrǽktiv] エトラクティヴ

魅力的な
attract 動 引きつける、魅了する

 例文 The present was wrapped in attractive wrapping paper with a flower design. (そのプレゼントは花柄デザインの魅力的な包装紙に包まれていた)

 構文
The present was wrapped (in attractive wrapping paper [with
　　S　　　　　V
a flower design]).

動詞 attract「引きつける・魅了する」（23番）の形容詞形です。an attractive offerは「魅力的な提案」、an attractive modelは「魅力的な（美しい）モデル」です。

314 pleasant

[plézənt] プレズント

楽しい、感じの良い
please 動 喜ばせる　pleasure 名 喜び

 例文 Thank you for this pleasant conversation. I really enjoyed talking with you. (楽しい会話をありがとうございました。お話しできて本当に楽しかったです)

 構文
Thank you (for this pleasant conversation). I really enjoyed
　V　 O　　　　　　　　　　　　　　　　S　　　　　V
〈talking with you〉.
　　O

動詞 please「喜ばせる」の形容詞形で、「人を喜ばせるような」→「楽しい・感じの良い」です。「楽しい」に限らず、少し落ち着いた響きで a pleasant person「感じの良い人」や a pleasant place to live「住みやすい場所」のようにも使えます。

Review!

☐ elderly　　☐ female　　☐ blind
☐ male　　　☐ equal　　　☐ deaf

動詞

名詞

形容詞

副詞

enjoyable
[indʒɔ́iəbl] エンヂョイアブル

楽しい

 例文
We spent an enjoyable evening talking and listening to music.
（私たちはおしゃべりをしたり音楽を聴いたりして、楽しい夜を過ごした）

 構文
<u>We spent</u> 〈an enjoyable evening〉 (talking and listening to music).
　S　　V　　　　　　O

"-able" は「可能（～できる）」と「受動（～される）」の意味を持ちます。enjoyableは厳密には「楽しまれることができる」なので、必ず「物」に使います。たとえば（×）I am enjoyable. だと「私が楽しまれる」となり変です。

terrible
[térəbl] テラブル

恐ろしい、ひどい

 例文
I saw the terrible accident on the news. They said twenty people went to the hospital.（私はニュースでひどい事故を見た。20人が病院へ行ったそうだ）

構文
<u>I saw</u> 〈the terrible accident〉 (on the news). <u>They said</u> 〈{that}
S　V　　　　　　O　　　　　　　　　　　　　S　　V　　　　O
twenty people went (to the hospital)〉.
　　　S　　　　V

terribleは「テロ」と関連があり、「怖がらせるような」→「ひどい」となりました。単に very badの意味で、have a terrible headache「ひどい頭痛を持っている」→「頭がとても痛い」のようにも使われます。

positive
[pázətiv] パゼティヴ

前向きな、肯定的な

 例文
Ms. Kimura is always positive. She tells her students, "You can do it."（キムラ先生はいつも前向きです。彼女は生徒たちに「できるよ」と言います）

構文
<u>Ms. Kimura is always positive.</u> <u>She tells her students,</u>
　S　　　　V　　　　　　C　　　　S　　V　　　O₁
〈"You can do it."〉
　　O₂

本来は「確信して」で、「うまくいくと確信して」→「前向きな・楽観的な」、「良いものだと確信して」→「（意見やレビューが）肯定的な・好意的な」となりました。日本語でも「ポジティブ思考」「ポジティブな人」と言いますね。

318

negative
[néɡətɪv] ネガティヴ

消極的な、否定的な

例文 How can eating meat have a negative effect on the environment?
（肉を食べることがどのように環境に悪影響を与えうるのだろうか?）

構文 How can <u>eating meat</u> <u>have a negative effect on</u> <u>the environment</u>?
                S   V   O

消極的・否定的なことを「ネガティブ」と言いますね。negの部分は notのことなんです。have a negative effect on ～「～に悪影響を与える」は重要表現で、例文は実際に難関校の並び替え問題で問われたものです（onは「影響」を表す用法）。

319

crazy
[kréizi] クレイズィ

気が狂った、夢中である

例文 He must be crazy to go out in this heavy rain.
（彼はこんなひどい雨の中を出かけるなんてどうかしているに違いない）

構文 <u>He</u> <u>must be</u> <u>crazy</u> (to go out (in this heavy rain)).
       S   V   C

日本語でも「クレイジー」と使われています。例文は、人 must be crazy to ～「人は～するなんて気が狂っているに違いない」です。さらに crazyは「気が狂った」→「（正気じゃないほど）夢中だ・大好きだ」という意味でも使えます。

320

pale
[péil] ペイル

青ざめた

例文 She said, "I saw a ghost in the room" and she turned pale with fear. （彼女は「部屋でお化けを見た」と言い、恐怖で顔が青ざめた）

構文 <u>She</u> <u>said</u>, 〈"<u>I saw a ghost in the room</u>"〉and <u>she</u> <u>turned</u> <u>pale</u> (with fear).
      S   V   O   S   V   C

「顔が青ざめた」ときや「顔色が悪い」ときに使います。日本語では「青ざめた」ですが、blueではなく paleを使いましょう。turn paleで「青ざめる」という熟語です（turn 形容詞「～になる」）。You look pale. は「顔色悪いよ」です。

Review!
 □ boring   □ pleasant   □ terrible
□ attractive   □ enjoyable   □ positive

321 lonely
[lóunli] ロウンリィ

寂しい

例文 I moved to Tokyo a week ago, and I don't have any friends here, so I'm lonely. （私は1週間前に東京に引っ越してきたのですが、ここには友達がいないので寂しいです）

構文 <u>I</u> <u>moved</u> (to Tokyo) (a week ago), and <u>I</u> <u>don't have</u> <u>any friends</u>
　　S　　V　　　　　　　　　　　　　　　S　　V　　　　O
(here), so <u>I'm</u> <u>lonely</u>.
　　　　　S　V　　C

「1人でいる（lone = alone）状態」→「寂しい」となりました。名詞形は loneliness「孤独」で、日本語でもたまに「ロンリネス」と使われることがあります。

322 honest
[ánəst] アニスト

正直な

例文 My parents told me always to be honest, but sometimes it is difficult not to lie. （両親は私にいつも正直でいるように言ったが、ウソをつかないことが難しいときもある）

構文 <u>My parents</u> <u>told</u> <u>me</u> always <u>to be honest</u>, but sometimes <u>it</u> <u>is</u>
　　　S　　　　V　　O　　　　　　　C　　　　　　　　　　仮S　V
<u>difficult</u> ⟨<u>not to lie</u>⟩.
　　C　　　　　　真S

「アニスト」「オネスト」のように発音します（語頭のhは読みません）。to be honest「正直に言って」という熟語が大切です（TBHと略されることもあります）。

323 brave
[bréiv] ブレイヴ

勇敢な

例文 A brave man jumped into the river and saved Takuma.
（勇敢な男性が川に飛び込み、タクマを助けた）

構文 <u>A brave man</u> <u>jumped</u> (into the river) and <u>saved</u> <u>Takuma</u>.
　　　　S　　　　V　　　　　　　　　　　　　V　　　O

外国人が「ブラボー！」と叫びますが、これはイタリア語 bravo で、brave と関連があります。「勇敢な人に向かってブラボーと叫ぶ」イメージで覚えてください。映画やマンガのキャラクターにも「ブレイブ○○」とよく使われています。

周回Check! 1 ／ 2 ／ 3 ／

324

shy
[ʃái] シャイ

恥ずかしがりやの

例文 **My brother is really shy. When my friends visit, he always goes into his room.**（私の弟は本当に恥ずかしがりやです。私の友人が家に来ると、彼はいつも自分の部屋に行ってしまいます）

構文 <u>My brother</u> <u>is</u> <u>really shy</u>. ([When] <u>my friends</u> <u>visit</u>), <u>he</u> always <u>goes</u>
　　　S　　　　V　　C　　　　　　　s　　　　v　　S　　　　V
(into his room).

📖 日本語でも「シャイな性格（恥ずかしがりやの性格）」と言いますね。会話では、Don't be shy.「恥ずかしがらないで・遠慮しないで」もよく使います。

325

nervous
[nə́ːrvəs] ナーヴァス

緊張して、神経質な

例文 **I was so nervous when I gave my speech. I almost forgot what I was going to say.**（私はスピーチをするとき、とても緊張していた。何を話すのか危うく忘れるところだった）

構文 <u>I</u> <u>was</u> <u>so nervous</u> ([when] <u>I</u> <u>gave</u> <u>my speech</u>). <u>I</u> almost <u>forgot</u>
　　S　V　　　C　　　　　　　　　s　v　　o　　　　S　　　　V
⟨what I was going to say⟩.
　　　　O

📖 試験や試合の前に「ナーバスな状態」と使われています。nervousは「神経質な」という性格だけでなく、「緊張している」という気持ちを表す際にもよく使います。

326

rude
[rúːd] ルード

無礼な、失礼な

例文 **It's rude to talk with food in your mouth.**
（ものを食べながら話すのは失礼です）※ with OC「OがCのままで」

構文 <u>It's</u> <u>rude</u> ⟨<u>to talk with food in your mouth</u>⟩.
　仮S V　C　　　真S

📖 raw「生の」（789番）と語源が同じで、「（行動が）生の・むき出しの」→「気遣いないままの」→「無礼な・失礼な」となりました。It is rude {of 人 } to ～「（ 人 が）～することは失礼だ」の形でよく使います。

Review! □ negative　　□ pale　　□ honest
　　　　□ crazy　　　□ lonely　　□ brave

動詞

名詞

形容詞

副詞

polite
[pəláit] パライト

| 礼儀正しい、丁寧な

例文 The girl always greets everyone on her way to school. She is so polite. (その少女は学校へ行く途中、いつもみんなに挨拶をしている。彼女はとても礼儀正しい)

構文 The girl always greets everyone (on her way to school). She is so polite.
　　　　 S　　　　　 V　　　 O　　　　　　　　　　　　　　　　　　 S　 V　 C

本来は「磨かれた」という意味で、「態度・気遣いが丁寧に磨かれている」→「丁寧な」となりました。例文の greet「挨拶する」(61番) と on one's way to ~「~へ行く途中に」もチェックしておきましょう。

fair
[féər] フェア

| 公平な
名 定期市、見本市

例文 Mr. Oda is very fair. He gives everyone the same opportunity to talk in class. (オダ先生はとても公平な人だ。授業中みんなに同じように発言の機会を与えてくれる)

構文 Mr. Oda is very fair. He gives everyone ⟨the same opportunity [to talk]⟩
　　　　 S　　 V　　 C　　 S　 V　　 O₁　　　　　　 O₂
(in class).

スポーツで「フェアプレー(公平なプレー)を心がける」と言いますね。名詞「定期市・見本市」は、日本語でも「○○フェアを開催する」と使われています。

gentle
[dʒéntl] ヂェントル

| 優しい

例文 This plate is expensive, so please be gentle with it. Please don't break it. (この皿は高価だから優しく扱ってください。壊さないようにね)

構文 This plate is expensive, so please be gentle (with it). Please
　　　　 S　　　 V　　 C　　　　　　　 V　 C
don't break it.
　　　 V　　 O

gentle というつづりを含む gentleman は、本来「優しい(gentle)男性(man)」→「紳士」ということです。a gentle heart は「優しい心」です。例文の be gentle with ~ は「~に関して(with)優しい(be gentle)」です。

周回Check! 1 / 2 / 3 /

330

smart
[smά:rt] スマート

| 賢い

 例文 Yamato is really smart. He always solves math problems really quickly. (ヤマトは本当に賢い。いつも本当に素早く数学の問題を解く)

 構文 <u>Yamato</u> <u>is</u> <u>really smart</u>. <u>He</u> always <u>solves</u> <u>math problems</u> (really quickly).
S　　V　　　C　　　S　　　　　V　　　O

数学の先生が「スマートに解く」と言うのは「賢く解く」という意味です。日本語で使う「スマートな（細い）体型」といった意味はないので、注意してください。

331

clever
[klévər] クレヴァ

| 賢い

例文 My little sister is so clever. She is only four, but she can already read the alphabet. (私の妹はとても賢いです。まだ4歳ですが、すでにアルファベットが読めるんです)

 構文 <u>My little sister</u> <u>is</u> <u>so clever</u>. <u>She</u> <u>is</u> <u>only four</u>, but <u>she</u>
S　　　　　　V　　　C　　　S　　V　　　C　　　　　　S
can (already) <u>read</u> <u>the alphabet</u>.
　　　　　V　　　　O

日本でも「クレバーな選手」＝「賢い・頭の回転が速い選手」と使われています。主にアメリカでは smartが、イギリスでは cleverがよく使われる傾向にあります。

332

bright
[bráit] ブライト

| 明るい、頭が良い

例文 The sky is clear and the full moon is very bright tonight.
(今晩は、空は澄み渡り、満月がとても明るく輝いている)

 構文 <u>The sky</u> <u>is</u> <u>clear</u> and <u>the full moon</u> <u>is</u> <u>very bright</u> (tonight).
S　　　V　　C　　　　　S　　　　　　V　　　C

 実際に「明るく輝いている」以外にも、比喩的に bright future「輝かしい未来」と使えます。さらに応用として、「(頭が) 明晰で明るい」→「頭が良い・知的な」という意味もあります。a bright studentは「賢い・優秀な生徒」です。

Review!　☐ shy　　　　☐ rude　　　　☐ fair
　　　　　　☐ nervous　　☐ polite　　　☐ gentle

333

foolish

[fúːliʃ] フーリシュ

愚かな

 例文 **It is foolish of you to think Ema likes you.**
（エマが君を好きだと考えるのはバカげている）

 構文 It is foolish (of you) 〈to think {that} Ema likes you〉.
仮S V　C　　　　　　　　　真S　　　　　s　　v　　o

 「エイプリル・フール」で有名な fool は名詞「愚かな人」です。その形容詞形が foolish で、It is foolish of 人 to ～「～するなんて 人 は愚かだ」の形が重要です。「人の性質を示す形容詞」の場合は "of 人" で不定詞の意味上の主語を表します。

334

stupid

[stjúːpid] ステューピッド

バカな

 例文 **It was stupid to go mountain climbing without warm clothes.**（防寒着なしで登山するなんてバカげていた）

 構文 It was stupid 〈to go mountain climbing (without warm clothes)〉.
仮S V　　C　　　　真S

 本来は「ボケっとしている」で、そこから「バカな」となりました。foolish と同じく、It is stupid {of 人} to ～ の形でよく使います。ちなみに、普段の会話では foolish よりも stupid がよく使われます（foolish は少し硬いイメージ）。

335

thin

[θín] シン

薄い、細い、やせた

 例文 **Jim wanted to practice skating on the lake, but the ice was too thin.**（ジムはその湖でスケートの練習をしたかったのですが、氷があまりにも薄すぎました）

 構文 Jim wanted to practice skating (on the lake), but the ice was too thin.
S　　V　　　　　O　　　　　　　　　　　S　　V　　C

 プラモデルを塗るときに使う「シンナー（thinner）」は「塗料を薄めるもの」です。「体格が薄い」→「細い・やせた」で、You're so thin.「（あなたは）とてもやせてますね」のようにも使えます。

周回Check! 1 ／ 2 ／ 3 ／

336

thick
[θík] シック

厚い、太い

 This book is so thick that I can't read it in a day.
(この本はとても分厚いので、私は1日で読むことができない)

 $\underset{S}{\underline{\text{This book}}} \underset{V}{\underline{\text{is}}} \underset{C}{\underline{\text{so thick}}} (\underline{\boxed{\text{that}}} \underset{s}{\underline{\text{I}}} \underset{v}{\underline{\text{can't read}}} \underset{o}{\underline{\text{it}}} (\text{in a day})).$

 thin が「ヒョロッと」したイメージなのに対して、thick が「芯が太い」イメージです。thin は 4 文字、thick が 5 文字なので、thin が「薄い」、thick のほうが「厚い」と覚えるのもアリです。

337

fresh
[fréʃ] フレッシュ

新鮮な

 This supermarket buys vegetables directly from farmers, so they are always fresh.
(このスーパーは農家から直接野菜を仕入れるので、野菜はいつも新鮮です)

 $\underset{S}{\underline{\text{This supermarket}}} \underset{V}{\underline{\text{buys}}} \underset{O}{\underline{\text{vegetables}}} (\text{directly}) (\text{from farmers}),$
$\underline{\text{so}} \underset{S}{\underline{\text{they}}} \underset{V}{\underline{\text{are}}} \text{always} \underset{C}{\underline{\text{fresh}}}.$

日本語の「フレッシュ」のイメージ通りです。fresh fruit は「新鮮な果物」です。"fr" で韻を踏んでいると意識すると、flesh「肉」と区別しやすくなるでしょう。

338

crowded
[kráudid] クラウディッド

混雑した

 Shinjuku Station is always so crowded during rush hour.
(新宿駅はラッシュ時になるといつもすごく混んでいる)

 $\underset{S}{\underline{\text{Shinjuku Station}}} \underset{V}{\underline{\text{is}}} \text{always} \underset{C}{\underline{\text{so crowded}}} (\text{during rush hour}).$

 本来は動詞 crowd「場所に群がる」の過去分詞形で、「場所に群がられた」→「混雑した」となります。be crowded「混雑して」、get crowded「混雑する」の形でよく使います（be の代わりに get を使うと「変化」を表す）。

Review!
☐ smart ☐ bright ☐ stupid
☐ clever ☐ foolish ☐ thin

動詞

名詞

形容詞

副詞

□ 339

loud

[láud] ラウド

（声・音が）大きい

例文 Would you turn down the volume of the TV? It's too loud. （テレビの音量を下げてくれませんか？　音が大きすぎます）

構文 Would <u>you</u> <u>turn down</u> ⟨the volume [of the TV]⟩? It's too loud.
　　　　 S　　　 V　　　　　　O　　　　　　　　　　　　　S V　　 C

　　英語のネットスラング（絵文字のような役割）で "lol" があります。これは laugh out loud「大声で笑う」のことで、日本語「（笑）」に相当します。副詞の aloud「声に出して」（395番）と区別してください。

□ 340

daily

[déili] デイリィ

毎日の、日常の
副 毎日

例文 Tell me about your daily life. When do you wake up? Do you go to school? （あなたの日常生活について教えてください。いつ起きますか？　学校へ行きますか？）

構文 Tell me (about your daily life). When do you wake up? Do you go (to school)?
　　　　 V　O　　　　　　　　　　　　　　　　　S　　 V　　　　　 S　 V

　　day「日」の形容詞形で、日本の新聞名などでも「デイリー」と使われています。daily life は「日常生活」、a daily newspaper は「日刊新聞」です。"-ly" で終わる単語は「副詞」が多いですが、daily は「形容詞」としてもよく使います。

□ 341

perfect

[pɔ́:rfikt] パーフィクト

完璧な

例文 How do you like this hat? – You should buy it. It's the perfect size and color. （この帽子はどうかな？ － 買うべきだよ。サイズも色も完璧だね）

構文 How do <u>you</u> <u>like</u> <u>this hat</u>? – <u>You</u> <u>should buy</u> <u>it</u>. <u>It's</u> ⟨the
　　　　　　　　 S　　V　　　O　　　　　 S　　　 V　　　 O　　 S V
perfect size and color⟩.
　　　　 C

　　「パーフェクト」でおなじみですね。余談ですが、スイーツの「パフェ」は「（たくさんのものが入っている）完璧なスイーツ」で、perfect のフランス語「パルフェ」が語源です。

周回 Check! 　1 ／　　2 ／　　3 ／

342

excellent
[éksələnt] エクセレント

すばらしい

 例文
Ryo is excellent in French. If you need help, you should ask him. （リョウはフランス語がとても得意だ。助けがいるなら、彼に聞いてみるといいよ）

 構文
<u>Ryo</u> <u>is excellent</u> (in French). (<u>If</u> <u>you</u> <u>need</u> <u>help</u>), <u>you</u> <u>should ask</u> <u>him</u>.
S V   C   s v o S V O

 相手を褒めるときに Excellent! とよく言うので、聞いたことのある人も多いでしょう。excellent自体に「非常に良い」という意味が含まれているため、(×) very excellentとは言いません（veryの代わりに reallyなどは使えます）。

343

fantastic
[fæntæstik] ファンタスティク

すばらしい

 例文
The view of the ocean from our hotel room was fantastic.
（私たちが泊まったホテルの部屋からの海の眺めはすばらしかった）

 構文
⟨<u>The view</u> [of the ocean [from our hotel room]]⟩ <u>was</u> <u>fantastic</u>.
 S   V C

 名詞 fantasyは「空想」という意味で、日本語でも「ファンタジー」と使われています。その形容詞形が fantasticで、「空想的な」→「(空想的と思えるほど) すばらしい」となりました。

344

outdoor
[áutdòːr] アウトドア

屋外の
indoor 形 屋内の

 例文
My father likes watching outdoor sports such as baseball and soccer.（父は野球やサッカーのような屋外スポーツを見るのが好きだ）

 構文
<u>My father</u> <u>likes</u> ⟨<u>watching</u> <u>outdoor sports</u> [such as baseball and soccer]⟩.
 S   V   O

 「ドア (door) の外の (out)」→「屋外の」です。日本語でも「アウトドア用品」「アウトドア派」などと使いますね。outdoorsは「屋外で」という副詞で (359番)、品詞をしっかり区別してください。

 Review!
□ thick   □ crowded   □ daily
□ fresh   □ loud   □ perfect

345

round
[ráund] ラウンド | 丸い

 例文 **Wheels are round.**
（車輪は丸い）

構文
$\underset{S}{\underline{Wheels}}\ \underset{V}{\underline{are}}\ \underset{C}{\underline{round}}.$

丸い車輪は（重い物を楽に運べるようになったので）人類の偉大な発明の1つで、この内容が長文で出たりします。また、roundの「ぐるっと回る」イメージから、海外旅行で a round-trip ticket「往復券・往復切符」という表現もよく使います。

346

tiny
[táini] タイニィ | とても小さな

 例文 **The battery in my watch is tiny. It's smaller than a 1-yen coin.**（僕の腕時計の電池はとても小さい。1円玉よりも小さいよ）

構文
$\underset{S}{\underline{\langle The\ battery\ [in\ my\ watch]\rangle}}\ \underset{V}{\underline{is}}\ \underset{C}{\underline{tiny}}.\ \underset{S}{\underline{It's}}\ \underset{V}{\underline{smaller}}\ \underset{C}{\underline{}}\ (than\ a\ 1\text{-}yen\ coin).$

単に「小さい」ではなく「とても小さい」という意味です（very smallのイメージ）。a tiny insectは「とても小さな昆虫」、a tiny problemは「ほんのちょっとした問題」です。

347

huge
[hjú:dʒ] ヒューヂ | 巨大な

 例文 **Alaska is really huge. It is more than four times the size of Japan.**（アラスカは本当に大きい。日本の4倍以上の広さです）

構文
$\underset{S}{\underline{Alaska}}\ \underset{V}{\underline{is}}\ \underset{C}{\underline{really\ huge}}.\ \underset{S}{\underline{It}}\ \underset{V}{\underline{is}}\ \underset{C}{\underline{more\ than\ four\ times\ the\ size\ of\ Japan}}.$

bigよりもオーバーな響きで「巨大な・莫大な」という意味です。tinyの逆と考えればOKです。ちなみに例文の2文目は、X times the size of ～「～のX倍大きい」という形です（難しい表現ですが、難関校の長文で登場したことがあります）。

348

giant
[dʒáiənt] ヂャイエント

巨大な 名 巨人

 例文 We ate a giant watermelon last night. It was bigger than my head!（私たちは昨夜巨大なスイカを食べた。それは私の頭より大きかった!）

 構文 <u>We</u> <u>ate</u> ⟨a giant watermelon⟩ (last night). <u>It</u> <u>was</u> <u>bigger</u> (than my head)!
   S   V   O   S V   C

 「ギリシア神話の巨人」に由来する単語です。プロ野球の「巨人軍」は Giantsで、日本語でも「ジャイアンツ」と呼ばれています。「ジャイアントパンダ (giant panda)」から「巨大な」イメージをしてもいいでしょう。

349

basic
[béisik] ベイスィック

基本的な
basically 副 基本的に

 例文 I can cook some basic things, like rice and fried eggs.
（僕はご飯や目玉焼きのような、基本的なものなら料理できる）

 構文 <u>I</u> <u>can cook</u> ⟨some basic things, [like rice and fried eggs]⟩.
  S   V   O

「ベーシックレベル」とは「基礎的なレベル」のことです（英語の発音は「ベイスィック」）。basic income「ベーシックインカム」はそのままよく使われていますが、これは「基本的な生活を送るのに必要な所得を国が保証する制度」です。

350

elementary
[èləméntəri] エレメンタリィ

初歩の

 例文 In Japan elementary school children walk home from school by themselves.（日本では、小学生は学校から家まで自分たちだけで歩いて帰る）

 構文 (In Japan) ⟨elementary school children⟩ <u>walk</u> (home) (from school) (by themselves).
                                S   V

 elementary schoolで「初歩の学校・初歩的な学力を形成する学校」→「小学校」となります。ちなみに日本の小学校とは違って、アメリカの小学校ではスクールバスや保護者の送迎が普通です。

Review!
- ☐ excellent
- ☐ fantastic
- ☐ outdoor
- ☐ round
- ☐ tiny
- ☐ huge

□ 351

primary
[práimeri] プライメリィ

最初の、重要な

例文 **Math was my favorite subject in primary school.**
（算数は私が小学校で大好きだった教科です）

構文 <u>Math</u> <u>was</u> 〈my favorite subject〉 (in primary school).
　　　S　　V　　　　　　C

 primary schoolは「最初の学校」→「小学校」です（primary schoolはイギリス英語、elementary schoolはアメリカ英語）。primaryには「最初の段階は重要」→「重要な・主な」という意味もあり、primary purposeは「主な目的」です。

□ 352

rough
[ráf] ラフ

ざらざらした、おおざっぱな
roughly 副 乱暴に、大まかに

例文 **He drove slowly over the rough road.**
（彼は荒れた道をゆっくりと運転した）

構文 <u>He</u> <u>drove</u> (slowly) (over the rough road).
　　　S　　V

 本来「ざらざらした」→「荒い・大まかな」で、サッカーで「ラフプレー」と言えば「荒い（乱暴な）プレー」のことです。副詞の roughly「大まかに・約」も重要で、難関校では roughly ≒ aboutが狙われます。

動詞

□ 353

smooth
[smúːð] スムーズ

なめらかな

名詞

例文 **How is your trip so far? – No problems. Everything has been smooth.** （今のところ旅行はどうですか？ ― 問題ないよ。すべてが順調だよ）

構文 How <u>is</u> <u>your trip</u> (so far)? – No problems. <u>Everything</u> <u>has been</u> <u>smooth</u>.
　　　　V　　S　　　　　　　　　　　　　　　　　S　　　　V　　　C

 「スムーズに進む」とは「物事が順調に・なめらかに進んで行く」ことです。昔は「スムース」と言う人もいましたが、正しい発音は「スムーズ」です。野菜や果物をすりつぶして、スムーズな状態にした飲み物を「スムージー」と言いますね。

形容詞

副詞

354

everyday
[évridèi] エヴリデイ

日々の

例文
Should I wear a suit and tie to the party, or can I go in everyday clothes? (パーティーにはスーツとネクタイを着用すべきですか、それとも普段着で行ってもいいですか？)

構文
Should I wear ⟨a suit and tie⟩ (to the party), or can I go (in everyday clothes)?
　　　S　V　　　　O　　　　　　　　　　　　　　S　V

形容詞の場合は everyday と 1 語にします。例文の everyday clothes は「日々の服装」→「普段着」です。「毎日」という副詞で使う場合は every day と 2 語に分けるので、英作文ではきちんと使い分けてください。

355

pure
[pjúər] ピュア

純粋な、きれいな

例文
The air in the mountains is pure. It's really refreshing.
(山の空気はきれいだ。本当にさわやかな気分になる)

構文
⟨The air [in the mountains]⟩ is pure. It's really refreshing.
　　　S　　　　　　　　　　　V　C　S　V　　　　　C

本来「混ざりものがない」という意味で、pure gold は「純金」、100% pure orange juice は「100%果汁のオレンジジュース」です。「混ざりものがない」→「(音や空が) 澄んだ・きれいな」となります。

356

clear
[klíər] クリア

きれいな、わかりやすい
動 片付ける

例文
The water in this lake is very clear. We can see the bottom perfectly. (この湖の水はとてもきれいだ。完全に底まで見える)

構文
⟨The water [in this lake]⟩ is very clear. We can see the bottom perfectly.
　　　S　　　　　　　　　　V　　C　　S　　V　　　O

ゲームで「クリアする」とは、敵を倒してそのステージを「きれいに片付ける」ということです。「(片付けられて) わかりにくい要素がない」→「はっきりした・わかりやすい」の意味もあり、a clear explanation は「わかりやすい説明」です。

Review!
☐ giant　　☐ elementary　　☐ rough
☐ basic　　☐ primary　　☐ smooth

☑ 357

sharp
[ʃɑ́:rp] シャープ

| 鋭い

 That knife is very sharp, so please be careful. Don't cut your finger. （そのナイフはとても鋭いので気を付けて。指を切らないでね）

 <u>That knife</u> <u>is</u> <u>very sharp</u>, <u>so</u> <u>please</u> <u>be</u> <u>careful</u>. <u>Don't cut</u> <u>your finger</u>.
 S   V   C   V   C   V   O

 「シャープな動き」とは「鋭い動き」ですね。刃物などが「鋭い」だけでなく、「（カーブや坂道が）鋭い」→「急な」、「（変化が）鋭い」→「急な・急激な」といった意味でも使えます。a sharp increase in salesは「売上の急激な増加」です。

動詞

名詞

形容詞

副詞

日本紹介英作文 ③

折り紙

Origami means "folded paper." In *origami* you fold small squares of colored paper into shapes such as birds, animals, flowers, or samurai helmets. In *origami* you are not allowed to cut the paper, or to use tape or glue. Children often practice *origami* in school, so almost everyone in Japan can make something with *origami*. One particularly common thing to make with *origami* is a paper crane.

和訳

折り紙は「折られた紙」という意味です。折り紙では、色のついた正方形の小さな紙を折って、鳥や動物、花、兜などの形にします。折り紙では紙を切ったり、テープやのりを使ったりすることは許されていません。子どもはたいてい学校で折り紙を練習するので、日本のほとんど誰もが折り紙で何かを作ることができます。折り紙で作るもので、とりわけよくあるものの1つに折り鶴があります。

英作文お役立ち単語
(赤文字は本書の見出し語（派生語含む）に掲載)

□ fold	動 折りたたむ → 63 番	□ glue	名 のり
□ square	名 正方形、広場 → 774 番	□ almost	副 ほとんど → 362 番
□ colored	形 色のついた	□ particularly	副 特に → 779 番
□ shape	名 形、（健康）状態 → 233 番	□ common	形 共通の、よくある → 254 番
□ allow	動 許す → 448 番	□ crane	名 ツル

日本紹介英作文 ④
ふろしき

Furoshiki are traditional Japanese cloths used to wrap almost anything from books and bentos to boxes and bottles. Wrapping items beautifully in *furoshiki* is an art. *Furoshiki* can be used again and again, so some people who care about the environment use them instead of getting a plastic bag every time they go to the store. *Furoshiki* are colorful with beautiful traditional Japanese patterns. They are also used as gifts today.

和訳

ふろしきは、本や弁当から箱や瓶までほとんど何でも、物を包むために使用される日本の伝統的な布です。ふろしきで美しくものを包むことはそれ自体芸術なのです。ふろしきは何度も使うことができるので、環境に配慮する人は、お店に行くときはいつもビニール袋をもらわずにふろしきを使います。ふろしきは美しい日本の伝統的な模様がほどこされた色彩に富んだものです。今日では贈り物としても使われています。

英作文お役立ち単語
(赤文字は本書の見出し語（派生語含む）に掲載)

□ traditional	形 伝統的な、従来の→255番	□ care about ~	熟 ~について心配する
□ cloth	名 布 →237番	□ environment	名 環境 →109番
□ wrap	動 包む	□ instead of ~	熟 ~の代わりに →367番
□ almost	副 ほとんど →362番	□ plastic bag	名 ビニール袋
□ item	名 もの	□ every time sv	接 sv するときはいつでも
□ beautifully	副 美しく	□ pattern	名 模様
□ art	名 芸術	□ gift	名 贈り物、才能 →236番

周回Check! 1 / 2 / 3 /

358
overseas
[òuvərsíːz] オウヴァスィーズ

海外へ

 例文 **I went overseas for the first time in my life to meet my grandmother.** (私は祖母に会いに、生まれて初めて海外に行った)

 構文 <u>I</u> <u>went</u> (overseas) (for the first time in my life) (to meet my grandmother).
S V

 「海（sea）を超えて（over）」→「海外へ」です（語尾の s は副詞をつくる働き）。「副詞」の用法が大切で、直前に前置詞は不要な点に注意しましょう。(×) go to overseas ではなく、(○) go overseas「海外へ行く」です。

359
outdoors
[àutdɔ́ːrz] アウトドァーズ

外で[へ]
indoors 副 屋内で[へ]

 例文 **If you want to run around, please go outdoors.**
(走り回りたいなら、外へ行ってください)

 構文 (<u>If</u> <u>you</u> <u>want to run around</u>), please <u>go</u> (outdoors).
s v v

 形容詞 outdoor「屋外の」(344番) に副詞をつくる働きの s がついて、「外で」という副詞になります。これも直前に前置詞は不要で、例文も (×) go to outdoors ではなく (○) go outdoors「外に行く」となっていますね。

360
upstairs
[ʌ̀pstéərz] アプステアズ

上の階で[へ]
downstairs 副 下の階で[へ]

 例文 **The kitchen and living room are on this floor, and the bedrooms are upstairs.** (台所とリビングはこの階にあり、寝室は上の階にあります)

 構文 〈 <u>The kitchen and living room</u> 〉 <u>are</u> (on this floor), and
S V
<u>the bedrooms</u> <u>are</u> (upstairs).
S V

 stairs「階段」(204番) に up「上に」がついて、「上の (up) 階 (stairs) へ」となりました。名詞・形容詞もありますが、副詞「上の階へ」が重要です。(×) go to upstairs ではなく (○) go upstairs「上の階に行く」と使います。

Review! □ everyday □ clear
□ pure □ sharp

□ 361

downtown

[dàuntáun] ダウンタウン

| 町の中心部に、繁華街で
名 中心部、繁華街　形 繁華街の

 例文
I want to go downtown on Saturday morning to buy presents for my friends in Japan. （土曜日の朝、日本の友達にプレゼントを買いに繁華街に行きたいと思っています）

 構文
I want to go (downtown) (on Saturday morning) (to buy
S　V
presents for my friends in Japan).

 「下町」という意味ではありません。uptown「山の手・住宅地区」という単語は高級住宅地が「坂を上った上のほうに」あるイメージで、その対義語として downtown が「町の中心部に・繁華街で」となりました。副詞用法をチェックしてください。

□ 362

almost

[ɔ́ːlmoust] オールモウスト

| ほとんど

 例文
I was climbing and a rock fell and almost hit me, but it missed.
（登山をしているとき、岩が落ちてきてもう少しで当たりそうだったが、当たらなかった）

 構文
I was climbing and a rock fell and almost hit me, but it missed.
S　V　　　　　S　V　　　　　　　V　O　　　S　V

 「ちょっと足りない・もう少しで」というイメージを持ってください。almost seventy percent は「70%弱（66 〜 69%くらい）」で、70%を超えることはありません。例文の almost hit me は「もう少しで当たりそうだった」ですね。

□ 363

nearly

[níərli] ニアリィ

| ほとんど

 例文
Do you want to go with us? – Yes. I've nearly finished my work. （一緒に出かける？ — ええ。仕事もほとんど終わるところですから）

 構文
Do you want to go (with us)? – Yes. I've (nearly) finished my work.
S　V　　　　　　　　　　　S　V　　　　　　O

 "≒" は「ニアリーイコール」と呼ばれますが、「ほとんど同じ」ことを表します。almost と同じく「ちょっと足りない・もう少しで」というイメージです。例文も「もう少しで終わる（けどまだ完全には終わっていない）」ということですね。

周回Check!　1　／　2　／　3　／

364

mostly
[móustli] モウストリィ

たいていは、大部分は
most 形 大部分の 名 大部分

 Cuban food is mostly influenced by Spain and Africa.
（キューバ料理は、主にスペインとアフリカの影響を受けている）

 $\underline{\text{Cuban food}}$ is (mostly) $\underline{\text{influenced}}$ (by Spain $\underline{\text{and}}$ Africa).
　　　　S　　　　　　　　　V

 mostは「名詞・形容詞」、mostlyは「副詞」という品詞の違いが重要です。例文は「大部分は・主に」の意味ですが、「たいていの場合は・普段は」の意味もあります。例：I mostly stay at home on Saturdays.　土曜日はたいてい家にいます。

365

actually
[æktʃuəli] アクチュアリィ

実際は
actual 形 実際の

 I thought I would fail the test, but actually, I passed.
（試験に落ちると思っていたが、実際には合格した）

 $\underline{\text{I}}$ $\underline{\text{thought}}$ 〈{that} $\underline{\text{I}}$ $\underline{\text{would fail}}$ $\underline{\text{the test}}$〉, but actually, $\underline{\text{I}}$ $\underline{\text{passed}}$.
　S　　V　　　　　　　s　　　v　　　　o　　　　　　　　　　　S　　V

 形容詞 actualは「行動（act）に移せるような実際の」→「実際の」で、その副詞形が actuallyです。Actuallyで文が始まる場合、「あなたの予測に反して、実は…」「予定とは違って実際は…」のような意味で後ろに重要情報がよくきます。

366

unfortunately
[ʌnfɔ́ːrtʃənətli] アンフォーチュネトリィ

不運にも、あいにく
unfortunate 形 不幸な、残念な

 Unfortunately, I don't have time to talk to you right now.
（あいにく今はあなたと話す時間がありません）

構文 Unfortunately, $\underline{\text{I}}$ $\underline{\text{don't have}}$ 〈time [to talk to you]〉 (right now).
　　　　　　　　　S　　　V　　　　　　O

fortunate「幸運な」に否定のunがついて unfortunateとなり、その副詞形が unfortunatelyです。文頭でよく使われ、後ろには「残念なこと・マイナス情報」がきます。入試や英検では Unfortunatelyの後ろの内容がよく狙われます。

Review!
　□ overseas　　　□ upstairs　　　□ almost
　□ outdoors　　　□ downtown　　　□ nearly

367

instead
[instéd] インステッド

代わりに

例文 I usually take the bus, but there was an accident today, so I took the train instead. （普段はバスに乗っていますが、今日は事故があったので、代わりに電車を使いました）

構文 <u>I</u> usually <u>take the bus</u>, but <u>there</u> <u>was</u> <u>an accident</u> today, so <u>I</u>
S   V O   V   S   S
<u>took</u> <u>the train</u> instead.
V O

「代案・対比」を表す重要単語です。副詞の場合は 1 語で使いますが、instead of 〜「〜の代わりに・〜ではなく」なら前置詞扱いです（後ろには名詞がきます）。

368

anymore
[ènimɔ́ːr] エニモーァ

もはや（〜ない）

例文 This computer is broken. It doesn't turn on anymore.
（このパソコンは壊れている。もう電源が入らないんだ）

構文 <u>This computer</u> <u>is broken</u>. <u>It</u> <u>doesn't turn on</u> anymore.
S   V   S   V

not 〜 anymore「もはや〜ない」のように否定語と一緒に使われます。「もはや〜ない」という訳語が有名ですが、普段「もはや」という言葉はあまり使わないと思いますので、「もう〜ない」と考えてもいいでしょう。

369

therefore
[ðéərfɔ̀ːr] ゼアフォーア

したがって

例文 Saori missed the bus. Therefore she was late for school.
（サオリはバスに乗り遅れた。そのため、彼女は学校に遅刻してしまった）

構文 <u>Saori</u> <u>missed</u> <u>the bus</u>. Therefore <u>she</u> <u>was</u> <u>late for school</u>.
S V O   S V   O

「それ・そこ（there）へ向かうために（for）」→「それゆえ・したがって」です。前の文が「理由・原因・根拠」で、thereforeの後ろに「結果・主張」がきます。長文でとても大切な副詞です。

周回Check!   **1** ／ **2** ／ **3** ／

besides

[bɪsáɪdz] ビサイズ

その上　前 ～に加えて

 Sally is the taller of the two. Besides, Sally is superior to Judie in math. （その2人の中でサリーのほうが背が高い。それに、サリーのほうがジュディーより数学が得意だ）※ be superior to ～ in … 「…において～より優れている」

 Sally is the taller (of the two). Besides, Sally is superior to Judie (in math).
　　　S　V　　C　　　　　　　　　　　S　　V　　　　　　O

 前置詞 beside 「～のそばに」との混同に注意してください。こじつけで besides は「複数形」→「他にもある」→「その上・～に加えて」と連想するのもアリです。情報を付け加えるときによく使います。

especially

[ɪspéʃəli] イスペシャリィ

特に

 My grandmother likes fruit, especially melons.
（私の祖母は果物、特にメロンが好きです）

 My grandmother likes fruit, (especially melons).
　　　　S　　　　　V　　O

 especially には special が入っているので、「特別に」→「特に」と覚えてください。文頭に置いて文を修飾できない点に注意が必要で、たとえば Do you like Japanese food? に対して（×）Yes. Especially, I like sushi. と答えるのは NG です。

gradually

[grǽdʒuəli] グラヂュアリィ

徐々に、だんだんと
gradual 形 徐々の、だんだんの

 I'm gradually getting taller. I think I will be as tall as my father next year. （私は少しずつ背が伸びている。来年はお父さんと同じくらいになると思う）

I'm (gradually) getting taller. I think ⟨{that} I will be as tall
S　　　　　　　　V　　　C　　S　V　　O　　s　v　　　c
(as my father) (next year)⟩.

 gradu は「段階・グレード（grade）」のことで、「段階を経て」→「徐々に・だんだんと」となりました。「グラデーション（gradation）」と語源が同じで、これは「色・明るさが徐々に・段階を経て、変化する」イメージですね。

Review!　□ mostly　　　□ unfortunately　□ anymore
　　　　　　　□ actually　　□ instead　　　　　□ therefore

373

nowadays

[náuədèiz] ナウアデイズ

最近

例文 **Fifty years ago Japanese people didn't often travel abroad, but nowadays it is very common.**（50年前は日本人はそんなに海外旅行をしなかったが、最近は極めて一般的になっている）

構文 (Fifty years ago) Japanese people[S] didn't (often) travel[V] (abroad), but nowadays it[S] is[V] very common[C].

「今（now）を含んだ日（days）」→「最近」で、「（昔と違って）最近では～」のような流れでよく使われます。英作文では「現在形」で使う点にご注意を。

374

recently

[rí:sntli] リースントリィ

最近
recent 形 最近の

例文 **I haven't heard from her recently.**
（最近彼女から連絡がありません）

構文 I[S] haven't heard from[V] her[O] recently.

「（ちょっと前から今までの）最近」や「ついさっき・この間」を表し、現在完了形や過去形で使います。現在完了形は「過去～現在まで」を表すため、（ちょっと前から今までを表す）recentlyと相性が良いわけです。

375

lately

[léɪtli] レイトリィ

最近
late 形 遅い、最近の

例文 **I have been eating out a lot lately, and I tend to eat oily food.**
（最近は外食が多く、油っこい物を食べがちです）※ tend to ～「～しがちだ」

構文 I[S] have been eating out[V] (a lot) (lately), and I[S] tend to eat[V] oily food[O].

lateには「遅い」だけでなく「最近の」という意味もあり、その副詞形です。会話でHow have you been lately?「最近、調子はどう？」とよく使います（How are you? が現在完了形になったもので、特にしばらく会っていない場合に使う）。

周回Check! 1 ／ 2 ／ 3 ／

376
eventually
[ivéntʃuəli] イヴェンチュアリィ

ついに、結局は
eventual 形 結果として起きる、最後の

例文 Chopsticks spread from China to Vietnam and eventually reached Japan by the year 500.
（箸は中国からベトナムへ広がり、500年にはついに日本へも伝わった）

構文 Chopsticks spread (from China to Vietnam) and (eventually)
　　　　S　　　　V
reached Japan (by the year 500).
　V　　　O

「いろいろな出来事・イベント（event）はあったが、結局は」という意味です。似た意味の finally「最終的に・ついに」もセットでおさえておきましょう。

377
immediately
[imíːdiətli] イミーディエトリィ

すぐに、直接
immediate 形 即座の、直接の

例文 The doctor said the medicine would work immediately.
（医者は、その薬はすぐに効くだろうと言った）※ work「（薬が）効く」

構文 The doctor said ⟨{that} the medicine would work immediately⟩.
　　　S　　 V　　O　　　　s　　　　　　v

immediate は「間にあるもの（mediate）がない（否定の in→ im に変化）」→「即座の」で、immediate response はいわゆる「即レス」です。その副詞形が immediately「すぐに」です。

378
hardly
[háːrdli] ハードリィ

ほとんど〜ない
hard 形 難しい　副 一生懸命に

例文 It's hardly raining at all. You will get a little wet, but you don't need an umbrella.
（雨はほとんど降ってないよ。少しぬれるだろうけど、傘は必要ないよ）

構文 It's (hardly) raining (at all). You will get a little wet, but you
　　S　　V　　　　　　　　 S　　　V　　　C　　　　　S
don't need an umbrella.
　　V　　O

hard「難しい」→「（難しくて）ほとんどできない」→「ほとんど〜ない」と覚えてください。否定の意味になるのがポイントです。

Review!
- [ ] besides
- [ ] especially
- [ ] gradually
- [ ] nowadays
- [ ] recently
- [ ] lately

動詞

名詞

形容詞

379

scarcely
[skéərsli] スケアスリィ | ほとんど〜ない

 He spoke fast and I could scarcely understand him.
（彼は話すのが速くて、ほとんど理解することができなかった）

 <u>He</u> <u>spoke</u> fast and <u>I</u> could (scarcely) <u>understand</u> <u>him</u>.
　S　　V　　　　　　S　　　　　　　　V　　　　　　O

 形容詞 scarce「不足している」の副詞形で、scarcelyは「ほとんど〜ない」となりました。hardlyと同じで、どちらも否定的な意味になります。

380

rarely
[réərli] レアリィ | めったに〜ない
rare 形 まれな、珍しい

 She rarely eats meat, even though she's not a vegetarian.
（彼女はベジタリアンではないが、お肉をめったに食べない）

 <u>She</u> rarely <u>eats</u> <u>meat</u>, (even though <u>she's</u> <u>not</u> <u>a vegetarian</u>).
　S　　　　V　　O　　　　　　　　　　s　　v　　　c

 形容詞 rare「珍しい」は「レアキャラ」などと使いますが、副詞 rarelyは「珍しいほど〜する」→「めったに〜しない」です。これも否定的に訳すのがポイントです（oftenの反対と考えても OK）。同じ意味の単語として seldomもあります。

381

perhaps
[pərhéps] パハップス | もしかすると

 Perhaps you are right. I will think about your suggestion again. （もしかしたら、君の言う通りかもしれません。君の提案についてもう一度考えてみようと思います）

 Perhaps <u>you</u> <u>are</u> <u>right</u>. <u>I</u> <u>will think</u> about <u>your suggestion</u> again.
　　　　S　　V　　C　　S　　　V　　　　　　　O

 perhapsの hapsは happen「偶然起こる」と同じ語源で、「偶然（haps）によって（per）」→「もしかすると・ひょっとしたら」となりました。ハッキリと断定できないときに使える、英会話でも便利な表現です。

周回Check! 1 ／ 2 ／ 3 ／

143

382

quite
[kwáit] クワイト

| かなり、完全に

例文 The message is quite important, so please read it right away.
(そのメッセージは極めて重要なので、すぐに読んでください)

構文 The message is quite important, so please read it (right away).
S   V   C   V   O

「けっこう・かなり・とても」と形容詞などを強調する際によく使われます。また、会話で That's quite right.「まさにその通り」と使ったりもします。つづりが似ている quiet「静かな」（形容詞）や quit「辞める」（動詞）と区別してください。

383

rather
[ráeðər] ラザァ

| むしろ、やや

例文 We would rather go to the movies than watch TV.
(私たちはテレビを見るよりもむしろ映画に行きたい)

構文 We would rather go to the movies (than watch TV).
S   V

would rather A than B「BよりむしろAしたい」や、A rather than B「Bよりむしろ A・BではなくてA」の形が重要です。「AとBが対比される」としっかり意識してください（対比された内容は設問でよく狙われます）。

384

indeed
[indí:d] インディード

| 本当に、実際には

例文 Shinichi's stories are very interesting indeed.
(シンイチの話は本当にとても面白い)

構文 Shinichi's stories are very interesting indeed.
S   V   C

実際のことを表したり、強調の働きをしたりする副詞です。少し強めに「インディード」と言ってみると雰囲気が出ます。長文では " 否定文 . Indeed 〜." のように否定文の後で、「そうじゃなくって実際は〜」と使われることもあります。

Review! □ eventually □ hardly □ rarely
□ immediately □ scarcely □ perhaps

385

forward

[fɔ́ːrwərd] フォーワァド

前へ

 例文 I am looking forward to meeting you next week.
（来週あなたにお会いできるのを楽しみにしています）

 構文 <u>I am looking forward to meeting you</u> (next week).
S V   O

 サッカーやラグビーの「フォワード（forward）」は「前方にいる人」です。look forward to -ing「～するのを楽しみにする」の形で狙われます。toは前置詞なので後ろには名詞・動名詞（-ing）がくるのがポイントです。

386

both

[bóuθ] ボウス

両方とも
形 両方の

 例文 He listens to both classical music and J-pop.
（彼はクラシック音楽もJ-POPも聴きます）

 構文 <u>He listens to</u> ⟨both classical music and J-pop⟩.
S V   O

 both A and B「AとBの両方」の形が重要です。主語で使うときは「複数扱い」になる点に注意してください。以下では動詞は（isではなく）areになっていますね。例：Both soccer and basketball are fun.　サッカーもバスケットボールも楽しい。

387

either

[íːðər] イーザァ

どちらか、（否定文で）～も（ない）
形 どちらかの

 例文 You can choose either rice or bread.
（ライスまたはパンをお選びいただけます）

 構文 <u>You can choose</u> ⟨either rice or bread⟩.
S V   O

 either A or B「AかBのどちらか」の形で使われます。not ～, either「～もない」という使い方も重要です。　例：I don't understand the directions. - I don't, either.　私はその指示が理解できません。- 私もです。

 周回Check!   1 / 2 / 3 /

388

neither
[níːðər/náıðər] ニーザァ / ナイザァ

どちらも〜ない

例文 My sister speaks neither English nor Chinese.
（私の妹は英語も中国語も話せません）

構文 <u>My sister</u> <u>speaks</u> 〈neither English nor Chinese〉.
S　　　　V　　　　　　　　O

 neither A nor B「AもBも〜でない」の形が重要です。例文は難関校で実際に、My sister can't speak English, and she can't speak Chinese, either. の書き換えとして問われました（例文の neither と nor が空所）。

389

forever
[fərévər] フォエヴァ

永遠に

例文 Nobody lives forever. We all die eventually.
（誰も永遠に生き続けることはできない。私たちは最後にはみな死ぬのだ）

構文 <u>Nobody</u> <u>lives</u> forever. <u>We</u> all <u>die</u> eventually.
S　　　V　　　　　　　S　　　V

「フォーエバー」は映画や歌詞などいろいろなところで使われています。「常に（ever）続く間に（for）」→「永遠に」です。高校入試では「永遠に友達でいようね」といった心温まる話がよく出ます。

390

else
[éls] エルス

その他に

例文 Was there anyone else in that restaurant then, or were you the only person there?（その時、あのレストランには誰か他にいましたか、それともそこにはあなた1人だけでしたか？）

構文 <u>Was</u> there <u>anyone else</u> (in that restaurant) (then), or <u>were</u>
V　　　　　　　S　　　　　　　　　　　　　　　　　　　　　V
<u>you</u> <u>the only person</u> there?
S　　　C

 単語の後ろにくっついて、someone else・anyone else「他の誰か」とよく使います。レストランで Anything else?「他に何か（注文は）ありますか？」も頻出です。

Review!　□ quite　□ indeed　□ both
　　　　　　□ rather　□ forward　□ either

□ 391

straight
[stréit] ストレイト

まっすぐに　形 まっすぐの

例文 I went straight home after school.
（私は、放課後まっすぐ帰宅した）

構文 $\underset{S}{I}\ \underset{V}{went}$ (straight) (home) (after school).

野球の球種「ストレート」や「ストレートパーマ」などで使われています（英語の発音は「ストレイト」で発音問題でも狙われます）。形容詞は「気持ちがまっすぐ」→「率直な・正直な」で、a straight answer「率直な答え」のようにも使えます。

□ 392

ahead
[əhéd] アヘッド

前に［へ］

例文 Should we call ahead and make a reservation?
（事前に電話で予約しておくべきかな?）

構文 Should $\underset{S}{we}\ \underset{V}{call}$ ahead and $\underset{V}{make}\ \underset{O}{a\ reservation}$?

「頭（head）が向いた方向に」→「前に・前へ」です。例文の call ahead は「事前に電話する」です。会話では Go ahead.「あなたのしたいことを前へ進めていいですよ」→「OK・いいですよ」という意味でもよく使います。

□ 393

sincerely
[sinsíərli] スィンスィアリィ

心から
sincere 形 心からの

例文 I apologize for my mistake. I am sincerely sorry.
（私のミスをおわびします。本当に申し訳ございません）

構文 $\underset{S}{I}\ \underset{V}{apologize}$ (for my mistake). $\underset{S}{I}\ \underset{V}{am}$ sincerely $\underset{C}{sorry}$.

手紙の結びで Sincerely yours「敬具」のように使われます。sincerely は本来「心から・誠実に」で、love「愛する」／hope「望む・願う」／apologize「謝る」／be sorry「申し訳なく思って」などを強調するときによく使います。

動詞

名詞

形容詞

副詞

周回 Check!　　1　／　　2　／　　3　／

394

away
[əwéi] アウェイ

離れて

 例文 **She walked away without looking back.**
（彼女は振り返ることなく歩いていった）

 構文 <u>She</u> <u>walked</u> (away) (without looking back).
　　S　　V

 サッカーで「アウェイ戦」と言えば「自分の本拠地から離れた敵地での試合」です。run away「遠くへ走る」→「逃げる」、throw away「遠くへ投げる」→「捨てる」、put away「遠くに置く」→「片付ける」といった熟語も大切です。

395

aloud
[əláud] アラウド

声に出して

 例文 **Ren, would you please read the next paragraph aloud?**
（レン、次の段落を声に出して読んでくれませんか?）

 構文 Ren, would <u>you</u> please <u>read</u> ⟨<u>the next paragraph</u>⟩ aloud?
　　　　　S　　　　V　　　　O

 形容詞 loud（339番）は「ボリュームが大きい」ですが、aloudは「(心の中で言うのではなく)声に出して」ということです。例文のように read ～ aloud「～を声に出して読む・音読する」の形でよく使います（英検の面接でも使われます）。

396

someday
[sʌ́mdèi] サムデイ

いつか

 例文 **I would like to visit France someday. But first, I have to save money for the trip.** （いつかフランスに行ってみたい。でも、まずは旅費を貯めないと）

 構文 <u>I</u> <u>would like to visit</u> <u>France</u> someday. But first, <u>I</u> <u>have to save</u>
　S　　V　　　　　　　　O　　　　　　　　　S　　V
<u>money</u> (for the trip).
　O

 「(未来の)ある(some)日(day)」→「いつか」です。some day と2語に分けても OK です。例文のように「将来やりたいこと」を述べるときに役立ちます（入試の英作文でも頻出）。

Review!
□ neither　　□ else　　□ ahead
□ forever　　□ straight　　□ sincerely

sometime

□ 397

[sámtàim] サムタイム

いつか

例文 **Why don't we eat lunch together sometime next week?**
（来週のいつか、一緒にランチをしませんか?）

構文 Why don't <u>we</u> <u>eat</u> <u>lunch</u> (together) (sometime next week)?
　　　　　　S　V　　O

「ある（some）時（time）」→「いつか」です。つづりが似ている sometimes 「時々」と区別するために、例の sometime next week「来週のいつか」をそのまま覚えるのがオススメです。

somehow

□ 398

[sámhàu] サムハウ

何とかして、なぜか

例文 **I somehow finished reading that novel in English. It took a really long time.** （僕は何とかしてその小説を英語で読み終えた。本当に長い時間かかった）

構文 I somehow <u>finished</u> ⟨reading that novel (in English)⟩.
　　S　　　　V　　　　　　O
　　<u>It</u> <u>took</u> ⟨a really long time⟩.
　　S　V　　O

「何らかの（some）方法で（how）」→「何とかして」、「（何らかの方法なのだが）なぜか・どういうわけか」となりました。Somehow, I'm very tired today. なら「なぜか今日はとても疲れている」です。

somewhere

□ 399

[sámwèər] サムウェア

どこかで[に]

例文 **Mr. Nishi lives somewhere in Japan. I think he lives in Osaka, but I'm not sure.** （ニシさんは日本のどこかに住んでいる。私は大阪に住んでいると思うが、よくわからない）

構文 <u>Mr. Nishi</u> <u>lives</u> (somewhere in Japan). <u>I</u> <u>think</u> ⟨{that} <u>he</u> <u>lives</u> (in Osaka)⟩,
　　S　　　　V　　　　　　　　　　S　V　　　O　　s　v
　　but <u>I'm</u> <u>not sure</u>.
　　　　S　V　　C

「何かしらの（some）場所で（where）」→「どこかで」となりました。例文のように somewhere in ○○「○○のどこかで」の形でよく使われます。

動詞　名詞　形容詞　副詞

周回Check! 1 / 2 / 3 /

400

everywhere
[évriwèər] エヴリウェア

どこでも、あらゆるところで［を］

 例文 They looked everywhere for the key, but they couldn't find it. (彼らは鍵がないかあらゆる場所を探したが、見つからなかった)

 構文
They looked (everywhere) (for the key), but they couldn't find it.
S　V　　　　　　　　　　　　　　　S　　　V　　　O

「すべての・どんな (every) 場所でも (where)」→「いたるところを・どこでも」です。例文は look everywhere for ～「～を求めていたるところを探す」の形です。

401

anytime
[énitàim] エニタイム

いつでも

 例文 I would like to see you again. Please call me anytime.
(またあなたに会いたいのですが。いつでも私に電話をください)

 構文
I would like to see you again. Please call me anytime.
S　　　V　　　　O　　　　　　　　　　　V　　O

anyは「どんな～でも」が基本で、anytimeは「どんな (any) とき (time) でも」→「いつでも」となります (at any timeと同じ感覚)。ちなみに、世界展開している「エニタイムフィットネス」は「24時間いつでも使えるジム」です。

402

anywhere
[éniwèər] エニウェア

どこでも

 例文 You can read your e-mail anywhere in the world.
(世界中のどこにいてもメールを読める)

 構文
You can read your e-mail (anywhere in the world).
S　　V　　　O

「どんな (any) 場所 (where) でも」→「どこでも」です。考え方は anytimeと同じです。否定文で使うと、not ～ anywhere「どこにも～ない」となります。
例：I can't find it anywhere. それはどこにも見あたらない。

Review! □ away　　□ someday　　□ somehow
　　　　　　 □ aloud　　□ sometime　□ somewhere

403

according
[əkɔ́ːrdɪŋ] アコーディング

前 (according to ~) ~によると

例文 According to research, 2,700 liters of water is needed to grow cotton for one T-shirt. （調査によると、Tシャツ1枚分の綿花を育てるには、2,700リットルの水が必要なようだ）

構文 (According to research), ⟨2,700 liters of water⟩ is needed (to
　　　　　　　　　　　　　　　　　　　S　　　　　　　　　　　V
grow cotton [for one T-shirt]).

according自体は「一致した」ですが、間違いなく according to ~「~によると」の形で出ます。長文の設問でも、According to paragraph【1】, which one is NOT true?「第【1】段落によると、どれが正しくないですか？」と使われます。

404

per
[pə́r] パァ

前 ~につき

例文 The *Shinkansen* runs very fast. The top speed is 320 kilometers per hour. （新幹線はとても速く走る。最高速度は時速320キロメートルだ）

構文 The *Shinkansen* runs (very fast). The top speed is ⟨320 kilometers [per hour]⟩.
　　　　　　S　　　　　　V　　　　　　　　　　S　　　　　　V　　　C

perは「~につき」で、percentは「100 (cent) につき (per)」→「パーセント（%）・百分率」ということです。○○ kilometers per hourで「時間につき (per hour) ○○キロメートル (○○ kilometers)」→「時速○○キロ」となります。

405

whether
[wéðər] ウェザァ

接 ~かどうか、~であろうとなかろうと

例文 It doesn't matter whether your opinion is right or wrong, if you show that you are thinking about the matter. （その問題について考えていることを示していれば、あなたの意見が正しいか間違っているかはどちらでもよいのです）

構文 It doesn't matter ⟨whether your opinion is right or wrong⟩,
仮S　　　V　　　　　　　　　　　　　s　　　　　v　　c
(if you show ⟨that you are thinking about the matter⟩).
　　　s　v　　　　　　s'　　　v'　　　　　　　o'

例文は It doesn't matter whether ~ or ...「~か…かは重要ではありません」の形です。1つめの matterは動詞「重要だ」、最後の matterは名詞「問題」です。

日本紹介英作文 ⑤

花見

Hanami means "flower viewing." Every spring, Japanese people enjoy looking at cherry blossoms. *Hanami* is a popular event for young and old people alike. In *hanami*, Japanese people usually enjoy eating a boxed lunch and talking with their friends, coworkers, or family while they are sitting under cherry trees. Around this time of year, the weather forecasters on TV give information about where the cherry blossoms have started blooming.

和訳

花見は「花を眺めること」を意味します。毎年春に、日本人は桜の花を見て楽しむのです。花見は年齢を問わず人気のイベントです。花見では、日本人はたいてい桜の木の下に座り、お弁当を食べ、友だちや同僚、家族との会話を楽しみます。１年のこのあたりの時期には、テレビのお天気キャスターたちが桜の花が咲き始めた地域の情報を伝えます。

英作文お役立ち単語
(赤文字は本書の見出し語(派生語含む)に掲載)

□ view	動 眺める、見る →72番		□ while sv	接 sv する間
□ cherry blossoms	名 桜の花		□ cherry tree	名 桜の木
□ alike	副 同様に		□ forecaster	名 予測する人
□ boxed lunch	名 お弁当		□ information	名 情報
□ coworker	名 同僚		□ bloom	名 咲く、開花する

日本紹介英作文 ⑥

落語

Rakugo is a kind of traditional Japanese comedy performed by a single person. He sits on a cushion called a *zabuton* in the middle of the stage and tells a funny story. The story always has an unexpected twist at the end. *Rakugo* started in the Edo period. *Rakugo* doesn't use a lot of props. The only things the performer uses are a fan and a small cloth. One person plays all the parts in the story.

和訳

落語は、1人で演じる日本の伝統的な喜劇の一種です。ステージの中央で座布団と呼ばれるクッションに座って面白い話をします。その物語は、いつも最後に予期せぬオチがあります。落語は江戸時代に始まりました。落語は小道具をあまり使いません。演者が使うものは扇子と小さな布（手ぬぐい）だけです。1人でその物語のすべての役を演じます。

英作文お役立ち単語
(赤文字は本書の見出し語（派生語含む）に掲載)

□ traditional	形 伝統的な、従来の → 255番	□ period	名 時代 → 625番
□ comedy	名 喜劇	□ prop	名 小道具
□ perform	動 行う、演じる → 15番	□ performer	名 演者
□ single	形 たった1人の	□ fan	名 扇子
□ middle	名 中間 → 196番	□ cloth	名 布 → 237番
□ funny	形 面白い	□ person	名 人 → 87番
□ unexpected	形 予期しない	□ part	名 役
□ twist	名 意外な展開、急変		

周回Check! **1** / **2** / **3** /

日本紹介英作文 ⑦

書道

Shodo is the art of writing Chinese characters beautifully using a brush and ink. Japanese children learn *shodo* in elementary school. *Shodo* is a bit like calligraphy in the West, but there are many important differences. *Shodo* uses a brush while calligraphy uses a pen. Also in *shodo*, people often write very large characters – one character on one sheet of paper, but in calligraphy, people usually write smaller letters.

和訳

書道とは筆と墨を使って美しく漢字を書くという芸術です。日本の子どもたちは小学校で書道を習います。書道は西洋のカリグラフィーに少し似ていますが、多くの重要な違いがあります。書道は筆を使いますが、一方でカリグラフィーはペンを使います。また、書道では1枚の紙に1文字のようにとても大きな文字を書くことがよくありますが、カリグラフィーではたいていそれより小さな文字を書きます。

英作文お役立ち単語
（赤文字は本書の見出し語（派生語含む）に掲載）

□ **art**	名 芸術	□ **calligraphy**	名 カリグラフィー
□ **beautifully**	副 美しく	□ **difference**	名 違い
□ **brush**	名 筆 → 57番	□ **character**	名 文字 → 629番
□ **ink**	名 インク	□ **sheet**	名 1枚の紙 → 213番
□ **elementary**	形 初歩の → 350番	□ **letter**	名 文字
□ **bit**	名 少し		

CHAPTER

2

難関の私立高校
合格レベル

難関校で合否を分ける単語を最新の入試を考慮して厳選しました。たとえば環境問題に関する長文では emission「排出（量）」や acid rain「酸性雨」、健康・医療の話題では infect「感染させる」や hunger「空腹」などをおさえておく必要があります。こういった少し難しいけど、難関校でカギになる語句をマスターしていきましょう。

406 produce
[prədjúːs] プロデュース

生産する
product 名 製品

例文 That company produces LED lights.
（その会社は LED ライトを生産している）

構文 <u>That company</u> <u>produces</u> <u>LED lights</u>.
　　　 　S　　　　　 　V　　　　 　O

 テレビの「プロデューサー（producer）」は番組を「生み出す人」です。produce cars「車を製造する」／ produce energy「エネルギーを生み出す」／ produce a result「結果を生む（もたらす）」など幅広く使えます。

407 create
[kriéit] クリエイト

創造する
creative 形 創造的な
creativity 名 創造力

例文 Steve Jobs created a unique mobile phone.
（スティーブ・ジョブズは類を見ない携帯電話を作り出した）

構文 <u>Steve Jobs</u> <u>created</u> ⟨<u>a unique mobile phone</u>⟩.
　　　 　S　　　　 　V　　　　　　 　O

何かを作り出す仕事をする人を「クリエイター」、創造力豊かな人を「クリエイティブな人」と言いますが、その動詞形が create です。「（新しいものを）創り出す」という意味で、make をカッコよくした感じです。

408 deliver
[dilívər] ディリヴァ

配達する
delivery 名 配達

例文 Yuito delivers newspapers. He gets up early every morning.（ユイトは新聞配達をしている。彼は毎朝早起きしている）

構文 <u>Yuito</u> <u>delivers</u> <u>newspapers</u>. <u>He</u> <u>gets up</u> (early) (every morning).
　　　 　S　　 　V　　　　 　O　　　　 　S　 　V

 ピザなどの「配達」を「デリバリー（delivery）」と言いますね。その動詞形が deliver で、deliver newspaper「新聞を配達する」、deliver an order「注文の品を配達する」のように使います。

Review! ☐ everywhere ☐ anywhere ☐ per
☐ anytime ☐ according ☐ whether

□ 409

count
[káunt] カウント

数える、重要である

 例文
I counted the books in my room and found out that I have 49 books. （私は部屋にある本を数え、49冊持っていることがわかった）

 構文
$\underset{S}{\underline{I}}$ $\underset{V}{\underline{counted}}$ $\underset{O}{\underline{\langle the\ books\ [in\ my\ room]\rangle}}$ and $\underset{V}{\underline{found\ out}}$ $\underset{O}{\underline{\langle that}}$ $\underset{s}{I}$ $\underset{v}{have}$ $\underset{o}{49\ books}\rangle$.

「数える」→「数に入れる」→「重要だ」となりました。「球技大会のメンバー選出で数に入れる」のは「重要」だからですね。
例：What counts is that you try your best.　重要なのはベストを尽くすことだ。

□ 410

increase
[inkríːs / íŋkriːs インクリース
/インクリース

増える、増やす
名 増加

 例文
The number of working women is increasing.
（働いている女性は増えている）

 構文
$\underset{S}{\underline{\langle The\ number\ [of\ working\ women]\rangle}}$ $\underset{V}{\underline{is\ increasing}}$.

「インクリース」という発音から「どんどん成長して伸びていく」イメージを持ってください。「～する人が増えている」と言いたいとき、Peopleを主語にすると不自然で、The number of people who ～ is increasing. とする必要があります。

□ 411

decrease
[diːkríːs] ディクリース

減る、減らす
名 減少

 例文
If the number of insects decreases, the number of plants will decrease, too. （昆虫の数が減ると、植物の数も減ることになる）

 構文
($\underline{If}$ $\underset{s}{\underline{\langle the\ number\ [of\ insects]\rangle}}$ $\underset{v}{\underline{decreases}}$), $\underset{S}{\underline{\langle the\ number\ [of}}$ $\underline{plants]\rangle}$ $\underset{V}{\underline{will\ decrease}}$, too.

 deは「下へ」を表し、decreaseは「減る・減らす」となりました。increase ⇔ decreaseをセットでおさえましょう。例文のように「昆虫が重要な役割を果たしている」といった内容は長文でよく出ます（例文は実際に高校入試で出ました）。

412

complete
[kəmplíːt] カンプリート

完全させる　形 完全な
completely 副 完全に

例文 Please write words in each blank to complete the sentences. （それぞれの空欄に単語を入れて文を完成させてください）

構文 Please <u>write words</u> (in each blank)(to complete the sentences).
　　　　　 V　　O

 カードやマンガのシリーズを「コンプリートした」とは「完全なものにした・完成させた」ということです。「申込用紙を完成させる」→「（すべて）記入する」の意味もあり、complete a surveyは「アンケート調査に（すべて）記入する」です。

413

surround
[səráund] サラウンド

囲む
surroundings 名 環境

例文 The young fans surrounded the baseball player after the game.
（若いファンたちは試合後にその野球選手を囲んだ）

構文 <u>The young fans</u> <u>surrounded</u> <u>the baseball player</u> (after the game).
　　　　 S　　　　　 V　　　　　　 O

 スマホの「サラウンド効果」は「複数のスピーカーに囲まれたような音響効果・その人を囲むような音を作り出す機能」のことです。受動態 be surrounded by 〜「〜に囲まれている」でもよく使われます。

414

fix
[fíks] フィックス

固定する、修理する

例文 Yusuke fixed his bicycle to a pole with a chain.
（ユウスケはチェーンで柱に自転車を固定した）

構文 <u>Yusuke</u> <u>fixed</u> <u>his bicycle</u> (to a pole) (with a chain).
　　　　 S　　 V　　 O

 「しっかり固定して修理する」と覚えましょう。「ユルんだもの・ガタついたものにいろいろと手を加えて、しっかり固定して直す」イメージです。日本でも社会人の中には「日程をフィックスする（定める）」と使う人もいます。

Review!　□ produce　□ deliver　□ increase
　　　　　　　□ create　　□ count　　□ decrease

415

repair
[ripéər] リペア | 修理する

例文 My bicycle is broken. I can't ride it until I repair the chain.
(自転車が壊れてしまった。チェーンを修理するまで乗れないよ)

構文 <u>My bicycle</u> <u>is broken</u>. <u>I</u> <u>can't ride</u> <u>it</u> (<u>until</u> <u>I</u> <u>repair</u> <u>the chain</u>).
S　　　　V　　　S　　V　　O　　　　s　　v　　o

 日本語でも「リペア」と使われつつあります。repairのpairは、prepare「準備する」（19番）と語源が同じで、「再び（re）準備する（pair）」→「修理する」です。

416

mend
[ménd] メンド | 修理する

例文 This sweater has a hole in it. It needs to be mended.
(このセーターは穴が開いています。補修する必要があります)

構文 <u>This sweater</u> <u>has</u> <u>a hole</u> (in it). <u>It</u> <u>needs to be mended</u>.
S　　　　　V　　O　　　　　　S　　　V

 破れてしまった書類などを「補修するためのテープ」を「メンディングテープ」と言います。fix・repair「修理する」とほぼ同じ意味で、主にイギリスでmendがよく使われます。

417

spread
[spréd] スプレッド | 広げる、広がる **名** 広がり
spread – spread – spread

例文 We spread a blue sheet on the ground under the cherry blossoms and had a picnic. (私たちは桜の花の下の地面にブルーシートを広げてピクニックをした)

構文 <u>We</u> <u>spread</u> <u>a blue sheet</u> (on the ground) (under the cherry
S　　V　　　O
blossoms) and <u>had</u> <u>a picnic</u>.
V　　O

 sprinkle「まき散らす」と語源が同じで、「スプリンクラー」から連想できるでしょう。無変化型の動詞で、例文では過去形として使われています（andの後ろの動詞が過去形 hadですね）。

418

improve
[imprúːv] インプルーヴ

向上させる、改善する

例文 **You have to practice speaking if you want to improve your English.**（もし英語がうまくなりたいなら、話す練習をしなければならない）

構文
You have to practice speaking (if you want to improve
S　　　V　　　　O　　　　　　　s　　　v
your English).
　　　　o

 「徐々に良くなっていく」イメージの単語です。improve one's English「英語力を上げる」はよく使われる表現で、高校入試で「外国語学習」は定番の話題です。

419

behave
[bihéiv] ビヘイヴ

振る舞う
behavior 名 振る舞い

例文 **Miku is 20 years old, but she behaved like a child at the party.**（ミクは 20歳だが、パーティーで子どものように振る舞った）

構文 Miku is 20 years old, but she behaved (like a child) (at the party).
S　V　　C　　　　　　　　　　S　　V

 haveは単なる強調で、「自分自身のやり方をしっかり持っている（have）」→「自分なりの行動をする」が本来の意味です。例文の behave like 〜「〜のように振る舞う」はよく使います（likeは前置詞「〜のように」）。

420

treat
[tríːt] トリート

扱う、治療する
treatment 名 治療

例文 **I am 20 years old, but my mother treats me like a child.**
（私は 20歳ですが、母は私を子ども扱いします）

構文 I am 20 years old, but my mother treats me (like a child).
S　V　　C　　　　　　　　S　　　　　V　　O

 本来「取り扱う」で、「患者を取り扱う」→「治療する」の意味もあります（例：treat patients「患者を治療する」）。シャンプーの後にする「トリートメント（treatment）」は、実は「髪の治療」という意味なんです。

Review!
☐ complete ☐ fix ☐ mend
☐ surround ☐ repair ☐ spread

421 release

[rilíːs] リリース

| 解放する、発売する

 例文 **Tsuyoshi caught many fish, but he released them to the river.**
（ツヨシはたくさん魚を捕まえたが、川に放してやった）

 構文 <u>Tsuyoshi</u> <u>caught</u> <u>many fish</u>, but <u>he</u> <u>released</u> <u>them</u> (to the river).
　　　　S　　　V　　　O　　　　 S　　　V　　　O

 例文の内容を日本語で「キャッチ＆リリース」と言うことがあります。releaseは「解き放つ」イメージで、release a new single「ニューシングルを発売する」のようにも使います（日本語でも「CDをリリースする」と言いますね）。

422 select

[səlékt] セレクト

選択する
selection 名 選択

 例文 **Makoto was selected to study abroad in Scotland for two months.** （マコトはスコットランドへの2ヶ月の留学に選ばれた）

 構文 <u>Makoto</u> <u>was selected</u> (to study abroad in Scotland (for two
　　　　S　　　　V
months)).

 TVや雑誌で「名場面ベスト・セレクト」と使われています。lectは「集める・選ぶ」という意味で、collect「集める」やelect「選ぶ」でも使われています。selectはchooseに比べて「よく考えたうえで適切なものを選ぶ」イメージです。

423 elect

[ilékt] イレクト

（選挙で）選ぶ
election 名 選挙

 例文 **In Japan, city mayors are elected for four-year terms.**
（日本では市長は選挙によって4年の任期で選ばれる）

 構文 (In Japan), <u>city mayors</u> <u>are elected</u> (for four-year terms).
　　　　　　　　S　　　　　　V

 lectは「集める・選ぶ」ですね。chooseやselectも「選ぶ」ですが、electは「選挙で選ぶ」という意味です。政治の話題はもちろん、高校入試では「生徒会長に選ばれる」といった話でも出ます。

424 announce
[ənáuns] アナウンス

発表する

announcement 名 発表、報告

 例文 **Contest winners will be announced at the awards ceremony.**
（授賞式でコンテストの入賞者が発表されます）

 構文 <u>Contest winners</u> <u>will be announced</u> (at the awards ceremony).
　　　　　　S　　　　　　　　　V

 「アナウンサー（announcer）」は「ニュースを発表する人」です。日本語では「駅の
アナウンス」と言いますが、announceに名詞の用法はありません。announcement
が「発表する（announce）こと（ment）」→「発表・報告」という名詞です。

425 accept
[æksépt] アクセプト

受け入れる

 例文 **I offered to sell him my used bicycle for 5,000 yen, and he accepted.**（私は彼に5,000円で中古の自転車を売る話をもちかけ、彼は受け入れた）

 構文 <u>I</u> <u>offered to sell</u> <u>him</u> 〈<u>my used bicycle</u>〉 (for 5,000 yen), and <u>he</u> <u>accepted</u>.
　　　　S　　V　　　　　O₁　　　　O₂　　　　　　　　　　　S　　V

 acceptのceptは、receiveのceiveと同じで「受け取る」です。実際に難関校の語
彙問題では、was unable to refuse ～「～を断ることができなかった」≒ had to
<u>accept</u> ～「～を受け入れざるをえなかった」が出題されました（acceptが空所）。

426 assist
[əsíst] アスィスト

手伝う

assistant 名 助手

 例文 **I assisted Jeff with his Japanese homework.**
（私はジェフの日本語の宿題を手伝った）

 構文 <u>I</u> <u>assisted</u> <u>Jeff</u> (with his Japanese homework).
　　　　S　　V　　　O

 サッカーやバスケの「アシスト」は「味方がシュートを決めるときの手伝い」のこ
とです。「アシスタント（assistant）」はそのまま日本語でも使いますね。例文は
assist 人 with ～「人 の～を手伝う」の形です（help 人 with ～ と同じ語法）。

Review! □ improve　□ treat　□ select
　　　　　　□ behave　□ release　□ elect

promote
[prəmóut] プラモウト

促進する、宣伝する
promotion 名 促進、宣伝

例文 Exercising three times a week promotes good health.
（週に3回運動することは健康を促進する）

構文 〈Exercising (three times a week)〉 promotes good health.
　　　　　S　　　　　　　　　　　　　　　V　　　　　O

本来「前へ（pro）動かす（mote = motor・move）」で、「物・事を前へ動かす」
→「促進する・宣伝する」です。名詞形の promotion は「プロモーションビデオ
（販売を促進するための動画）」で使われています。

harm
[háːrm] ハーム

損なう、傷つける　名 害
harmful 形 有害な

例文 Don't look directly at the sun. It can harm your eyes.
（直接太陽を見てはいけません。目を傷めますよ）

構文 Don't look (directly) at the sun. It can harm your eyes.
　　　　　　　V　　　　　　　　O　　　S　　V　　　　O

damage（126番）と同じイメージです。実際、難関校で長文中の harm に下線が
引かれ、意味が最も近い単語として damage を選ぶ問題も出題されました。harm
the environment は「環境にダメージを与える」です。

remove
[rimúːv] リムーヴ

取り除く
removal 名 除去

例文 I accidentally broke a window with my hand, and I had to
remove glass from my hand.（私は誤って手で窓を割ってしまい、手
からガラスを取り除かなければならなかった）※ accidentally「誤って」

構文 I accidentally broke a window (with my hand), and I had to remove
　　　　S　　　　　　　V　　　O　　　　　　　　　　　　　　S　　　V
glass (from my hand).
　O

「再び（re）動かす（move）」→「移動させる」→「取り除く」です。例文のよう
に remove A from B「A を B から取り除く」の形でよく使います。

周回Check! 1 / 2 / 3 /

430

develop
[divéləp] ディ**ヴェ**ラプ

発展させる、開発する
development 名 発達、開発

例文 Our company developed a car that runs on hydrogen.
（私たちの会社は水素で走る車を開発した）

構文 <u>Our company</u> <u>developed</u> <u>a car</u> [that runs on hydrogen].
 S　　　　　　V　　　　　O

「ブワ～ッと広がる・ググっと大きくなる」ようなイメージです。「スキルを磨く／計画やアイディアを練り上げる／産業を発達させる」など幅広く使えます。長文でdeveloped countries「先進国」、developing countries「発展途上国」も大切です。

431

examine
[igzǽmin] イグ**ザ**ミン

調査する、診察する
examination 名 試験

例文 The doctor examined the patient's heart to check for anything unusual. （その医者は患者の心臓を診て、何か異常がないか確認した）

構文 <u>The doctor</u> <u>examined</u> <u>the patient's heart</u> (to check for anything unusual).
 S　　　　V　　　　　O

examination「試験」は「学力を調べるもの」で、その動詞が examine です。exact「正確な」（269番）と語頭が同じで「正確にはかって調べる」ということです。「医者が患者を調べる」→「（患者を）診る・診察する」の意味でも使えます。

432

reserve
[rɪzə́ːrv] リ**ザー**ヴ

取っておく、予約する
reservation 名 予約

例文 The ticket that you reserve in advance is a little cheaper.
（事前に予約したチケットは少し安くなります）※ in advance「前もって・事前に」

構文 〈<u>The ticket</u> [that you reserve (in advance)]〉 <u>is</u> <u>a little cheaper</u>.
　　 S　　　　　　　　　　　　　　　　　　 V　　 C

本来は「後ろに（re）取っておく・保管する（serve）」で、「お店のテーブルを取っておく」→「予約する」となりました。reserve a ticketは「チケットを予約する」、reserve a tableは「席を予約する」です。

Review! 　□ announce 　□ assist 　□ harm
　　　　　　□ accept 　□ promote 　□ remove

動詞

名詞

形容詞

433

affect
[əfékt] アフェクト

影響を与える
effect 名 影響、効果、結果

例文 The Internet has affected lifestyles all over the world since the late 1960s. （インターネットは1960年代後半から、世界中の生活に影響を与えてきた）

構文 <u>The Internet</u> <u>has affected</u> <u>lifestyles</u> (all over the world) (since
   S   V   O
the late 1960s).

 本来は「〜に向かって（af = at）行う（fect）」です（perfectは「完全に行う」→「完全な」）。そこから「（他者に）影響を与える」となりました。affectは動詞、effect「影響」（672番）は名詞という品詞をしっかり区別してください。

434

describe
[dɪskráɪb] ディスクライブ

描写する、説明する
description 名 描写、説明

例文 It's difficult to describe what sea urchin tastes like.
（ウニがどんな味かを説明するのは難しい）
※ what 〜 tastes like「〜はどんな味がするのか」／ sea urchin「ウニ」

構文 <u>It's</u> <u>difficult</u> 〈to describe 〈what sea urchin tastes like〉〉.
仮S V C   真S

 「下に（de）書く（scribe）」→「書き留める」→「描写する・説明する」です。なぜか「描写する」の訳語で教わることが多いですが、「説明する」のほうが理解しやすいことも多いです。

435

achieve
[ətʃíːv] アチーヴ

達成する
achievement 名 達成

例文 If we think about what we can do and keep trying, we can achieve our goals.
（自分に何ができるかを考え、努力を続ければ、目標を達成することができる）

構文 (If we think about what we can do and keep trying), we can achieve our goals.
    S v   v   S   V   O

 塾や予備校などの「アチーブメントテスト」とは「到達度テスト」のことです。achievementの動詞形がachieveで、achieve one's goal「目標を達成する」はよく使われます。入試で「目標達成に向けて努力する」話は定番です。

周回Check!   1 / 2 / 3 /

436

include
[inklúːd] インクルード

含む
including 前 ～を含めて

例文 **The rental fee for a *kimono* is included.**
（着物のレンタル料は含まれています）

構文 〈The rental fee [for a *kimono*]〉 is included.
　　　　　　　　　S　　　　　　　　　　　　　　V

「中に（in）閉じる（clude = close）」→「含む」となりました。例文のように料金の説明でよく使われます。ちなみに including ～「～を含めて」はもはや前置詞として扱われており、including tax「税込みで」のように使います。

437

discuss
[diskás] ディスカス

話し合う
discussion 名 議論

例文 **The team members discussed the practice schedule.**
（チームのメンバーは練習日程について話し合った）

構文 The team members discussed the practice schedule.
　　　　　　　S　　　　　　　　V　　　　　　　O

日本語でも「話し合うこと」を「ディスカッション（discussion）」と言いますが、その動詞形です。「～について話し合う」を（×）discuss about ～ とミスしがちですが、正しくは（○）discuss 名詞 です（前置詞は不要）。

438

approach
[əpróutʃ] アプロウチ

近づく

例文 **The *Shinkansen* is approaching Kyoto. We will arrive in 5 minutes.**（新幹線は京都に近づいている。5分後に到着するだろう）

構文 The *Shinkansen* is approaching Kyoto. We will arrive (in 5 minutes).
　　　　　　S　　　　　V　　　　　　　O　　　S　　V

日本語でも「親しい関係になるように近づく」ことを「アプローチする」と言いますね。英語 approachは「乗り物などが場所に到着する」場合によく使います。「～に近づく」は（×）approach to ～ ではなく（○）approach 場所 です。

Review!
- □ develop
- □ examine
- □ reserve
- □ affect
- □ describe
- □ achieve

intend

[inténd] インテンド

意図する

例文 What does she intend to do?
（彼女は何をするつもりですか？）

構文 What does she intend to do?
　　　　　　 O 　　　 S 　　　　 V

バスケの「インテンショナル（intentional）ファウル」とは「意図的な（わざとした）ファウル」のことです。その動詞が intend で、intend to ～「～するつもりだ」の形でよく使います（plan to ～ を硬くしたイメージ）。

desire

[dizáiər] ディザィァ

強く望む **名** 願望

例文 If you desire to become a professional athlete, you have to have a good coach.（本気でプロスポーツ選手になりたいなら、良いコーチが必要です）

構文 (If you desire to become a professional athlete), you have to have
　　　 S 　 V 　　　　　　　　　 C 　　　　　　　　　　　 S 　　　 V
a good coach.
　　 O

desire は want よりも本気度が増した表現です。want to ～ と同じく、後ろには「未来志向」の to がよくきます。名詞として、have a desire to ～「～する願望を持っている・本気で～したいと思っている」の形でもよく使います。

manage

[mǽnidʒ] マニッヂ

管理する、経営する
manager **名** 経営者、部長

例文 My aunt and uncle manage a small restaurant in Kobe.
（私のおばとおじは神戸で小さなレストランを経営している）

構文 〈My aunt and uncle〉 manage a small restaurant (in Kobe).
　　　　　　 S 　　　　　　　 V 　　　 O

manager は「管理する（manege）人（er）」でしたね（172番）。例文は「従業員・店を管理する」→「経営する」の意味です。さらに manage to ～「何とか～する」でも使えます（例：manage to arrive at the station「何とか駅に到着する」）。

動詞

名詞

形容詞

442

pretend
[priténd] プリテンド

ふりをする

My mother came into my bedroom, but I didn't want to talk to her, so I pretended to be asleep. (母は私の寝室に入ってきたが、私は話をしたくなかったので寝ているふりをした)

構文 <u>My mother</u> <u>came</u> (into my bedroom), <u>but</u> <u>I</u> <u>didn't want to talk to</u>
　　 S　　　　 V　　　　　　　　　　　 S　　 V
<u>her, so</u> <u>I</u> <u>pretended</u> <u>to be asleep</u>.
　　　　 S　　 V　　　　 O

映画や歌では、恋人のふりをしている人や詐欺師の意味で「プリテンダー」とよく使われています。pretend to ～「～するふりをする」の形が重要です。

443

mind
[máind] マインド

気にする、嫌だと思う
名 心、精神

Never mind. We all make mistakes.
(気にすることはないさ。みんな間違えるよ)

構文 <u>Never</u> <u>mind</u>. <u>We</u> <u>all</u> <u>make</u> <u>mistakes</u>.
　　　　　 V　　 S　　　　 V　　　 O

「気にするな」と言いたいときは Never mind. を使います。日本語では「ドンマイ」と言いますが、英語では（×）Don't mind. で相手を励ますことはありません。難関校では mind -ing「～するのを嫌がる」の形も狙われます。

444

regret
[rigrét] リグレット

後悔する

I regret fighting with her. I wish we could be friends again. (彼女とケンカしたのを後悔してるよ。また友達に戻れたらなぁ)

構文 <u>I</u> <u>regret</u> ⟨<u>fighting with her</u>⟩. <u>I</u> <u>wish</u> ⟨{<u>that</u>} <u>we</u> <u>could be</u> <u>friends</u> again⟩.
　 S　 V　　　　　 O　　　　　　 S　 V　　　　　　 O　　 v　　　 c

例文は regret -ing「～したことを後悔する」の形です。regret to ～ なら、直訳「これから～するのを後悔する」→「残念ながら～する」となります。-ing は「過去志向」、to は「未来志向」から考えれば OK です。

 Review!　□ include　　□ approach　　□ desire
　　　　　　　　□ discuss　　□ intend　　　□ manage

remain

[riméin] リメイン

〜のままである、残る

例文 I apologized, but she remains angry at me for canceling our date last weekend.（僕は謝ったが、先週のデートをキャンセルしたことで彼女はまだ怒っている）

構文 <u>I apologized</u>, but <u>she remains angry</u> (at me) (for canceling
  S　　V　　　　　S　　V　　C
our date (last weekend)).

本来「とどまる」という意味で、remain 形容詞「〜のままである」の形が大切です（例文は remain angry「怒ったままだ」）。「まだ〜のままなんだよ」というニュアンスでよく使います。

prove

[prú:v] プルーヴ

証明する、判明する

例文 I proved I was telling the truth by showing a picture of me and her together.（私は彼女と一緒にいた写真を見せて、真実を言っているということを証明した）

構文 <u>I proved</u> ⟨{that} <u>I was telling the truth</u>⟩ (by showing ⟨a picture
  S　V　　　　　　　s　　v　　　o
of me and her together⟩).

本来「調べる」→「（調べて）証明する」で、prove that 〜「〜と証明する」や prove (to be) 形容詞「〜だとわかる」の形でよく使います。白黒ハッキリするイメージです。

fall

[fɔ́:l] フォール

落ちる、〜になる　名 秋
fall – fell – fallen

例文 If you drop a piece of food in a spaceship, it will float instead of falling to the floor.（宇宙船の中で食べ物を落とすと、床に落ちずに浮く）

構文 (If <u>you drop a piece of food</u> (in a spaceship)), <u>it will float</u>
  　　s　　v　　　o　　　　　　　　　　　　S　　V
(instead of falling to the floor).

ゲーム名や遊園地の乗り物に「フォール○○」とよく使われています（「上空から落ちる」イメージ）。「（ある状態に）落ちる」→「〜になる」で、fall 形容詞「〜になる」の形でも使われます（例：fall ill「病気になる」）。

448 allow
[əláu] アラウ | 許す

 例文 **My father didn't allow me to go on a date with my boyfriend.** (お父さんは私が彼氏とデートするのを許してくれなかった)

構文 <u>My father</u> <u>didn't allow</u> <u>me</u> <u>to go on a date (with my boyfriend)</u>.
S · V · O · C

allow 人 to ~「人 が~するのを許す」の形で使います（難関校の文法問題でも頻出）。発音は「アロウ」ではなく「アラウ」です。ちなみに、似た意味のletは let 人 原形「人 が~するのを許す」の形です。

449 encourage
[inkə́ːridʒ] インカーリッヂ | 励ます、勧める

 例文 **I wasn't confident, but my teacher encouraged me to enter the speech contest, and I won!** (自信がなかったが、先生がスピーチコンテストに出場するように勧めてくれて、なんと私は優勝したのだ!)

構文 <u>I</u> <u>wasn't</u> <u>confident</u>, but <u>my teacher</u> <u>encouraged</u> <u>me</u> <u>to enter</u>
S · V · C · S · V · O · C
<u>the speech contest</u>, and <u>I</u> <u>won</u>!
S · V

「人の中に（en）勇気（courage）をこめる」→「励ます」となりました。encourage 人 to ~「人 に~するように励ます・勧める」の形が重要です。

450 determine
[ditə́ːrmin] ディターミン | 決める、決心する（させる）

 例文 **She was determined to become an astronaut.** (彼女は宇宙飛行士になると決心していた)

構文 <u>She</u> <u>was determined</u> <u>to become</u> <u>an astronaut</u>.
S · V · C

本来「はっきり限界・枠（term）を決める」で、「気持ちの枠を決める」→「決心させる」です。受動態で、人 is determined to ~「人 は~する決心をさせられている」→「人 は~することを決心している」の形でよく使います。

Review!
☐ pretend ☐ regret ☐ prove
☐ mind ☐ remain ☐ fall

動詞

名詞

形容詞

451

advise
[ædváiz] アドヴァイズ

助言する、忠告する
advice 名 アドバイス、助言

例文 The doctor advised him not to eat too much and lose weight.
（その医者は彼に食べ過ぎないで、減量するように忠告した）

構文
<u>The doctor</u> <u>advised</u> <u>him</u> not to eat too much and lose weight.
    S   V   O   C

 advise 人 to ～「人 に～するよう忠告する」の形が大切です（例文は advise 人 not to ～「人 に～しないよう忠告する」）。動詞 adviseの発音は「アドヴァイズ」、名詞 adviceの発音は「アドヴァイス」です（98番）。

452

beg
[bég] ベッグ

お願いする

例文 I begged my father to buy me a new video game, but he refused.
（僕は父に新しいテレビゲームを買ってほしいとお願いしたが、断られた）

構文
<u>I</u> <u>begged</u> <u>my father</u> to buy me a new video game, but <u>he</u> <u>refused</u>.
S   V   O   C   S   V

 相手にもう一度言ってほしいときは I beg your pardon? と言いますが（716番）、直訳は「あなたの許しを請うてもいいですか？」です。例文は beg 人 to ～「人 に～するよう（強く・熱心に）お願いする」の形です。

453

regard
[rɪgáːrd] リガード

みなす 名 点

例文 Mohammed Ali was regarded as the greatest boxer of his time.
（モハメド・アリは、当時の最高のボクサーだと考えられていた）

構文
<u>Mohammed Ali</u> <u>was regarded</u> as the greatest boxer of his time.
    S   V   C

 本来「振り返って（re）見守る（gard）」で、regard A as B「AをBとして意識して見る」→「AをBとみなす」の形が重要です。例文は受動態で、A is regarded as B「AはBとみなされている・考えられている」となっています。

周回Check! 1 / 2 / 3 /

454

provide
[prəváid] プロヴァイド

与える、供給する

 例文 **Our school provides all students with lunch.** （私たちの学校では全生徒に昼食が出ます）※直訳「私たちの学校は全生徒に昼食を与える」

 構文 Our school provides all students (with lunch).
S　　　　V　　　　O

「プロバイダー（provider）」とは「インターネットサービスを供給する会社」です。provide 人 with 物 ／ provide 物 for[to] 人 「人 に 物 を与える」の形でよく使います（例文は Our school provides lunch for[to] all students. でも OK）。

455

supply
[səplái] サプライ

供給する　名 供給、備品

 例文 **The school supplies all children with textbooks.**
（その学校は子どもたち全員に教科書を配布する）

 構文 The school supplies all children (with textbooks).
S　　　　V　　　　O

ゲームで「サプライボックス」と使われていますが、これは「武器やアイテムを供給してくれる箱」のことです。provide同様、supply 人 with 物 「人 に 物 を与える」の形が大切です。

456

fill
[fíl] フィル

満たす

 例文 **The pirates found a wooden box filled with gold.**
（海賊たちは金塊でいっぱいの木箱を見つけた）

構文 The pirates found 〈a wooden box [filled with gold]〉.
S　　　　V　　　　O

本来は fill A with B「A を B で満たす」の形で、受動態 be filled with ～「～で満たされている・～でいっぱいだ」でよく使います。例文では a wooden boxを、filled with gold「金塊でいっぱいの」が後ろから修飾しています。

Review!
- ☐ allow
- ☐ encourage
- ☐ determine
- ☐ advise
- ☐ beg
- ☐ regard

forgive

[fərgív] ファギヴ

許す
forgive – forgave – forgiven

例文 I'm sorry for being late. – It's okay. I forgive you this time. (遅れてごめん。— 大丈夫だよ。今回は許すよ)

構文 <u>I'm</u> <u>sorry</u> (for being late). – <u>It's</u> <u>okay</u>. <u>I</u> <u>forgive</u> <u>you</u> (this time).
S V C   S V C   S   V   O

「その人のために（for）許しを与える（give）」→「許してあげる」と考えれば OK です。forgive 人 for ～「～に対して 人 を許す」の形も重要で、「遅れてごめん」は Please forgive me for being late. と表すこともできます。

punish

[pʌ́niʃ] パニシュ

罰する
punishment **名** 罰

例文 The teacher punished Jun for being late for class.
（先生は授業に遅刻したジュンに罰を与えた）

構文 <u>The teacher</u> <u>punished</u> <u>Jun</u> (for being late for class).
S   V   O

「パンっと（pun）叩いて罰を与える」と考えれば OK です（こじつけに見えて、実は pun は本来「罰」の意味です）。punish 人 for ～「～で 人 を罰する」の形でよく使います。for ～ 以下で「（罰する）理由」を表します。

scold

[skóuld] スコウルド

叱る

例文 My mother scolded me for coming home late. （私は帰宅が遅いことで母に叱られた）※直訳「私の母は遅く帰宅したことで私を叱った」

構文 <u>My mother</u> <u>scolded</u> <u>me</u> (for coming home late).
S   V   O

本来は「汚い言葉を吐く」で、そこから「ガミガミとやかましく叱る」イメージになります。特に親が子どもを叱る場合に使う単語です（硬いニュアンス）。scold 人 for ～「～のことで 人 を叱る」の形が重要です。

周回Check! 1 / 2 / 3 /

460 prevent
[privént] プリヴェント — 妨げる

 例文 The rain prevented them from playing outside.
（雨のせいで彼らは外で遊べなかった）

 構文 The rain prevented them (from playing outside).
S V O

 prevent 人 from -ing「人 が〜するのを妨げる」の形が重要です（fromは「出発点」→「分離」を表します）。S prevent 人 from -ingは「Sのせいで 人 は〜できない」と訳すと自然になることが多いです。

461 ban
[bǽn] バン — 禁止する 名 禁止

例文 In 2018, Seattle became the first major U.S. city to ban plastic straws.（2018年、シアトルはプラスチック製ストローを禁止した初の主要なアメリカの都市になった）

 構文 (In 2018), Seattle became 〈the first major U.S. city [to ban plastic straws]〉.
S V C

 SNSのアカウントを「BANされた」とは使用を「禁止された」ということです。例文は難関校の長文で出ました（最新入試で「プラスチック汚染」の話は頻出）。ban 人 from -ing「人 が〜するのを禁止する」の形もチェックを。

462 suggest
[səgdʒést] サグェスト — 提案する
suggestion 名 提案

例文 I want a new game for my smartphone. Can you suggest an interesting one?（スマホの新しいゲームが欲しいんだ。面白いのを教えてくれない?)

 構文 I want 〈a new game [for my smartphone]〉. Can you suggest
S V O S V
〈an interesting one〉?
O

 インターネット検索で「文字を入力すると関連ワードを自動で提案してくれる機能」を「サジェスト機能」と言います。「提案する」の意味で後ろに that節をとる場合、that節中の動詞は「should 原形 か 原形」になる点にも注意しましょう。

Review! □ provide □ fill □ punish
□ supply □ forgive □ scold

☐ 463

recommend
[rèkəménd] レカメンド

薦める

例文 Nanami recommended the restaurant to us.
（ナナミは私たちにそのレストランを薦めてくれた）

構文 <u>Nanami</u> <u>recommended</u> <u>the restaurant</u> (to us).
　　　　S　　　　V　　　　　　O

オンラインショッピングサイトの「レコメンド機能」とは、「利用者が関心を持っている商品を薦める機能」のことです。レストランでは What do you recommend?「オススメは何ですか？」とよく使います。

☐ 464

insist
[insíst] インスィスト

主張する

例文 I insisted over and over that I didn't do it but no one believed me.（私はやっていないと何度も主張したが、誰も私を信じてくれなかった）

構文 <u>I</u> <u>insisted</u> (over and over) 〈<u>that</u> <u>I</u> <u>didn't do</u> <u>it</u>〉 but <u>no one</u> <u>believed</u> <u>me</u>.
　　　　S　 V　　　　　　　　　　　O　s　　v　　　o　　　　S　　　V　　O

「自分の考えの中に（in）立つ（sist = stand）」→「中に立ってこだわる」→「主張する・要求する」です。insist that svや insist on ～「～を主張する」の形でよく使います（例文は insistと thatの間に over and over「何度も」が割り込んでいる）。

☐ 465

fit
[fit] フィット

合う

例文 This shirt fits me perfectly. It's not too big, and it's not too small.（このシャツは私にサイズがピッタリだ。大きすぎもせず、小さすぎもしない）

構文 <u>This shirt</u> <u>fits</u> <u>me</u> perfectly. <u>It's</u> <u>not too big</u>, and <u>it's not</u>
　　　　S　　　　V　　O　　　　　　　S　V　　C　　　　　　S　　V
<u>too small</u>.
　C

服のサイズなどがピッタリ合うときに「ジャストフィットだ」「フィットする」と言いますね。このイメージ通り、fitは「服のサイズ」に対してよく使います。

周回Check! 1 ／ 2 ／ 3 ／

steal

[stíːl] スティール

盗む

steal – stole – stolen

 例文 My passport was stolen from my hotel room. Next time I will put it in the safe. （ホテルの部屋でパスポートが盗まれた。次は金庫に入れるよ）※ safe「金庫」

 構文 My passport was stolen (from my hotel room). (Next time) I will put it (in the safe).
S　　　　　V　　　　　　　　　　　　　　　　　S　V　　O

 バスケで「相手からボールを奪う・盗む」ことや野球の「盗塁（次の塁を盗むこと）」を「スチール」と言います。steal 物「物を盗む」、物 is stolen「物が盗まれる」、さらに have 物 stolen「物 が盗まれる」（have O p.p.）の形が大切です。

rent

[rént] レント

賃借りする、賃貸しする

名 貸し家　rental 名 賃貸、賃借

 例文 We rent this apartment for 100,000 yen a month.
（私たちは月10万円でこの部屋を借りている）

構文 We rent this apartment (for 100,000 yen (a month)).
S　V　　　O

 「レンタカー（rent a car）」からイメージすれば OK です。「有料のもの（家など）を借りる」場合には rent を使いますが、「無料で持っていけるもの（図書館の本など）を借りる」場合には borrow を使います。

prefer

[prifəːr] プリファー

好む

preference 名 好み

例文 Miyu is tall, so she prefers playing basketball to playing soccer. （ミユは背が高いので、サッカーよりもバスケットボールをするほうが好きだ）

 構文 Miyu is tall, so she prefers playing basketball (to playing soccer).
S　V　C　　　S　　V　　　　O

 prefer A to B「Bより Aを好む」の形で狙われます。この構文では「〜よりも」は than ではなく to が使われるので注意してください。さらに、この to は前置詞なので、後ろには動詞の原形ではなく名詞や -ing 形がくる点もポイントです。

Review!　□ prevent　□ suggest　□ insist
　　　　　　□ ban　　□ recommend　□ fit

469

remind
[rimáind] リマインド

思い出させる

 例文
This old song reminds me of high school.
(この昔の歌を聞くと、私は高校時代を思い出す)

 構文
<u>This old song</u> <u>reminds</u> <u>me</u> (of high school).
　　　S　　　　　　V　　　O

 「再び (re) 頭に (mind) 持ってくる」→「思い出させる」です。例文は remind
人 of 〜「人 に〜を思い出させる」の形で、直訳は「この昔の歌は、私に高校（時代）を思い出させる」です。

470

beat
[bíːt] ビート

打つ、打ち負かす
beat – beat – beaten[beat]

例文
The team which beat us last year won the prefectural handball tournament this year.
(昨年私たちに勝ったチームは今年、ハンドボールの県大会で優勝した)

 構文
⟨The team [which beat us (last year)]⟩ <u>won</u> ⟨the prefectural handball
　　　　　　　S　　　　　　　　　　V　　　　　　　O
tournament⟩ (this year).

本来「バット (bat) で打つ」で、目的語を「打つ」→「打ち負かす」となりました。"勝者 beat 敗者" の関係を意識してください。

471

belong
[bilɔ́ːŋ] ビローング

所属している、〜のものである

 例文
Did you find a black bag in the classroom? It belongs to me.
(教室で黒いかばんを見ませんでしたか？　私のなんです)

 構文
Did <u>you</u> <u>find</u> <u>a black bag</u> (in the classroom)? <u>It</u> <u>belongs</u> to <u>me</u>.
　　　S　　V　　　O　　　　　　　　　　　　　　　　S　　V　　　O

 belong to 〜 の形が重要です。I belong to the tennis club.「私はテニス部に所属しています」だけでなく、例文のように "物 belongs to 人"「物 は 人 のものだ」と使える便利な表現です。

472

connect
[kənékt] カネクト

つなぐ
connection 名 つながり

例文 **Is this computer connected to the Internet?**
(このパソコンはインターネットにつながっていますか?)

構文 <u>Is</u> <u>this computer</u> <u>connected</u> (to the Internet)?
S　　　　　　V

大人がよく言う「コネ・コネクション(connection)がある」とは、「人とのつながりがある」ということです。その動詞形が connect で、connect A to[with] B「A を B につなぐ」の形でよく使います(例文はその受動態)。

473

suppose
[səpóuz] サポウズ

思う

例文 **I suppose school will be closed tomorrow.**
(明日は学校が休みになると思います)

構文 <u>I</u> <u>suppose</u> 〈{that} <u>school</u> <u>will be closed</u> tomorrow〉.
S　V　　　　　　O　　　s　　　v

例文は suppose {that} sv「sv だと思う」の形です。be supposed to 原形「〜すると思われている」→「〜する予定だ・〜しないといけない」という熟語も重要です。例:The game is supposed to start at 6:00. その試合は6時に始まる予定だ。

474

complain
[kəmpléin] カンプレイン

不平を言う

例文 **Sana complained to the waiter that her soup was cold.**
(サナはスープが冷めているとウェイターに文句を言った)

構文 <u>Sana</u> <u>complained</u> (to the waiter) 〈that <u>her soup</u> <u>was</u> <u>cold</u>〉.
S　　　V　　　　　　　　　　　O　　　s　　v　c

日本語の「クレーム(不満・文句)を言う」に相当する英語が complain です(claim は「主張する」という意味)。complain about[of] 〜「〜について不満を言う」や complain that 〜「〜と不満を言う」の形でよく使います。

Review!　□ steal　□ prefer　□ beat
　　　　　　□ rent　□ remind　□ belong

178

475

succeed

[səksíːd] サクスィード

成功する

success **名** 成功
successful **形** 成功した

例文 He succeeded in business by working hard.
（彼は一生懸命働いてビジネスで成功した）

構文 <u>He</u> <u>succeeded</u> (in business) (by working hard).
　　S　　V

 名詞 success「成功」は、日本語でも「サクセスストーリー」のように使われています。動詞は succeed in ～「～において成功する・～で成功する」の形が大切です。発展ですが、succeed to ～ なら「～を相続する」となります。

476

involve

[ɪnválv] インヴァルヴ

巻き込む、含む、伴う
involvement **名** 関与

例文 I'm involved in organizing the festival.
（私はそのお祭りの準備に関わっている）

構文 <u>I'm involved in</u> 〈<u>organizing the festival</u>〉.
　　S　　V　　　　　　O

 「中へ（in）回転して（volve）巻き込む」です。be involved in[with] ～「～に巻き込まれている」→「～に関係している・参加している」の形でよく使います。

477

depend

[dɪpénd] ディペンド

頼る

例文 We depend on water for drinking, washing and many other things.（私たちは、飲み水や洗濯など様々なことを水に頼っている）

構文 <u>We</u> <u>depend</u> <u>on</u> <u>water</u> (for drinking, washing and many other things).
　　S　　V　　　O

 depend on A {for B}「(Bを) Aに頼る」という熟語が大切です（onは「接触」→「意識の接触」→「依存」を表します）。さらに「頼る」→「～次第だ・～によって決まる・～に左右される」といった意味でもよく使われます。

周回Check!　　1　／　　2　／　　3　／

478

base
[béis] ベイス

基づかせる
名 土台、基本、基礎

例文 The story is based on actual events.
（その物語は実際の出来事に基づいている）

構文
$$\underbrace{\text{The story}}_{\text{S}} \underbrace{\text{is based on}}_{\text{V}} \underbrace{\text{actual events}}_{\text{O}}.$$

名詞「土台・基本・基礎」→ 動詞「基礎を置く・基づかせる」です。受動態の be based on 〜「〜に基づかされた」→「〜に基づいた」が重要です（日本語でも「○○をベースにして」と使われます）。onは「意識の接触」→「依存・土台」です。

479

compare
[kəmpéər] カンペァ

比べる、比較する

例文 Please compare this red sweater with this pink one. Which do you like better? （この赤いセーターとピンクのセーターを比べてみてください。どっちが好きですか？）

構文 Please compare 〈this red sweater〉(with this pink one). Which do you like better?

「一緒に（com）ペア（pare = pair）にして比べる」ということです。compare A with B「AとBを比べる」の形が重要です。難関校の長文では、compared with[to] 〜「〜と比べると」という熟語も出ます。

480

cooperate
[kouápərèit] コウアペレイト

協力する
cooperation 名 協力

例文 People around the world should cooperate with each other for world peace. No one can do it alone. （世界中の人々は世界平和のためにお互いに協力するべきだ。誰も1人ではなしえない）

構文 〈People [around the world]〉 should cooperate (with each other) (for world peace). No one can do it alone.

「一緒に（co）作業する（operate）」→「協力する」です。例文の cooperate with each other「お互いに協力する」はよく使う表現です（each other は「お互い」）。

Review!

☐ connect ☐ complain ☐ involve
☐ suppose ☐ succeed ☐ depend

□ 481

replace
[ripléis] リプレイス

取り替える、取って代わる

例文 We replaced all of our old light bulbs with new LED lights to save energy. （我々は節電のために、古い電球をすべて新しいLEDライトに取り替えた）

構文 We replaced 〈all of our old light bulbs〉 (with new LED lights) (to save energy).
S　V　　　　　　O

 「再び（re）置く（place）」→「取り替える」です。replaceの「直後の名詞がなくなる」とおさえてください（loseやremoveと同じと考えてもOK）。replace A with Bは「Aがなくなり、Bが手元に残る」イメージです。

□ 482

mix
[míks] ミックス

混ぜる

例文 History books sometimes mix facts with fiction.
（歴史書は事実と作り話が混在することがある）

構文 History books sometimes mix facts (with fiction).
S　　　　　　　　　V　O

 日本語で「ミックス」とそのまま使われますね。mix A with B「AをBと混ぜる」の形が重要です。料理の説明でmix flour with eggs「小麦粉と卵を混ぜる」と使われたりもします（flour「小麦粉」は662番）。

□ 483

search
[sə́ːrtʃ] サーチ

探す

例文 I searched my room for my key, but I couldn't find it.
（私は自分の鍵がないか部屋を探したが、見つけられなかった）

構文 I searched my room (for my key), but I couldn't find it.
S　V　　　O　　　　　　　　　　　S　V　　　　　O

 「エゴサーチ」とは「（SNSなどで）自分について検索する行為」です。search 場所 for 物「物 を求めて 場所 を探す」の形が重要で、例文は「自分の鍵を求めて自分の部屋を探す」です。search 場所 、search for 物 だけでも使えます。

周回Check! 1 / 2 / 3 /

484

participate | 参加する
[pɑːtísɪpèɪt] パーティスィペイト | participation 名 参加

例文 In Japan, if you participate actively in club activities, you may have an advantage when taking entrance exams. （日本では、部活に積極的に参加すると、入試を受けるときに有利になるかもしれない）

構文 (In Japan), (if you participate (actively) in club activities),
　　　　　　　　　　s　　　v
you may have an advantage (when taking entrance exams).
s　　v　　　　o

 participateは「何かの一部（part）になる」→「参加する」です。participate in ～ ≒ take part in ～「～に参加する」をセットでおさえましょう。

485

focus | 集中する、重点を置く
[fóukəs] フォウカス | 名 重点、焦点

例文 At university, I was happy that I could focus on studying math. （大学では、数学の勉強に集中できて嬉しかったです）

構文 (At university), I was happy (that I could focus on studying math).
　　　　　　　　s　v　　c　　　s　　　　v　　　　　o

カメラで自動的に「焦点」を合わせる機能を「オートフォーカス」と言いますし、日本語でも「彼にフォーカスを当てる」のように使います。focus on ～「～に集中する・重点を置く」の形が重要です。

486

concentrate | 集中する
[kánsəntrèɪt] カンセントレイト | concentration 名 集中

例文 We cannot concentrate on studying if we send and receive messages all the time. （メッセージの送受信ばかりしていては、勉強に集中できない）

構文 We cannot concentrate on studying (if we send and receive
　s　　　v　　　　　o　　　　　s　　　v
messages (all the time)).
o

concentrateには centerが隠れています。「自分の意識を中心（center）に集める」→「集中する」となりました（「集中」という文字をよく見ると「中心に集める」ですね）。concentrate on ～ ≒ focus on ～「～に集中する」です。

Review!
- [ ] base
- [ ] compare
- [ ] cooperate
- [ ] replace
- [ ] mix
- [ ] search

動詞

名詞

形容詞

satisfy
[sǽtisfài] サティスファイ

満足させる
satisfaction 名 満足

例文 Many customers weren't satisfied with the product.
（多くの客がその商品に満足していなかった）

構文 $\underset{S}{\underline{Many\ customers}}$ $\underset{V}{\underline{weren't\ satisfied\ with}}$ $\underset{O}{\underline{the\ product}}$.

「満足する」ではなく「満足させる」という意味です。受動態 be satisfied で「満足させられる」→「満足している」となります。be satisfied with ～ 「～に満足している」という熟語が頻出です（with は「関連（～について）」を表します）。

amuse
[əmjúːz] アミューズ

面白がらせる、楽しませる
amusing 形 楽しい　amused 形 楽しい

例文 She amused the kids with her magic.
（彼女は手品で子どもたちを楽しませた）

構文 $\underset{S}{\underline{She}}$ $\underset{V}{\underline{amused}}$ $\underset{O}{\underline{the\ kids}}$ (with her magic).

遊園地などを「アミューズメントパーク（amusement park）」と言いますが、これは「人を楽しませる施設」ということです（726番）。amusing は「楽しませるような」、amused は「楽しませられる」→「楽しい・面白い」です。

frighten
[fráitn] フライトゥン

怖がらせる　frightening 形 恐ろしい
frightened 形 怖がって

例文 I got frightened when the big dog barked suddenly.
（その大きな犬が突然吠えて、私は怖くなった）

構文 $\underset{S}{\underline{I}}$ $\underset{V}{\underline{got}}$ $\underset{C}{\underline{frightened}}$ ($\boxed{when}$ $\underset{s}{\underline{the\ big\ dog}}$ $\underset{v}{\underline{barked}}$ suddenly).

「恐怖・驚き（fright）を中にこめる（en）」→「怖がらせる」です。be frightened で「怖がらせられる」→「怖がっている」となります（例文は get を使って「怖くなる」という変化を表しています）。

周回Check! 1 ／ 2 ／ 3 ／

490

scare
[skéər] スケア

怖がらせる　名 恐怖
scaring 形 恐ろしい　scared 形 怖がって

例文 Alicia got scared and screamed when the lights went out.
（明かりが消えると、アリシアは恐怖で叫び声をあげた）

構文 Alicia got scared and screamed (when the lights went out).
　　　 S　　V　　C　　　　 V　　　　　　　 s　　　 v

frighten とほぼ同じ意味です（実際、英英辞典でも make someone feel frightened「人を怖がった状態にさせる」と説明されたりしています）。be scared で「怖がらせられる」→「怖がっている」です。

491

confuse
[kənfjúːz] カンフューズ

混乱させる　confusing 形 紛らわしい
confused 形 混乱した

例文 Too much information always confuses me.
（あまりに多い情報に私はいつも混乱してしまいます）

構文 〈 Too much information 〉 always confuses me.
　　　　　　　 S　　　　　　　　　　　　 V　　　 O

confuse「一緒に（con）注ぐ・混ぜる（fuse）」→「混乱させる」で、「んん？」と思わせる感じです。confusing は「混乱させるような」→「紛らわしい・ややこしい」、be confused なら「混乱させられた」→「混乱した」です。

492

embarrass
[imbǽrəs] インバレス

恥ずかしい思いをさせる

例文 He felt embarrassed when his classmates laughed at him.
（彼はクラスメイトから笑われて恥ずかしかった）

構文 He felt embarrassed (when his classmates laughed at him).
　　　 S　V　　 C　　　　　　　　 s　　　　　　 v　　 o

be embarrassed で「恥ずかしい思いをさせられる」→「恥ずかしい」です。顔が赤くなるような場面で、「恥ずっ！」みたいな感じで使います。人前で話したり、袖にご飯粒がついていたりするときの恥ずかしさです。

Review!　□ participate　　□ concentrate　　□ amuse
　　　　　　 □ focus　　　　　 □ satisfy　　　　　 □ frighten

動詞

名詞

形容詞

493

represent

[rèprɪzént] レプリゼント

表す、代表する

representative 名 代表者　形 代表して

 例文
In the story the blue bird represents happiness.
(その物語の中で青い鳥は幸福の象徴です)

構文
(In the story) <u>the blue bird</u> <u>represents</u> <u>happiness</u>.
　　　　　　　　　S　　　　　　　V　　　　　　O

「何かを提示する（present）」→「表す・代表する」です。represent Japan at the Olympics「オリンピックの日本代表になる」だけでなく、単に「表す・意味する」という意味でも使われます（イコール関係をつくる働き）。

494

refer

[rɪfə́ːr] リファー

言及する、表す、参照する、差し向ける

 例文
What does the word "they" in Paragraph [2] refer to?
(第2段落の"they"という語は何を表していますか?)

構文
<u>What</u> does ⟨<u>the word "they" [in Paragraph [2]]</u>⟩ <u>refer to</u>?
　O　　　　　　　　　　S　　　　　　　　　　　　　　　　V

「矢印が向く」イメージで、「言葉や意識が向かう」→「言及する・参照する・差し向ける」となりました。refer to ～「～を参照する・表す」の形が重要で、例文のように入試の長文の設問文でもよく使われます。

495

occur

[əkə́ːr] アカー

起こる

 例文
Earthquakes often occur in Japan. There was an earthquake today, too. (日本では地震がよく起こる。今日も地震があった)

構文
<u>Earthquakes</u> often <u>occur</u> (in Japan). There <u>was</u> <u>an earthquake</u> today, too.
　S　　　　　　　　V　　　　　　　　　　　　　V　　　　S

happen「起こる」を少し硬くしたイメージです。災害や日本紹介で「地震」の話がよく出るので、例文をしっかりマスターしておきましょう。応用として、occur to 人「（考えなどが）人 の心に起こる」→「思い浮かぶ」の使い方もあります。

周回Check!　1　／　2　／　3　／

496 strike

[stráik] ストライク

打つ、(災害が) 襲う

strike - struck - struck

例文
The karate master struck the opponent hard with his fist and knocked him down. (その空手の師範は相手を拳で強く殴り、倒した) ※ fist「握りこぶし」

構文
The karate master struck the opponent (hard) (with his fist)
　　　S　　　　　V　　　　O
and knocked him down.
　　　V

野球の「ストライク」は、本来「(良いコースなんだから) 打て」の意味に由来するという説があります。さらに「災害がある地域を打つ」→「(災害が) 襲う」、「考えが頭を打つ」→「思いつく」、「心を打つ」→「印象を与える」となります。

497 observe

[əbzə́ːrv] アブザーヴ

守る、観察する、気づく、述べる

例文
Yesterday, I observed people for a while in the park.
(昨日、私は公園でしばらくの間人々を観察した)

構文
Yesterday, I observed people (for a while) (in the park).
　　　　　　S　　V　　　O

「じ〜っと見守る」イメージで、入試では「観察する」の意味でよく出ます。「ルールをじ〜っと見る」→「守る」、「見守る」→「観察する」→「気づく」「(気づいたことを) 述べる」と考えれば OK です。

498 arrange

[əréindʒ] アレインヂ

きちんと並べる、取り決める

arrangement 名 配置、取り決め

例文
Mr. Kamata is busy today, so I arranged a meeting with him tomorrow. (カマタさんは今日は忙しいので、彼との会議を明日に設定した)

構文
Mr. Kamata is busy today, so I arranged 〈a meeting [with
　　S　　　V　C　　　　　　　S　　V　　　　O
him]〉 tomorrow.

「アレンジ (変化) を加える」の印象が強いですが、本来は「きちんと並べる」です。いろいろな事柄を「きちんと並べる・整える」→「取り決める・手配する」となりました。arrange a meeting は「会議を手配する (設定する)」です。

Review!
- ☐ scare
- ☐ confuse
- ☐ embarrass
- ☐ represent
- ☐ refer
- ☐ occur

動詞

名詞

形容詞

499

respect
[rispékt] リスペクト

尊敬する **名** 点

 例文 All the students respect the teacher because he is always trying to improve his English. (その先生はいつも英語力を向上させようと努力しているので、生徒みんなから尊敬されている)

 構文 All the students respect the teacher (because he
　　　　　S　　　　　　　V　　　　　O　　　　　s
is (always) trying to improve his English).
　　　　　　　　　　　V　　　　　　O

 本来「再び（re）見る（spect）」で、「何度も見てしまうほど価値がある」→「尊敬する」、「1つひとつの点を振り返って見る」→「点」となりました。

500

charge
[tʃáːrdʒ] チャーヂ

請求する、非難する、委ねる、充電する **名** 料金、非難、責任、充電

 例文 All stores in Japan started to charge for plastic bags in July 2020. (日本では2020年7月から、すべての店舗でレジ袋の有料化が始まった)

 構文 〈All stores [in Japan]〉 started to charge for plastic bags (in
　　　　　　　　S　　　　　　　　　　V　　　　　　　　　　O
July 2020).

 「プレッシャーをかける」イメージで、「金払えというプレッシャー」→「請求する」となります（例文は charge for ～「～の料金を請求する」)。「言葉のプレッシャー」→「非難する」、「仕事のプレッシャー」→「委ねる・責任」も大切です。

501

measure
[méʒər] メジャァ

測定する
名 測定、対策、手段

 例文 I measured my height and weight.
(私は身長と体重を測った)

 構文 I measured 〈my height and weight〉.
　　　　　S　　V　　　　　　O

 「（長さを測定するための）巻き尺」を「メジャー」と言いますね。例文のように動詞「測定する」でよく使います。「キチッと測定して対策する」→「対策・手段」で、take measures to[against] ～「～する[～に対する]対策をとる」も重要です。

502 apply
[əplái] アプライ

申し込む、当てはまる

 例文 Sayaka applied to three high schools, but only passed the exam for one of them. （サヤカは3つの高校へ出願したが、そのうちの1つにしか合格しなかった）

 構文
Sayaka applied to three high schools, but only passed
　S　　　 V　　　　　　　　　　　　　　　　　 V
〈the exam [for one of them]〉.
　　O

本来「ピタッとくっつける」で、「自分の気持ちを〜に向けてくっつける」→「申し込む」、「ある事象にピタッとくっつける」→「当てはまる・適用する」となりました。例文は apply to 〜「〜に申し込む・出願する」の形です。

503 handle
[hǽndl] ハンドゥル

扱う

 例文 The package says, "Fragile! Handle with care!" so be careful with it. （小包に「割れ物! 取り扱い注意!」と書いてあるので、気をつけて扱ってください）

 構文
The package says, 〈"Fragile! Handle with care!"〉 so be careful (with it).
　　S　　　　V　　　　　　　O　　　　　　　　　　　 V　　C

handleには hand というつづりがあり、「(手で) 扱う」→「扱う・対処する」となりました。handle the situationは「事態に対処する」、handle a variety of tasks は「様々な仕事に対応する」です。

504 deal
[díːl] ディール

配る、扱う 名 取引、お買い得品、量
deal – dealt – dealt

 例文 Schools should deal with the bullying problem right away.
（学校はいじめ問題に早急に対処すべきだ）※ bullying「いじめ」

 構文
Schools should deal with the bullying problem (right away).
　　S　　　　　V　　　　　　　　O

 「カジノのディーラー」は「カードを配る・扱う人」、「自動車ディーラー」は「車の販売を扱う人」です。deal with 〜「〜に対処する・扱う」が大事です。

Review!
☐ strike　　　☐ arrange　　　☐ charge
☐ observe　　☐ respect　　　☐ measure

動詞

名詞

形容詞

☐ 505

realize
[ríələὶz] リアライズ

実現する、気づく

例文
As he got older, Norman made up his mind to realize his dream of becoming an artist. (年を重ねるにつれて、ノーマンは芸術家になるという夢を実現する決心をした) ※ as ～「～するにつれて」／ make up one's mind to ～「～する決心をする」

構文
(As he got older), Norman made up his mind to realize
　　 s v　 c　　　　 S　　　　　　　　　　　　　　 V
⟨his dream [of becoming an artist]⟩.

本来「リアル（real）にする（ize）」で、「夢をリアルにする」→「実現する」、「頭の中でリアルにする」→「気づく」です。例文は難関校の和訳問題で出たものです。

☐ 506

serve
[sə́ːrv] サーヴ

（飲食物を）出す、勤務する、仕える、役立つ

例文
Yuta searched for a recipe for a dish with vegetables on the Internet and served the dish to Kazuo. (ユウタはインターネットで野菜を使った料理のレシピを検索し、カズオに料理をふるまった)

構文
Yuta searched for ⟨a recipe [for a dish with vegetables]⟩ (on
　S　　　 V　　　　　　　　 O
the Internet) and served the dish (to Kazuo).
　　　　　　　　　　 V　　　 O

「形のない商品（service）を提供する・形のない仕事をする」イメージです。例文の「（飲食物を）出す」ことも形のない仕事ですね。

☐ 507

reduce
[ridjúːs] リデュース

減らす

例文
It is necessary for us to reduce the amount of garbage we make. (私たちは自分たちが出すごみの量を減らす必要がある)

構文
It is necessary (for us) ⟨to reduce ⟨the amount of garbage [we make]⟩⟩.
仮SV　 C　　　　　　　　　　　 真S

日本でも「3R（Reduce・Reuse・Recycle）」が有名です（英語では "The 3 R's / The 3 Rs" と s がつきます）。入試で「環境・ゴミ問題」に関する話はよく出ます。reduce CO_2 emissions は「二酸化炭素の排出量を削減する」です。

周回Check!　　1　／　　2　／　　3　／

508 reuse
[riːjúːz / rìːjúːs] リーユーズ / リーユース

再利用する 名 再利用

例文 **Don't throw those plastic bags away. They are clean so we can reuse them.**（そのビニール袋を捨ててはいけません。きれいなので再利用できます）

構文 <u>Don't throw</u> <u>those plastic bags</u> away. <u>They</u> <u>are</u> <u>clean</u> <u>so</u> <u>we</u> <u>can reuse</u> <u>them</u>.
　　　　　V　　　　　　　　O　　　　　　　S　　V　　C　　S　　　V　　　　O

「何度も（re）使う（use）」→「再利用する」です。例文の throw away「遠くに（away）投げる（throw）」→「捨てる」や plastic bag「ビニール袋・レジ袋」も、ゴミ問題で欠かせない表現です。

509 dispose
[dıspóuz] ディスポウズ

処分する disposal 名 処分
disposable 形 使い捨ての

例文 **We have many things to do before we dispose of recyclable resources.**
（リサイクル可能な資源を処分する前に、私たちはすべきことがたくさんある）

構文 <u>We</u> <u>have</u> 〈<u>many things</u> [to do]〉 (<u>before</u> <u>we</u> <u>dispose of</u> <u>recyclable resources</u>).
　　　S　　V　　　　　O　　　　　　　　　　　　　s　　v　　　　　　o

「離して（dis）置く（pose）」→「遠くへ捨てる」→「処分する」です。台所用品の「ディスポーザー（disposer）」は「生ゴミを処分する機械」のことです。dispose of ～「～を処分する」の形でよく使います。

510 separate
[sépərèit] セパレイト

分ける 形 離れた

例文 **When we dispose of plastic bottles, we must separate caps and labels from bottles, and wash the bottles.**（ペットボトルを処分するときは、キャップやラベルをペットボトルから外し、ペットボトルを洗わなければならない）

構文 (<u>When</u> <u>we</u> <u>dispose of</u> <u>plastic bottles</u>), <u>we</u> <u>must separate</u>
　　　　　　　s　　　　v　　　　　　　o　　　　　　　　　S　　　V
〈<u>caps and labels</u>〉 (from bottles), <u>and</u> <u>wash</u> <u>the bottles</u>.
　　　　O　　　　　　　　　　　　　　　　　　　V　　　　O

陸上の「セパレートコース」とは、「各レーンが1つひとつ分けられたコース」のことです。separate A from B「AをBから分ける」の形が重要です（fromは「分離」）。

Review!
- □ apply
- □ handle
- □ deal
- □ realize
- □ serve
- □ reduce

511

sort
[sɔ́ːrt] ソート

分類する **名** 種類

例文 We have to sort garbage into plastic and paper when we throw it away. (私たちはゴミを捨てるとき、プラスチックと紙に分別しなければならない)

構文 We have to sort garbage (into plastic and paper) (when we
S　　V　　　　　O　　　　　　　　　　　　　　　　s
throw it away).
v　o

 コピー機で「1部ごとに分けて印刷する」ことを「ソートをかける」と言います。
sortは名詞・動詞をセットにして「種類別に分類する」と覚えるといいでしょう。
例文は sort A into B「A を B に分類する・分ける」の形です。

512

pollute
[pəlúːt] パルート

汚染する
pollution **名** 汚染、公害

例文 Smoke from factories and cars pollutes the air. It's a big problem.
(工場や車からの煙が大気を汚染しています。それは大問題です)

構文 ⟨Smoke [from factories and cars]⟩ pollutes the air. It's a big problem.
　　　　S　　　　　　　　　　　　　　　　　V　　　　O　　 S V　　　C

 環境問題で欠かせない単語で、pollute the air「大気を汚染する」とよく使います。
名詞形を使った air pollution「大気汚染」もチェックしておきましょう。

513

melt
[mélt] メルト

溶ける、溶かす

例文 The snow in front of my house didn't melt for a week.
(家の前の雪は1週間溶けなかった)

構文 ⟨The snow [in front of my house]⟩ didn't melt (for a week).
　　　　S　　　　　　　　　　　　　　　　　　V

 チョコの商品名に形容詞 melty「とろける」が使われていますが、「口どけがよい」
ということです（溶けるようになめらかなイメージ）。環境問題がテーマの長文で
「地球温暖化によって氷河が溶ける」と使われることもあります。

動詞

名詞

形容詞

□ 514

preserve

[prizə́:rv] プリザーヴ

保存する、保護する

 例文 **People have preserved many different kinds of food with salt.**
（人々は塩を使って多くの様々な種類の食品を保存してきた）

 構文
<u>People</u> <u>have preserved</u> <u>〈many different kinds of food〉</u> (with salt).
　S　　　　V　　　　　　　　　　O

 「前もって（pre）取っておく（serve）」→「保存する・保護する」となりました。「プリザーブド・フラワー」は「咲いた状態で保存される花」のことです。preserve the natural environment「自然環境を保護する」も長文でよく出ます。

□ 515

exercise

[éksərsàiz] エクササイズ

運動する　**名** 運動

 例文 **My father likes to exercise. He likes jogging.**
（父は運動するのが好きです。ジョギングが好きなんです）

構文
<u>My father</u> <u>likes</u> <u>to exercise.</u> <u>He</u> <u>likes</u> <u>jogging.</u>
　S　　　　V　　　　O　　　　S　 V　　　O

 日本語でも「エクササイズ」と言いますね。「健康」の話題は入試頻出で、exercise regularlyは「定期的に運動する」です。名詞で get regular exercise「定期的な運動をとる」→「定期的に運動する」と表すこともできます。

□ 516

smoke

[smóuk] スモウク

タバコを吸う

 例文 **My father smokes cigarettes every day.**
（私の父は毎日タバコを吸っています）

構文
<u>My father</u> <u>smokes</u> <u>cigarettes</u> (every day).
　S　　　　　V　　　　　O

smokeと聞くと「煙」が浮かぶかもしれませんが、動詞「タバコを吸う」でもよく使われます。例文は cigarettesなしでも OKです（わざわざ cigarette「タバコ」を言わなくても smokeだけで「タバコを吸う」の意味になる）。

Review!　□ reuse　　　□ separate　　　□ pollute
　　　　　　　□ dispose　　□ sort　　　　　□ melt

cough

[kɔ́:f] コ(ー)フ

咳をする　名 咳

例文 Takumi couldn't stop coughing when he entered the smoky restaurant. (タクミは煙たいレストランに入ると、咳が止まらなくなった)

構文 <u>Takumi</u> <u>couldn't stop coughing</u> (when <u>he</u> <u>entered</u> <u>the smoky restaurant</u>).
　　S　　　V　　　　　　O　　　s　　v　　　　o

発音は「コフ」で、実は「コフコフ」と咳をするときの音から生まれた単語なんです。日本語は「ゴホゴホ」ですが、英語のほうが「コフコフ」という乾いた音のイメージです。

suffer

[sʌ́fər] サファ

苦しむ

例文 Some people who suffer from hay fever wear masks to avoid their exposure to pollen. (花粉症に苦しむ人の中には、花粉を浴びないようにマスクをしている人もいる) ※ hay fever「花粉症」/ exposure to ~「~にさらされること」/ pollen「花粉」

構文 ⟨Some people [who suffer from hay fever]⟩ wear masks (to
　　　　　　　　　　　S　　　　　　　　　　　V　　O
avoid ⟨their exposure [to pollen]⟩).

「下で (suf = sub) ものを運ぶ (fer)」→「(辛いことに耐えて) 苦しむ」です。suffer from ~「~で苦しむ」の形でよく使います (fromは「原因」を表す)。

infect

[ɪnfékt] インフェクト

感染させる　infection 名 感染
infectious 形 感染性の

例文 The number of people who have become infected by the coronavirus is increasing. (コロナウイルスに感染する人が増えている)

構文 ⟨The number [of people [who have become infected (by the
　　　　　　　　　　S
coronavirus)]]⟩ is increasing.
　　　　　　　　　　V

「体の中で (in) 病気を作る (fect)」→「感染させる」で、受動態 be infected「感染する」でよく使います。難関校では、例文と More and more people have become infected by the coronavirus. の書き換えが狙われたこともあります。

周回Check!　1 ／　2 ／　3 ／

520 relax
[rilǽks] リラックス

リラックスする、リラックスさせる

 例文 **Listening to soft music relaxes me when I feel tired.**
(疲れているとき、静かな音楽を聴くと私はリラックスできる)

 構文 〈Listening to soft music〉 relaxes me (when I feel tired).
　　　　　　　　S　　　　　　　　　V　　O　　　　s　v　　c

 もはや日本語になっていますが、英語 relax は「リラックスする」(例:I relaxed at home this morning.「私は今朝、家でのんびりした」) に加えて、例文のように「リラックスさせる」の意味でも使えます。

521 recover
[rɪkʌ́vər] リカヴァー

回復する
recovery 名 回復

 例文 **I treated many children in the hospital there, and they recovered from their illnesses.**
(私はそこの病院で多くの子どもを治療し、子どもたちは病気から回復した)

構文 I treated 〈many children [in the hospital there]〉, and they
　　 S　V　　　　　　　O　　　　　　　　　　　　　　　　　　S
recovered (from their illnesses).

 本来「再び (re) 覆う (cover)」で、「傷口が覆われて元に戻る」イメージです。recover from ～「～から回復する」の形でよく使います。

522 cure
[kjúər] キュア

治す　名 治療

 例文 **The doctor cured the patient's illness by giving the patient medicine.** (その医者は患者に薬を処方して病気を治した)

構文 The doctor cured the patient's illness (by giving the patient medicine).
　　　　S　　　　V　　　　　O

 care「ケア・世話」と関連があるので、「世話をして治す」と関連づけて覚えてください。「マニキュア」や「ペディキュア」は本来「手足の爪に塗って治療するもの」です。例文にある patient「患者」や illness「病気」もチェックを。

Review!
□ preserve　　　□ smoke　　　□ suffer
□ exercise　　　□ cough　　　□ infect

respond

[rispánd] リスパンド

答える、反応する
response 名 返答、反応

例文 I responded to the teacher's question honestly. I said, "I'm sorry I broke the window." (僕は先生の質問に正直に答えた。「窓を壊してしまいごめんなさい」と言ったのだ)

構文 I responded to the teacher's question honestly. I said,
S   V   O   S   V
〈"I'm sorry I broke the window."〉
                O

名詞の response「返答」は、日本語でも「レスポンスが早い」などと言いますね。その動詞形が respond で、respond to ~「~に返答する」の形でよく使います。

reply

[riplái] リプライ

返事をする

例文 Sorry, I forgot to reply to your e-mail.
(ごめん、メールに返信するのを忘れてたよ)

構文 Sorry, I forgot to reply to your e-mail.
S   V   O

SNSなどで「リプライ」や「リプを返す」と言いますね。reply to ~「~に返信する」の形が重要で、reply to an e-mail なら「メールに返信する」です。

translate

[trǽnsleit] トランスレイト

翻訳する

例文 This novel was translated from English into Japanese.
(この小説は英語から日本語に翻訳された)

構文 This novel was translated (from English into Japanese).
S   V

trans は「別の場所へ移す」という意味で、transport「輸送する」(544番) や transform「変形する」で使われています。translate は「言葉を別の言語へ移す」→「翻訳する」で、translate A into B「AをBに翻訳する」の形が大切です。

周回Check! 1 / 2 / 3 /

526

publish
[pʌ́bliʃ] パブリッシュ

出版する
publisher 名 出版社

 例文 His first book was published in 2015.
（彼の最初の本は 2015年に出版された）

 構文 <u>His first book</u> <u>was published</u> (in 2015).
　　　　　　S　　　　　　　V

publicは「公の・公共の」で（305番）、publishは「本を公の場に出す」→「出版する」となります。

527

contact
[kántækt] カンタクト

連絡をとる
名 接触、連絡

例文 If you use a smartphone, you can contact your family and friends anytime, anywhere.
（スマホを使えば、家族や友達といつでもどこでも連絡がとれます）

構文 (If you use a smartphone), you can contact ⟨your family and
　　　　　s　v　　　o　　　　　　　S　　　V　　　　　　　O
friends⟩ (anytime, anywhere).

「コンタクトレンズ」は「目に触れるレンズ」のことで、contactは「人に触れる」→「人と連絡をとる」となります。

528

hate
[héit] ヘイト

ひどく嫌う、憎む

例文 Some children hate vegetables, but they usually like them when they get older.
（野菜が大嫌いな子もいるが、大人になるとたいてい好きになる）

構文 <u>Some children</u> <u>hate</u> <u>vegetables</u>, but <u>they</u> usually <u>like</u> <u>them</u>
　　　　　S　　　　　V　　　O　　　　　S　　　　V　　O
(when they get older).
　　s　　v　　　c

「ヘイトスピーチ」とは「憎しみをもって他人を攻撃・侮辱する発言」のことです。hateは don't likeよりもかなり強い嫌悪感をもっている場合に使います。

Review!
□ relax　　　□ cure　　　□ reply
□ recover　　□ respond　　□ translate

529 excuse
[ikskjúːz] イクスキューズ

許す 名 言い訳

 Excuse me, but how can I get to Hiroshima Station from here?
（すみません、ここから広島駅へはどうやって行けばいいですか?）

 <u>Excuse</u> <u>me</u>, but how can <u>I</u> <u>get</u> (to Hiroshima Station) (from here)?
　　V　　O　　　　　　　　　S　V

会話で使われる Excuse me.「すみません」は、「（突然声をかけてしまって）私を許してください」ということです。会話では Excuse me, but 〜 で、道を聞いたり、レストランで店員を呼んだりする際に使えます。

530 chat
[tʃǽt] チャット

雑談する 名 雑談

 On Saturday, I met Kana at the station and we chatted while we walked to the nursing home.
（土曜日、私は駅でカナに会って、老人ホームまで歩きながらおしゃべりをした）

 (On Saturday), <u>I</u> <u>met</u> <u>Kana</u> (at the station) and <u>we</u> <u>chatted</u>
　　　　　　　　S　V　O　　　　　　　　　　　S　V
(while <u>we</u> <u>walked</u> (to the nursing home)).
　　　S　V

「ネットでチャットする（対話を行う・雑談する）」と使われています。音から生まれた単語で、chatの「チャ」と「ぺちゃくちゃしゃべる」は同じ音ですね。

531 whisper
[hwíspər] ウィスパァ

ささやく

 Whisper it in my ear. We don't want other people to hear us.（耳元でささやいてください。他の人に聞かれたくないんです）

 <u>Whisper</u> <u>it</u> (in my ear). <u>We</u> <u>don't want</u> <u>other people</u> <u>to hear us</u>.
　V　　O　　　　　　　S　　V　　　　O　　　　C

「ヒソヒソささやく音」からできた単語です。「ヒソヒソささやく音」が、英語では「ウィスパー」になります。日本でも「ささやき声」のことを「ウィスパーボイス」と言い、歌声を説明するときによく使われています。

周回Check! 1 ／ 2 ／ 3 ／

532 shout

[ʃáut] シャウト

叫ぶ

例文 I shouted in a loud voice to my friends across the street.
（私は通りを挟んで友人に大声で叫んだ）

構文 <u>I</u> <u>shouted</u> (in a loud voice) (to my friends) (across the street).
　　S　V

「ステージでシャウトする」とは「叫ぶ」ことです。shoutは本来「大声を出す」で、「大声で応援する・どなりつける」など幅広く使える単語です。ちなみに「泣き叫ぶ」には cryを使います。

533 scream

[skríːm] スクリーム

叫び声を上げる
名 叫び声

例文 Annie screamed and ran toward the kitchen, covering her eyes.（アニーは悲鳴を上げ、目を覆いながらキッチンの方へ走っていった）※コンマ以降は分詞構文で「〜しながら」

構文 <u>Annie</u> <u>screamed</u> and <u>ran</u> (toward the kitchen), (covering her eyes).
　　　S　　V　　　　　V

本来「金切り声の音（擬音）」です。恐怖や興奮などによって出す「キャー・ギャー」が、英語では「スクリーム」となります（scrの部分が「鋭い音」を表します）。高校入試では物語文が出るだけにこういった単語が大切です。

534 disagree

[dìsəgríː] ディスアグリー

反対する、意見が合わない

例文 Write an essay in English agreeing or disagreeing with the topic below.（以下のテーマについて賛成か反対か、英語でエッセイ（作文）を書きなさい）

構文 <u>Write</u> <u>an essay</u> (in English) (agreeing or disagreeing with the topic below).
　　V　　　O

agree「同意する・賛成する」に否定の disがついた形です。disagree with 〜「〜に反対する」や disagree about[on/over] 〜「〜について意見が合わない」の形でよく使います。例文は入試の自由英作文の指示文として使われるものです。

Review!　□ publish　□ hate　□ chat
　　　　　　□ contact　□ excuse　□ whisper

☑ 535

bow
[báu] バウ

おじぎをする
名 おじぎ、弓

 例文

Japanese people bow when they meet someone. Westerners shake hands. （日本人は誰かと会うとおじぎをします。欧米人は握手をします）

構文

Japanese people bow (when they meet someone). Westerners
　　 S 　　　　 V 　　　 s 　 v 　 o 　　　　　　 S
shake hands.
　 V 　 O

発音は「弓」のときには「ボウ」ですが、動詞「おじぎをする」の意味では「バウ」です。「文化の違い」や「コミュニケーション」に関する長文でよく出ます。

☑ 536

nod
[nád] ナッド

うなずく

 例文

I asked him if he was tired, and he nodded his head up and down without saying a word. （私は彼に疲れているかどうか聞くと、彼は何も言わずに頭を上下させてうなずいた）

構文

I asked him 〈if he was tired〉, and he nodded his head (up
S V O₁ O₂ s v c S V O
and down) (without saying a word).

本来「首をこくっと動かす動作」で、そこから「うなずく」となります。過去形はdを重ねてedをつけたnoddedです。

☑ 537

educate
[édʒukèit] エヂュケイト

教育する
education 名 教育

 例文

Natsume Soseki was educated at Tokyo University and University College, London. （夏目漱石は東京大学とユニヴァーシティ・カレッジ・ロンドン（UCL）で教育を受けた）

構文

Natsume Soseki was educated (at Tokyo University and
　　　 S 　　　　　 V
University College, London).

名詞 education「教育」は、P.E.「体の（physical）教育（education）」→「体育」で使われています。その動詞形が educate です。

538 master

[mǽstər] マスタァ

習得する
名 支配者、主人、習得者

 Using English is the best way to master it.
（英語を使うことが、英語を習得する最も良い方法だ）

 <u>Using English</u> <u>is</u> 〈the best way [to master it]〉.
　　　S　　　　V　　　　C

日本語でも「英語をマスターする」と言いますね。本来「支配する」イメージで、「技術を支配する」→「習得する」、「支配する人」→「支配者・主人」となりました。「ゲームマスター（ゲームを支配する・仕切る人）」から連想しても OK です。

539 pray

[préi] プレイ

祈る
prayer **名** 祈り

 My grandmother goes to a shrine and prays for world peace every Sunday.（私の祖母は毎週日曜日に神社に行き、世界平和を祈っています）

<u>My grandmother</u> <u>goes</u> (to a shrine) and <u>prays</u> for <u>world peace</u>
　　　S　　　　　V　　　　　　　　　　　　V　　　　O
(every Sunday).

英語圏で「お祈り」は重視されるだけに大事で、pray for 〜「〜を祈る」の形でよく使います。日本紹介で visit shrines or temples to pray for a good year「神社やお寺をお参りして良い年になるよう祈る」と説明する際にも重宝します。

540 attack

[ətǽk] アタック

襲う、攻撃する
名 攻撃

 Three lions attacked a zebra in the middle of the night.
（3頭のライオンが真夜中にシマウマを襲った）

<u>Three lions</u> <u>attacked</u> <u>a zebra</u> (in the middle of the night).
　　S　　　　　V　　　　　O

attackは前置詞 atで「〜の一点に向かって行く」イメージです。「アタック」と聞くとゲームやスポーツを浮かべがちですが、例文のように「襲う」という意味でもよく使います。

Review!　□ shout　□ disagree　□ nod
　　　　　　□ scream　□ bow　□ educate

541

fight
[fáit] ファイト

戦う 名 戦い
fight – fought – fought

例文 They fought for freedom.
（彼らは自由を求めて戦った）

構文 They fought (for freedom).
<u>S</u> <u>V</u>

格闘技の試合では、選手が「ファイティングポーズ」をとり、始めるときにはレフリーが「ファイト！」と言います。ただし、応援するときに英語では fight は使えず、Good luck! / You can do it! / Go 名前 ! などと言います。

542

locate
[lóukeit] ロウケイト

置く
location 名 場所

例文 His new office is located between a post office and a
bank. （彼の新しい会社は郵便局と銀行の間にあります）

構文 His new office is located (between a post office and a bank).
<u>S</u> <u>V</u>

名詞 location は「絶好のロケーション」＝「立地が良い」と使われています。動詞形が locate で、受動態 be located「（建物が）置かれている」→「位置する・ある」でよく使われます。

543

depart
[dipá:rt] ディパート

出発する

例文 The flight to London departs at 8:50 A.M.
（ロンドン行きの便は午前8時50分に出発します）

構文 〈The flight to London〉 departs (at 8:50 A.M.).
<u>S</u> <u>V</u>

「離れて（de）パートごとに分かれる（part）」→「出発する」です。leave「出発する」を硬くしたイメージで、公共交通機関に対してよく使います。日本語で言うお店の「デパート」の意味はありません（英語では department store）。

544

transport
[trænspɔ́ːrt] トゥランスポート

輸送する
transportation 名 輸送（機関）

 例文
Meat production uses a lot of fossil fuels to run production facilities and to transport meat products.（肉食生産では、生産設備の稼働や食肉製品の輸送のために多くの化石燃料を使用する）

構文 <u>Meat production</u> <u>uses</u> 〈a lot of fossil fuels〉 (to run 〈production
　　　　 S　　　　　　 V　　　　　　 O
facilities〉 and to transport 〈meat products〉).

「港（port）から移す（trans）」→「運ぶ・輸送する」です。昔は船で物を運んでいたので port「港」が残ってはいますが、現代では「空輸」などにも使えます。

545

import
[impɔ́ːrt / ímpɔːrt] インポート / インポート

輸入する　名 輸入（品）

 例文
Japan imports a lot of food from countries such as America, Brazil, Australia and Canada.（日本はアメリカ、ブラジル、オーストラリア、カナダといった国々からたくさんの食料を輸入している）

構文 <u>Japan</u> <u>imports</u> 〈a lot of food〉 (from countries [such as America,
　　　 S　　　 V　　　　　 O
Brazil, Australia and Canada]).

「港（port）の中に（im = in）運び込む」→「輸入する」です。import A from B「A を B から輸入する」の形でよく使います。

546

export
[ikspɔ́ːrt / ékspɔːrt] イクスポート / エクスポート

輸出する　名 輸出（品）

 例文
Japan exports cars and computers to many countries around the world.（日本は世界中の多くの国々に車やコンピューターを輸出している）

構文 <u>Japan</u> <u>exports</u> 〈cars and computers〉 (to many countries
　　　 S　　　 V　　　　　　 O
[around the world]).

「港（port）の外へ（ex）運ぶ」→「輸出する」で、export A to B「A を B に輸出する」の形でよく使います。ちなみに import と export は名詞の場合はアクセントが前、動詞では後ろにきます。

Review!
- [ ] master
- [ ] pray
- [ ] attack
- [ ] fight
- [ ] locate
- [ ] depart

547

trade
[tréid] トゥレイド

貿易する　名 貿易

例文 Japan exports cars and imports oil. It trades with countries all around the world.（日本は車を輸出し、石油を輸入している。日本は世界中の国と貿易をしている）

構文 <u>Japan</u> <u>exports</u> <u>cars</u> and <u>imports</u> <u>oil</u>. <u>It</u> <u>trades</u> (with countries
S　　V　　O　　　　V　　O　S　V
[all around the world]).

 スポーツで「チーム間で選手を交換する」ことを「トレード」と言います。「物を交換する」のが「貿易」で、trade with 〜「〜と貿易する」はよく使います。

548

retire
[ritáiər] リタイア

退職する

例文 He worked at the same company for 40 years and then retired.（彼は同じ会社に40年勤め、退職した）

構文 <u>He</u> <u>worked</u> (at the same company) (for 40 years) and then <u>retired</u>.
S　V　　　　　　　　　　　　　　　　　　　　　　V

 「リタイア」は「棄権する」というイメージが強いかもしれませんが、「仕事を退職する」の意味が大切です。retireは「定年退職」に使い、単に「仕事を辞める」場合は quit one's jobなどと言います。

549

earn
[ə́ːrn] アーン

稼ぐ、得る

例文 Keisuke earns about 5,000 yen a day by playing the guitar in front of the station.（ケイスケは駅前でギターを弾いて1日5,000円ほど稼いでいる）

構文 <u>Keisuke</u> <u>earns</u> 〈about 5,000 yen〉 (a day) (by playing the
S　　　　V　　　　　　O
guitar (in front of the station)).

 本来「農作物を収穫する」→「稼ぐ」で、earn money「お金を稼ぐ」、earn 金額「金額を稼ぐ」のように使います。応用として「お金」に限らず、earn an award「受賞する」／ earn respect「尊敬を集める」と使うこともできます。

周回Check! 　1　／　2　／　3　／

550 gain
[géin] ゲイン

得る

 例文 India gained independence from England on August 15, 1947.（インドは1947年8月15日にイギリスから独立を手にした（独立した））

 構文 <u>India</u> <u>gained</u> <u>independence</u> (from England) (on August 15, 1947).
S   V   O

エナジードリンクの「リゲイン（Regain）」は、「再び（re）エネルギーを得る（gain）」→「回復する」ということです。getと同じ意味で、gain knowledge「知識を得る」や gain popularity「人気を得る」のように使います。

551 rush
[rʌʃ] ラッシュ

急ぐ　**名** 急ぐこと

 例文 We don't need to rush to the station because there will be another train soon.（次の電車がすぐに来るから、駅へ急がなくても大丈夫だよ）

 構文 <u>We</u> <u>don't need to rush</u> (to the station) (because there <u>will be</u>
S   V   v
<u>another train</u> soon).
s

「ラッシュアワー」は「電車の中に人が急いで殺到する時間」です。rush to the stationは「駅へ急いで行く」です。名詞を使った、in a rush「急ぎの状態で」→「急いで」という熟語もおさえておきましょう。

552 chase
[tʃéis] チェイス

追いかける

 例文 Arata threw the ball, and his dog chased it.
（アラタはボールを投げ、彼の犬はそれを追いかけた）

 構文 <u>Arata</u> <u>threw</u> <u>the ball</u>, and <u>his dog</u> <u>chased</u> <u>it</u>.
S   V   O   S   V O

「車が別の車を追いかける」ことを「カーチェイス」と言います。ゲームで「敵を追いかける」場合にも「チェイス」とよく使われています。

Review! □ transport　□ export　□ retire
　　　　　□ import　□ trade　□ earn

553

dry
[drái] ドゥライ

乾かす
形 乾いた、乾燥した

例文 If you wash the dishes, I'll dry them.
（お皿を洗ってくれるなら、僕が乾かすよ）

構文 (<u>If</u> <u>you</u> <u>wash</u> <u>the dishes</u>), <u>I'll</u> <u>dry</u> <u>them</u>.
　　　　　s　　　v　　　o　　　　　S　　V　　O

「ドライアイ」とは「目が乾く」こと、「ドライヤー（dryer）」は「乾かす機械」ですね。また、「ドライフルーツ（<u>dried</u> fruit）」は「<u>乾燥させられた</u>果物」、「ドライフラワー（<u>dried</u> flower）」は「<u>乾燥させられた</u>花」のことです。

554

hang
[hæŋ] ハング

つるす、掛ける
hang - hung - hung

例文 It is rainy today, so I hung my washing up in my room.
（今日は雨なので、洗濯物を部屋の中に干した）※ washing「洗濯物」

構文 <u>It</u> <u>is</u> <u>rainy</u> today, <u>so</u> <u>I</u> <u>hung</u> <u>my washing</u> up (in my room).
　　　 S　V　　C　　　　　　S　　V　　　　O

「ハンガー（hanger）」は「服を<u>掛ける</u>もの」ですね。その動詞形が hangで、hang-hung-hungという変化に注意してください。受動態で be hung from ～「～からつるされている」もよく使われます。

555

kick
[kík] キック

ける

例文 The soccer player kicked the ball into the goal.
（そのサッカー選手はボールをけってゴールを決めた）

構文 <u>The soccer player</u> <u>kicked</u> <u>the ball</u> (into the goal).
　　　　　　 S　　　　　　　 V　　　 O

「キック」のことだとわかれば簡単ですね。例文は kick 物 into ～「物 をけって～の中に入れる」の形です。このように kick 物 の後ろに方向を表す語句を続けることはよくあります。

556

shoot
[ʃúːt] シュート

撃<ruby>う<rt></rt></ruby>つ、撮影する　名 撮影

shoot – shot – shot

 例文　**The hunter shot two bears which came into the village.**
（そのハンターは村にやってきた2匹のクマを撃った）

構文　<u>The hunter</u> <u>shot</u> ⟨<u>two bears</u> [which came (into the village)]⟩.
　　　　S　　　　V　　　O

本来は「勢いよく飛ばす」で（「ボールを勢いよく飛ばす」→「シュートする」が有名）、「弾丸を勢いよく飛ばす」→「撃つ」、「光を勢いよく飛ばす・シャッター音をバシャバシャと勢いよく鳴らす」→「撮影（する）」となります。

557

hunt
[hʌ́nt] ハント

狩る

 例文　**In Europe people use dogs to hunt foxes.**
（ヨーロッパでは人々はキツネを狩るために犬を使う）

構文　(In Europe) <u>people</u> <u>use</u> <u>dogs</u> (to hunt foxes).
　　　　　　　　　S　　　V　　O

「ハンター（hunter）」とは「狩りをする人」ですね（マンガの『HUNTER×HUNTER』も有名です）。また、「ハンチング帽」は本来「狩猟用の帽子」という意味です。

558

press
[prés] プレス

押す

pressure 名 圧力、プレッシャー

例文　**The machine turned on when I pressed the button.**
（ボタンを押すと、その機械は起動した）

構文　<u>The machine</u> <u>turned on</u> (when <u>I</u> <u>pressed</u> <u>the button</u>).
　　　　S　　　　　V　　　　　　　s　v　　　o

 日本語でも「上から強く押す」ことを「プレスする」と言ったりします。また、名詞 pressure「圧力・プレッシャー」には press が入っており、「上から強く押す」→「圧力」ということです。

Review!　□ gain　　□ chase　　□ hang
　　　　　□ rush　　□ dry　　　□ kick

559 set
[sét] セット

置く、設定する、沈む
set – set – set

 例文 I set my alarm for 5:00 A.M. because I have to get up early tomorrow. (私は明日早く起きなければならないので、午前5時にアラームをセットした)

 構文
$\underset{S}{\text{I}}$ $\underset{V}{\text{set}}$ $\underset{O}{\text{my alarm}}$ (for 5:00 A.M.) ($\boxed{\text{because}}$ $\underset{S}{\text{I}}$ have to $\underset{V}{\text{get up}}$ early tomorrow).

 本来「置く」で、「適切な位置に置く」→「設定する・セットする」となりました。set an alarmはそのまま「アラームをセットする（設定する）」ですね。「（太陽が）沈む」の意味は「サンセット（sunset）」＝「日没」から理解できます。

560 sink
[síŋk] スィンク

沈む　**名** 流し
sink – sank – sunk

 例文 The old boat sank in the storm. It is at the bottom of the sea now. (その古いボートは嵐で沈没した。今は海底にある)

 構文
$\underset{S}{\text{The old boat}}$ $\underset{V}{\text{sank}}$ (in the storm). $\underset{S}{\text{It}}$ $\underset{V}{\text{is}}$ (at the bottom of the sea) (now).

 「（キッチンの）流し」を「シンク」と言いますが、これは「使ったお皿を水に沈めておく場所」ということです。sinkは動詞「沈む」が大切で、難関校で「タイタニック号の沈没」に関する長文で何度も使われたりしています。

561 float
[flóut] フロウト

浮く

 例文 Wood floats in water, but stones sink.
(木は水に浮くが、石は沈む)

 構文
$\underset{S}{\text{Wood}}$ $\underset{V}{\text{floats}}$ (in water), but $\underset{S}{\text{stones}}$ $\underset{V}{\text{sink}}$.

 大昔は「船」という意味で、船がプカプカ浮かぶ様子をイメージしてください。「コーヒーフロート」は「コーヒーにアイスクリームが浮いている飲み物」のことです。

周回Check! 1 / 2 / 3 /

562

trick
[trík] トゥリック

だます
名 いたずら、トリック

 例文 Cuckoo birds trick other birds into looking after their eggs.
（カッコウは他の鳥をだまして自分たちの卵の世話をさせる）
※ look after 〜「〜の世話をする」

 構文 <u>Cuckoo birds</u> <u>trick</u> <u>other birds</u> (into looking after their eggs).
S　　　　　V　　　O

 ハロウィーンの Trick or treat. は「いたずらするよ、それが嫌ならお菓子ちょうだい」という意味です。手品のトリックのイメージが強いですが、動詞「だます」も大事で、trick 人 into -ing「人 をだまして〜させる」のように使います。

563

slip
[slíp] スリップ

滑る

 例文 Watch your step, or you will slip on the ice.
（足元に気を付けて。じゃないと氷で滑るよ）

 構文 <u>Watch</u> <u>your step</u>, or <u>you</u> <u>will slip</u> (on the ice).
V　　　O　　　　　S　　　V

日本語でも「スリップする」と言いますし、「スリッパ」は「足を滑り込ませる履物」という意味です。slipには「頭の中から滑り落ちる」→「忘れる」の意味もあり、会話で It totally slipped my mind.「すっかり忘れてたよ」とよく使います。

564

clap
[klǽp] クラップ

拍手する 名 拍手

 例文 The audience clapped at the end of her speech.
（観客は彼女のスピーチの最後に拍手をした）

 構文 <u>The audience</u> <u>clapped</u> (at the end of her speech).
S　　　　　V

日本語は「パチパチ」ですが、英語では拍手の音が「クラップ・クラップ」と聞こえることから、この単語が生まれました。日本でも、音楽に合わせた「手拍子」を「クラップ」と言います。

Review!　□ shoot　□ press　□ sink
□ hunt　□ set　□ float

565

lock
[lák] ラック

カギをかける

 例文 **Don't forget to lock the door when you go out.**
（出かけるときにドアにカギをかけるのを忘れないでね）

 構文 <u>Don't forget to lock</u> <u>the door</u> (<u>when</u> <u>you</u> <u>go out</u>).
　　　　　　V　　　　　　O　　　　　when　　S　　　v

 日本語でも「ロックする」と言っています。lock the door「ドアにカギをかける」
はよく使われる表現です。ちなみに lockdown「ロックダウン・封鎖」は、「カギを
かけて（lock）上から下に押さえ込んで動けなくする（down）」イメージです。

566

dive
[dáiv] ダイヴ

飛び込む
dive – dove[dived] – dived

 例文 **The pool is not very deep, so don't dive into it.**
（そのプールはあまり深くないので、飛び込んではいけません）

 構文 <u>The pool</u> <u>is</u> <u>not very deep</u>, <u>so</u> <u>don't dive</u> (<u>into it</u>).
　　　　　S　　　V　　　　C　　　　　　so　　　V

 日本語でも「海にダイブする」と言ったり、「大空に飛び込む」ことを「スカイダ
イビング」と言ったりしますね。diveは「手と頭から飛び込む」とき、jumpは「足
から飛び込む」ときによく使います。

567

gather
[gǽðər] ギァザァ

集まる、集める

 例文 **We gathered sticks to make a campfire.**
（私たちはキャンプファイヤーをするために棒を集めた）

 構文 <u>We</u> <u>gathered</u> <u>sticks</u> (<u>to make a campfire</u>).
　　　　　S　　　V　　　　O

 together「一緒に」と語源が同じで（gatherとつづりが似ていますね）、「一緒にな
る」→「集まる・集める」となりました。例文は gather 名詞「名詞 を集める」
ですが、gather in front of Hachiko「ハチ公前に集まる」のようにも使えます。

周回Check!　　1　／　　2　／　　3　／

568

lift
[líft] リフト

持ち上げる
名 持ち上げること

 例文
I can't lift this chair by myself. It's too heavy. Can you help me? (このイスは1人では持ち上げられない。重すぎるんだ。手伝ってくれない?)

 構文
$\underset{S}{\text{I}}$ $\underset{V}{\text{can't lift}}$ $\underset{O}{\text{this chair}}$ (by myself). $\underset{S}{\text{It's}}$ $\underset{V}{}$ $\underset{C}{\text{too heavy}}$. Can $\underset{S}{\text{you}}$ $\underset{V}{\text{help}}$ $\underset{O}{\text{me?}}$

 スキー場の「リフト」は「人を高い場所に持ち上げる機械」、「ウエイトリフティング・重量挙げ（weight lifting）」は「重いバーベルを頭上に持ち上げる競技」です。

569

pour
[pɔːr/pɔː] ポア / ポー

注ぐ

 例文
My mother poured some milk into a glass for me.
(母は私のためにミルクをグラスに注いでくれた)

 構文
$\underset{S}{\text{My mother}}$ $\underset{V}{\text{poured}}$ $\underset{O}{\text{some milk}}$ (into a glass) (for me).

 「あふれるように流れる」イメージで、「注ぐ」や「(雨が) 激しく降る」の意味があります。pour A into B「A を B の中に注ぐ」の形が重要です。発音は「ポア」または「ポー」です。

570

chew
[tʃúː] チュー

かむ

 例文
Don't chew with your mouth open.
(口を開けたままかんじゃダメだよ) ※「くちゃくちゃ食べないで」ということ

構文
$\underset{V}{\text{Don't chew}}$ (with your mouth open).

 「チューインガム（chewing gum）」は「かみ続けて味わうガム」ということです。例文は、子どものしつけとして親が言うセリフです。後ろは with O C「O が C のままで」の形で、with your mouth open「口を開けたままで」です。

Review! □ trick □ clap □ dive
□ slip □ lock □ gather

571

swallow
[swálou] スワロウ

飲み込む　名 ツバメ

 例文 Chew your food well before you swallow it.
(飲み込む前に食べ物をよくかみなさい)

 構文 <u>Chew</u> <u>your food</u> (well) ([before] you <u>swallow</u> <u>it</u>).
　　　 V 　　O 　　　　　　　　　 s 　　 v 　　 o

 「ツバメが餌を飲み込む」と覚えてください。プロ野球の「ヤクルトスワローズ」は、「ツバメ」がマークですが、さらに「敵を飲み込む」という意味もあるのではないかと思います。入試で「ツバメの生態」に関する長文は意外とよく出ます。

572

bite
[báit] バイト

かじる、かみつく
bite – bit – bitten

 例文 Be careful, or the dog may bite your hand.
(気を付けなさい。じゃないと、犬があなたの手をかむかもしれませんよ)

 構文 <u>Be</u> <u>careful</u>, or <u>the dog</u> <u>may bite</u> <u>your hand</u>.
　　　 V 　 C 　　　 S 　　　 V 　　　 O

 結婚式でウェディングケーキを最初に食べさせ合う演出を「ファーストバイト」と言います。chewは「何度もかむ・咀嚼する」というニュアンスで、単に「ひと口かむ」には biteを使います。

573

bark
[bá:rk] バーク

吠える

 例文 The dog barked loudly from inside the house when I rang the doorbell. (私が玄関のチャイムを鳴らすと、その犬は家の中から大声で吠えた)

構文 <u>The dog</u> <u>barked</u> (loudly) (from inside the house) ([when] <u>I</u>
　　　 S 　　　 V 　　　　　　　　　　　　　　　　　　　　 s
<u>rang</u> <u>the doorbell</u>).
　 o

 「犬が吠える」場合によく使うので、「バーク！」と犬が吠えている姿を思い浮かべるといいでしょう。Barking dogs seldom bite. 「ほえる犬はめったにかみつかない（やたらと脅しを言う人ほど怖くない）」ということわざで覚えるのもアリです。

周回Check! 1 ／ 2 ／ 3 ／

574 slide

[sláid] スライド

滑る
slide – slid – slid

 例文 **He slid on the ice and fell down.**
（彼は氷の上で滑って転んだ）

 構文 <u>He</u> <u>slid</u> (on the ice) and <u>fell down</u>.
S V   V

スポーツの「スライディング」＝「地面を滑る動き」や、プールにある「ウォーター
スライダー」＝「水と一緒に滑り落ちる施設」から連想すれば OKです。

575 seal

[síːl] スィール

封をする、印を押す

例文 **I put the letter in the envelope and sealed it with glue.**
（私は封筒に手紙を入れてのりで封をした）

構文 <u>I</u> <u>put</u> <u>the letter</u> (in the envelope) and <u>sealed</u> <u>it</u> (with glue).
S V   O   V   O

「シール」は本来「手紙の封をするために貼り付けたもの」（昔はロウを溶かして封
をした）で、そこから「封をする」という動詞が生まれました。ちなみに日本人が
想像する「シール」は、英語では stickerを使うことが多いです。

576 sweep

[swíːp] スウィープ

掃く
sweep – swept – swept

例文 **The students at that school have to sweep the halls
every day to keep the school clean.**（その学校の生徒たちは学校
をきれいに保つため、毎日廊下を掃かなければならない）

構文 〈<u>The students [at that school]</u>〉 <u>have to sweep</u> <u>the halls</u> (every
        S   V   O
day) (to keep the school clean).

「スイープ」という響きは「床をスーッと掃く」というイメージです。「スイ〜ッと
ホウキで掃く」と覚えてもいいでしょう。

Review!
  ☐ lift   ☐ chew   ☐ bite
  ☐ pour   ☐ swallow   ☐ bark

577 wipe

[wáɪp] ワイプ | 拭く

例文 She's wiping off a kitchen counter.
（彼女は調理台（キッチンのカウンター）を拭いている）

構文 <u>She's wiping off</u> <u>a kitchen counter.</u>
S   V   O

 車の窓についている「ワイパー」は「窓についた雨を拭くもの」で、動詞形が wipeです。wipe off ～「～を拭く」や wipe A off B「BからAを拭き取る」の形で よく使います（offは「分離」を表し、汚れを分離させるイメージ）。

578 blow

[blóu] ブロウ | 吹く
blow – blew – blown

例文 A cold wind was blowing, so I put on a thick coat.
（冷たい風が吹いていたので、私は厚手のコートを着た）

構文 <u>A cold wind</u> <u>was blowing,</u> so <u>I</u> <u>put on</u> <u>a thick coat.</u>
S   V   S   V   O

 「ドライヤーでブローする」と言いますが、「ドライヤーで風を吹かせる」という意 味なんです。blowの発音は「ブロウ」、過去形 blewは「ブルー」です（難関校で この発音が狙われます）。ちなみに brow「まゆ毛」の発音は「ブ<u>ラ</u>ウ」です。

579 weigh

[wéi] ウェイ | 重さがある
weight **名** 重さ

例文 This computer weighs only one kilogram.
（このパソコンの重さはたった1キロだ）

構文 <u>This computer</u> <u>weighs</u> <u>only one kilogram.</u>
S   V   C

 名詞 weightは「ウェイトリフティング（重量挙げ）」や「ウエイトを絞る（体重を 絞る・減量する）」で使われています。その動詞形が weigh「重さを量る・～の重 さがある」で、品詞をきちんと区別してください。

580 guard
[gάːrd] ガード

守る 名 警護

 例文 The secret service guards the President from attack.
（シークレットサービス（警護人）は大統領を攻撃から守る）

 構文 The secret service guards the President (from attack).
　　　　　　S　　　　　　　　V　　　　　　O

 日本語でも「ガードする」と言いますし、「ガードレール」は「道路で歩行者を守る」ものです。ちなみに「ガードマン」は和製英語で、（×）guard manではなく、実際は (security) guardと言います。

581 fasten
[fǽsn] ファスン

締める

例文 Please fasten your seat belts. We are going to take off soon.（シートベルトをお締めください。間もなく離陸いたします）

構文 Please fasten your seat belts. We are going to take off soon.
　　　　　　V　　　O　　　　S　　　　　　V

 服やバッグなどについている「ファスナー (fastener)」から覚えるといいでしょう（実際には日本語の「ファスナー」は英語でzipperと言いますが）。例文のように「飛行機のアナウンス」でよく使われます。

582 stick
[stík] スティック

突き刺す 名 棒
stick - stuck - stuck

例文 I stuck the balloon with a needle, and it popped.
（風船を針で刺すと割れた）※ pop「ポンと鳴る・破裂する」

構文 I stuck the balloon (with a needle), and it popped.
　　S　V　　　O　　　　　　　　　　　　S　V

 「スティック」と聞くと「棒」（名詞）のイメージが強いと思いますが、英語stickは「（棒で）突き刺す」という動詞も大切です。stick-stuck-stuckという変化も確認しておきましょう。

Review!
□ slide　□ sweep　□ blow
□ seal　□ wipe　□ weigh

日本紹介英作文 ⑧

七五三

Shichigosan, which means "7-5-3" is celebrated on November 15. Girls aged 3 and 7, and boys aged 5 dress up in traditional Japanese *kimonos* and visit a shrine. At the shrine, parents thank the gods for protecting their children up to this age, and pray for the children's future, too. Parents hope their children will live a long, healthy life, so they give their children *chitose ame.*

───────── **和訳** ─────────

7-5-3を意味する七五三は11月15日に行われます。3歳と7歳の女の子と5歳の男の子は日本の伝統的な着物を着て神社を訪れます。神社で、親は神様にこの年齢まで子どもたちを守ってくれたことに感謝し、子どもたちの将来についても祈ります。親は子どもたちが長く健康的な生活を送れるように願い、彼らに千歳飴をあげます。

英作文お役立ち単語
(赤文字は本書の見出し語（派生語含む）に掲載)

□ celebrate	動 祝う → 12 番	□ god	名 神 → 141 番
□ age	名 年齢 動 年をとる → 85 番	□ protect	動 守る、保護する → 52 番
□ dress up	熟 着飾る	□ up to ～	熟 ～まで
□ traditional	形 伝統的な、従来の → 255 番	□ pray	動 祈る → 539 番
□ shrine	名 神社	□ healthy	形 健康な → 130 番
□ thank	動 感謝する		

日本紹介英作文 ⑨

節分

Setsubun is a festival held on the day before the beginning of spring, according to the old Japanese calendar. *Setsubun* is a traditional festival held on February 3 every year. People throw dried soybeans and shout *"Oniwasoto! Fukuwauchi!"*, which means "Devils out! Good luck in!" People also eat a number of soybeans equal to their age for good luck.

和訳

節分は日本の旧暦における春が始まる前日に行われるお祭りです。節分は毎年2月3日に行われる伝統的なお祭りです。人々は乾燥した豆を投げて「鬼は外！福は内！」、つまり「鬼は外へ出ていけ！ 福は入ってこい！」と叫びます。人々はまた、幸運を呼び込むために自分の年齢と同じ数の豆を食べます。

英作文お役立ち単語
（赤文字は本書の見出し語（派生語含む）に掲載）

□ **festival**	名 祭り	□ **soybean**	名 大豆
□ **hold**	動 行う hold-held-held	□ **shout**	動 叫ぶ → 532 番
□ **according to ～**	熟 ～によると → 403 番	□ **devil**	名 鬼
□ **calendar**	名 カレンダー → 217 番	□ **equal to ～**	熟 ～に等しい → 309 番
□ **traditional**	形 伝統的な、従来の → 255 番	□ **age**	名 年齢 → 85 番
□ **dry**	動 乾かす → 553 番		

日本紹介英作文 ⑩

七夕

Tanabata is the event celebrated on July 7. It is a celebration of two lovers from a Chinese story who can only meet once a year. The two lovers are represented by stars in the night sky. It is said that if the weather is good, they can meet, but if it is cloudy or rainy, they have to wait one more year. On this day, children write wishes on pieces of paper, hang them from tree branches, and pray for them to come true.

───── 和訳 ─────

七夕は7月7日に行われるイベントです。それは、中国のお話に出てくる、1年に1回だけ会うことができる2人の恋人のお祝いです。その2人の恋人たちは夜空の星で表されます。天気がよければ会うことができますが、もし曇りや雨ならばもう1年待たなければならないと言われています。この日は、子どもたちは願い事を短冊に書き、木の枝につるし、願い事が叶うようにお祈りをします。

英作文お役立ち単語
（赤文字は本書の見出し語（派生語含む）に掲載）

☐ celebrate	動 祝う → 12番	☐ hang	動 つるす、掛ける → 554番
☐ celebration	名 お祝い → 12番	☐ branch	名 枝、支店 → 735番
☐ **lover**	名 恋人	☐ pray	動 祈る → 539番
☐ represent	名 表す → 493番	☐ **come true**	熟 実現する、叶う
☐ piece	名 1つ、ひとかけら → 211番		

動詞

名詞

形容詞

周回Check! 　1 ／　2 ／　3 ／

583 promise
[prámis] プラミス

約束　**動** 約束する

 例文 If you don't keep your promises, people won't trust you.
（約束を守らなければ、人から信用されないよ）

 構文 (If you don't keep your promises), people won't trust you.
　　　　 s　　 v　　　　　 o　　　　　　 S　　　　 V　　　 O

 自分がした約束を忘れないためにする指輪を「プロミスリング」と言います。keep one's promise「約束を守る」⇔ break one's promise「約束を破る」という熟語が重要です。promise to ～「～すると約束する」の形もチェックを。

584 effort
[éfərt] エファート

努力

例文 She is making an effort to save money. She always brings her lunch instead of buying it. （彼女はお金を節約しようと努力している。いつも昼食は買わずにお弁当を持ってきている）

 構文 She is making 〈an effort [to save money]〉. She always
　　　　 S　 V　　　　　　 O
brings her lunch (instead of buying it).
　 V　　 O

 「外に（ex）力（fort）を出す」→「努力」です（fortは force「力」からも連想できます）。make an effortは「努力を作る」→「努力する」という重要熟語です。

585 attention
[əténʃən] アテンシャン

注意

例文 Pay attention to the road when you are driving!
（運転中は道路に注意しなさい!）

 構文 Pay attention to the road (when you are driving)!
　　　　 V　　　　　　 O　　　　　 s　 v

 pay attention to ～「～に注意を払う・～に注意する」という熟語が狙われます。デパートや空港のアナウンスで Attention, please. と流れますが、これは「注目」や「注意して聴いてください」といった意味です（リスニングでも頻出）。

Review!　□ guard　　□ stick
　　　　　　 □ fasten

218

586 quality
[kwάləti] クワリティ | 質

例文 Japanese companies are famous for their high quality products, such as cars. (日本の会社は、車をはじめとする高品質な製品で有名だ)

構文 <u>Japanese companies</u> <u>are famous</u> for 〈their high quality products,
S ... V ... O
[such as cars]〉.

日本語でも「クオリティが高い（質が高い）」や「ハイクオリティーな製品」と使われます（英語では good quality や high quality）。また、最近は「生活の質（quality of life）」を QOL と言うこともあります。

587 advantage
[ædvǽntidʒ] アドヴァンティッヂ | 有利

例文 One advantage of plastic bottles over glass ones is that they don't break easily. (ペットボトルがガラスの瓶よりも優れている点は簡単に割れないことだ)

構文 〈One advantage [of plastic bottles over glass ones]〉 is
S ... V
〈 that they don't break easily〉.
C ... s ... v

スポーツで「相手より有利な状況」のことを「アドバンテージ」とよく言います。advantages and disadvantages「長所と短所・メリットとデメリット」は便利な表現です（英語で merit や demerit はあまり使いません）。

588 situation
[sìtʃuéiʃən] スィチュエイシャン | 状況

例文 He does his best in any situation. You can really depend on him. (彼はどんな状況でも最善をつくす。彼は本当に頼りにできるよ)

構文 <u>He</u> <u>does</u> <u>his best</u> (in any situation). <u>You</u> <u>can</u> (really) <u>depend on</u> <u>him</u>.
S ... V ... O ... S ... V ... O

日本語でも「憧れのシチュエーション」「ロマンチックなシチュエーション」と使われています。situation は「その場を取り巻く状況」という意味です。

589

amount
[əmáunt] アマウント | 量

 My parents have saved a large amount of money for my college education.（両親は私の大学の学費のために多額のお金をためている）

 <u>My parents</u> <u>have saved</u> 〈a large amount of money〉 (for my
　　　　S　　　　　V　　　　　　　　O
college education).

 「山（mountain）のように積みあがった」イメージです。数えられない名詞に対して、a large amount of ～「たくさんの（量の～）」の形でよく使います。ちなみに、数えられる名詞には amountの代わりに number「数」を使います。

590

quarter
[kwɔ́ːrtər] クウォータァ | 4分の1

 There are four of us, so we each eat a quarter of the cake.
（私たちは4人なので、ケーキを4分の1ずつ食べます）

 <u>There</u> <u>are</u> 〈four of us〉, <u>so</u> <u>we</u> each <u>eat</u> 〈a quarter of the cake〉.
　　　　V　　　　S　　　　　　　S　　　　　V　　　　O

人に対して「クオーター」と言えば「外国人の血が4分の1流れている」ことです。quarterは「1時間の4分の1」→「15分」の意味もあり、It's a quarter to seven. は「7時に向かってあと15分」→「7時15分前（6時45分）」です。

591

variety
[vəráiəti] ヴァライエティ | 多様性 | various 形 様々な
vary 動 変化する、異なる

 Convenience stores sell a variety of lunch boxes.
（コンビニエンスストアでは様々なお弁当が売られています）

 <u>Convenience stores</u> <u>sell</u> 〈a variety of lunch boxes〉.
　　　　　S　　　　　　　　V　　　　　　　O

「バラエティー番組」は「トークあり、歌ありの多様性ある番組」、「バラエティ豊かな商品ラインナップ」は「様々な種類がたくさんある」ということです。例文のように a variety of ～「様々な～」という形でよく使います。

Review! | ☐ promise | ☐ attention | ☐ advantage
☐ effort | ☐ quality | ☐ situation

role
[róul] ロウル

役割

例文 **Exercise plays an important role in health.**
（運動は健康において重要な役割を果たす）

構文 Exercise plays an important role (in health).
　　　　S　　 V　　　　O

「戦士などの役割（role）を演じる（play）ゲーム（game）」のことを「ロールプレイングゲーム」と言います。英作文で play an important role in ～「～において重要な役割を果たす」はとても便利ですよ。

atmosphere
[ǽtməsfiər] アトマスフィア

雰囲気、大気

例文 **The atmosphere in my class is good because our teacher is funny.**（私たちの先生は面白いので、クラスの雰囲気は良い）

構文 〈The atmosphere [in my class]〉 is good (because our teacher is funny).
　　　　S　　　　　　　　　　　　 V　 C　　　　 s　　　 v　 c

日本語の「ムード」にあたる意味でよく使います（ちなみに mood は「気分」です）。環境問題の話では、pollute the atmosphere「大気を汚染する」も頻出です。

opportunity
[ɑ̀pərtjúːnəti] アパチューナティ

機会

例文 **The wind is strong today, so it is a great opportunity to fly a kite.**（今日は風が強いので、凧をあげるには絶好のチャンスだ）

構文 The wind is strong today, so it is 〈a great opportunity [to fly a kite]〉.
　　　　S　　 V　 C　　　　　　 S V　　C

日本語の「チャンス」に相当する単語です。opportunity の port は「港」で、本来は「港に都合の良い風が吹くような（チャンス）」という意味でした。an opportunity to ～「～する機会・チャンス」の形でよく使います（不定詞の形容詞的用法）。

周回Check! **1** / **2** / **3** /

595 process

[práses] プラセス

プロセス（過程）、作業、方法、手順 動 処理する

 例文 **Please describe the process of making chocolate.**
（チョコレートを作る手順を説明してください）

 構文 Please <u>describe</u> ⟨the process [of making chocolate]⟩.
            V   O

 日本語でも「結果よりプロセス（過程）が大事」などと使われています。「プロセス・過程」でピンとこないときは、「一連の action」と考えてみてください（それが「作業・方法・手順」などと訳されるだけです）。

596 procedure

[prəsíːdʒər] プラスィーヂャァ

手順

 例文 **What is the procedure for making pasta? – First, mix the flour and water.**（パスタを作る手順は? — まず、小麦粉と水を混ぜてください）

構文 <u>What</u> <u>is</u> ⟨the procedure [for making pasta]⟩? – First, <u>mix</u>
 C   V   S   V
⟨the flour and water⟩.
       O

 proceed「進める」や process「プロセス・過程」と語源が同じで、「1つひとつ進めていくプロセス」→「手順」となりました。例文のように procedure for ~「~のための手順」の形でよく使います（実験や料理の手順を表すことが多いです）。

597 rate

[réit] レイト

割合、率、料金 動 評価する

 例文 **The birth rate in Japan is low, so there are fewer and fewer children these days.**（日本の出生率は低いので、最近は子どもが少なくなってきている）

構文 ⟨The birth rate [in Japan]⟩ <u>is</u> <u>low</u>, so there <u>are</u>
        S   V C   V
⟨fewer and fewer children⟩ (these days).
        S

 the birth rate は「生まれる割合・率」→「出生率」で、少子高齢化に関する長文でよく出ます（birthrate という 1 語でも OK）。rate には「1つひとつのものに対する割合・価値」→「料金」の意味もあり、flat rate は「均一料金」です（flat は 783 番）。

Review! □ amount　　□ variety　　□ atmosphere
□ quarter　　□ role　　□ opportunity

598

distance
[dístəns] ディスタンス

距離
distant 形 遠い

例文 The distance from Honshu to Hokkaido is about 20 kilometers. （本州から北海道の距離は約20キロです）

構文 $\underset{S}{\underline{\langle \text{The distance [from Honshu to Hokkaido]} \rangle}}$ $\underset{V}{\underline{\text{is}}}$ $\underset{C}{\underline{\text{about 20 kilometers}}}$.

コロナ禍では「（感染防止のため）他人と距離をとる」という意味で「ソーシャルディスタンス」と使われましたね。例文のように、the distance from A to B「AからBまでの距離」の形でよく使います。

599

condition
[kəndíʃən] カンディション

状態、条件

例文 Yui takes care of her car, so it is in good condition.
（ユイは自分の車を大事にしているので、状態が良い）

構文 $\underset{S}{\underline{\text{Yui}}}$ $\underset{V}{\underline{\text{takes care of}}}$ $\underset{O}{\underline{\text{her car}}}$, so $\underset{S}{\underline{\text{it}}}$ $\underset{V}{\underline{\text{is}}}$ $\underset{C}{\underline{\text{in good condition}}}$.

スポーツで「グラウンドのコンディション（状態）が悪い」と使います。また、「エアコン（air conditioner）」は「空気の状態を整えるもの」です。例文は be in good condition「良い状態だ」という重要熟語です。

600

habit
[hǽbit] ハビット

習慣

例文 I have a habit of getting up at 7:00 every day, even on weekends. （私は毎日、週末でさえ7時に起きる習慣があります）

構文 $\underset{S}{\underline{\text{I}}}$ $\underset{V}{\underline{\text{have}}}$ $\underset{O}{\underline{\langle \text{a habit [of getting up at 7:00 (every day), (even on weekends)]} \rangle}}$.

habitは haveと関係があり、「習慣として個人が持つようになったもの」→「癖・習慣」となりました。have a habit of -ing「～する習慣がある」の形でよく使います。

周回Check! 1 / 2 / 3 /

601

fare
[féar] フェア

運賃

例文
Passengers have to pay the fare when they get on the bus. (乗客はバスに乗るときに運賃を払わなければならない)

構文
$\underset{S}{\text{Passengers}}\ \underset{V}{\text{have to pay}}\ \underset{O}{\text{the fare}}\ (\underset{}{\boxed{\text{when}}}\ \underset{s}{\text{they}}\ \underset{v}{\text{get on}}\ \underset{o}{\text{the bus}}).$

「遠くへ (far) 行く」→「(遠くへ行くときに使う乗り物の) 運賃」となりました (ferry「フェリー」と語源が同じ)。海外旅行で How much is the fare from A to B? 「AからBまでの運賃はいくらですか？」は便利な表現です。

602

risk
[rísk] リスク

危険 (性)

例文
The doctor said there was a small risk of cancer.
(医者はガンの可能性が少しあると言った)

構文
$\underset{S}{\text{The doctor}}\ \underset{V}{\text{said}}\ \langle\{\boxed{\text{that}}\}\ \text{there}\ \underset{v}{\text{was}}\ \langle\underset{s}{\text{a small risk of cancer}}\rangle\rangle.$

日本語でも「リスクをとる」「リスクを避ける」と使われていますね。例文のように「悪いことが起こる可能性」の意味でよく使います。take a risk「リスクをとる・危険を冒す」もよく使う表現です。

603

solution
[səlúːʃən] ソリューション

解決策
solve 動 解く

例文
When we want solutions to problems around us, it is important to have different ways of thinking.
(身の回りの問題を解決したいとき、様々な考え方をもつことが大切だ)

構文
$(\boxed{\text{When}}\ \underset{s}{\text{we}}\ \underset{v}{\text{want}}\ \langle\underset{o}{\text{solutions [to problems around us]}}\rangle),\ \underset{仮S}{\text{it}}\ \underset{V}{\text{is}}$
$\underset{C}{\text{important}}\ \langle\underset{真S}{\text{to have different ways of thinking}}\rangle.$

solve「解く」の名詞形で、ビジネスの現場で「解決策」を「ソリューション」と言っています。a solution to ～「～の解決策」の形が重要です。

Review!
- ☐ process
- ☐ procedure
- ☐ rate
- ☐ distance
- ☐ condition
- ☐ habit

604 benefit
[bénifit] ベネフィット

利益、利点 **動** 利益を得る
beneficial **形** 利益になる

例文
Today, I want to talk about my pet and some benefits of having pets. （今日は、私のペットとペットを飼うことのメリットについて話したいと思います）

構文
Today, <u>I</u> <u>want to talk about</u> ⟨my pet and some benefits [of having pets]⟩.
　　　 S 　　V 　　　　　　　　　　　　　 O

ビジネスで「その商品のベネフィットは〜」と使われますが、これは「(商品によって顧客が) 得られるもの」のことです。動詞として、benefit 〜「〜のためになる・〜に利益を与える」や benefit from 〜「〜から利益を得る」もよく使います。

605 machine
[məʃíːn] マシーン

機械

例文
This copy machine is out of order, so we can't make copies of the handout right now. （このコピー機は故障しているので、私たちは今、配布資料をコピーすることができません）※ handout「配布資料」

構文
<u>This copy machine</u> <u>is</u> <u>out of order</u>, so <u>we</u> <u>can't make</u>
　　　 S 　　　　　 V 　　　 C 　　　　　 S 　　 V
⟨copies of the handout⟩ (right now).
　　　　 O

発音は (×)「マスィーン」ではなく、(○)「マシーン」です。washing machine は「洗濯機」、vending machine は「自動販売機」です。

606 equipment
[ikwípmənt] イクウィプメント

装置類、機器類
equip **動** 備え付ける

例文
There is lots of useful equipment in my office, such as a copy machine. （私の会社にはコピー機などの役に立つ機械がたくさんある）

構文
<u>There</u> <u>is</u> ⟨lots of useful equipment⟩ (in my office), [such as
　　　　 V 　　　　　　　 S
a copy machine].

集合的に「機械類全般」を表すため、数えられない名詞です。例文でも lots of 〜 の後ろに equipment がきていますね（複数の s はつきません）。

周回Check! 1 ／ 2 ／ 3 ／

607 instance
[ínstəns] インスタンス 　例

例文 We need to protect the environment. For instance, we should reduce air pollution.（我々は環境を保護する必要がある。たとえば、大気汚染を減らさなければならない）

構文 <u>We</u> <u>need to protect</u> <u>the environment</u>. (For instance), <u>we</u>
S　V　O　　　　　　　　　　　　　　　　S
<u>should reduce</u> <u>air pollution</u>.
V　　　　O

for instance「たとえば」という表現が重要で、後ろに「具体例」がくる合図になります。for exampleを少し硬くしたイメージです。

608 standard
[stǽndərd] スタンダード 　基準、標準

例文 The standards for admission to this university are high.（この大学の入学基準は高い）

構文 〈<u>The standards [for admission to this university]</u>〉 <u>are</u> <u>high</u>.
S　　　　　　　　　　　　　　　　　　　　　V　C

日本語でも「標準レベル」を「スタンダードレベル」と言ったりします。長文では、meet the standards「基準を満たす」や a standard of living「生活水準」も重要です。

609 image
[ímidʒ] イミッヂ 　イメージ、印象

例文 The company's image has improved since its quality has improved.（その会社の製品の品質が向上したので、会社のイメージが良くなった）

構文 <u>The company's image</u> <u>has improved</u> (since <u>its quality</u> <u>has improved</u>).
S　　　　　　　　V　　　　　　　　s　　　　　v

日本語では「イメージ」ですが、英語の発音は「イミッヂ」です。例文の improve one's image「〜のイメージを良くする」はよく使う表現です。

Review! □ fare　□ solution　□ machine
□ risk　□ benefit　□ equipment

610 material
[mətíəriəl] マティエリアル

材料、原料

 These shirts are made of special material that dries quickly.
（これらのシャツは速乾性のある（すぐに乾く）特殊な素材でできている）

 <u>These shirts</u> <u>are made of</u> ⟨special material [that dries quickly]⟩.
　　　　S　　　　　V　　　　　　　　　　O

materialは「物質」と訳されることが多いのですが、「物を作り上げている物質」→「材料・原料・生地・素材・資料」といった意味でもよく使われます。raw materials「原料」もよく使う表現です（rawは789番）。

611 limit
[límit] リミット

限界　動 制限する
limitation 名 制限、制約

 The game was a tie because neither team scored by the time limit. （その試合は両チームとも制限時間内に得点しなかったので引き分けとなった）

 <u>The game</u> <u>was</u> <u>a tie</u> (because <u>neither team</u> <u>scored</u> (by the time limit)).
　　　S　　　V　　C　　　　　　　　s　　　　v

例文の time limit「タイムリミット」は日本語でもそのまま使いますね（「時間の限界」→「制限時間」）。動詞は limit A to B「AをBに制限する」の形が大事です。

612 favor
[féivər] フェイヴァ

親切な行い、好意
favorite 形 大好きな、一番好きな

 Can I ask you for a favor?
（お願いを聞いてくれませんか?）

 <u>Can</u> <u>I</u> <u>ask</u> <u>you</u> (for a favor)?
　　　S　V　O

本来「好意的な」です（favorite「一番好きな」と関連させましょう）。例文の直訳は「あなたに親切な行いをお願いしてもいいですか?」です。Can you do me a favor? でも同じ意味になります（do 人 物「人 に 物 を与える」の形）。

613

case
[kéis] ケイス

場合、箱

 例文 **It takes most people about one hour to read this book, but in my case, it took two hours.**
（ほとんどの人はこの本を約1時間で読むが、私の場合、2時間かかった）

構文 It takes most people about one hour 〈to read this book〉, but
仮S V   O₁   O₂   真S

(in my case), it took two hours.
S   V   O

入れ物の「ケース」の意味もありますが、「場合」という意味でよく出ます。接続詞 in case「もし〜の場合には・〜するといけないから」の用法も重要です。

614

sign
[sáin] サイン

標識、看板、目印、合図、兆候　動 署名する

 例文 **You have to stop if you see this road sign.**
（この道路標識が見えたら止まらなければならない）

構文 You have to stop (if you see this road sign).
S   V   s v   o

本来「何かを示すもの」という意味で、いわば肌荒れのようなものです。肌荒れはなにかの「目印」や「合図」でもあり「兆候」でもありますね。ちなみに日本語の「有名人のサイン」は autograph です。

615

control
[kəntróul] カントロウル

支配、制御　動 支配する、制御する

 例文 **The car went out of control on the ice and crashed into a telephone pole.** （その車は氷の上で制御がきかなくなり、電柱に衝突した）

構文 The car went out of control (on the ice) and crashed (into a
S   V   C   V

telephone pole).

ゲームの「コントローラー（controller）」は「ゲームのキャラクターを支配して制御するもの」です。go out of controlは、直訳「制御できる状態（control）から外へ出る（go out of）」→「制御不能になる」という熟語です。

Review!　□ instance　□ image　□ limit
□ standard　□ material　□ favor

service

[sə́ːrvis] サーヴィス

サービス、乗り物の便、公共事業、勤務、貢献

 例文 The service at this restaurant is excellent.
（そのレストランのサービス（接客）は素晴らしい）

 構文 〈The service [at this restaurant]〉 is excellent.
　　　　　　　　　　S　　　　　　　　　　　　　V　　C

 日本語での「1本無料サービス」の発想は完全に捨ててください。serviceは本来「形のない商品」で、たとえばお店で食事を出したり、いろいろしてくれる行為のことを serviceと言うんです。勘違いが多いだけに入試でよく狙われます。

order

[ɔ́ːrdər] オーダァ

順序、秩序、整頓、命令、注文　**動** 命令する、注文する

 例文 The elevator is out of order, so you have to use the stairs.
（エレベーターが故障しているので、階段を使わなければならない）

 構文 The elevator is out of order, so you have to use the stairs.
　　　　　S　　　　　V　　　C　　　　　S　　　V　　　　　O

 本来「（きちんとした）上から下への順番」で、「上から下への順番」→「順序・秩序・整頓」、「上から下にくだされるもの」→「命令・注文」となりました。out of orderは「機能している状態（order）の外へ（out of）」→「故障中で」です。

matter

[mǽtər] マター

問題、物体
動 重要である

 例文 What's the matter with you? Are you feeling sick?
（どうしたのですか？　気分が悪いのですか？）

 構文 What's 〈the matter (with you)〉? Are you feeling sick?
　　　　　C　　V　　　　S　　　　　　　　　　　　S　　　V　　　C

 本来は「中身が詰まったもの」で、「物体・事柄・問題」、「中身が詰まって重要だ」→「重要である」となりました。会話問題で What's the matter?「何が問題ですか？」→「どうしたの？」という表現が超頻出です。

周回Check!　　**1**　／　　**2**　／　　**3**　／

619 object

[ábdʒikt / əbdʒékt] アブヂィクト / アブヂェクト

物、対象、目的
動 反対する

 例文
That museum has many rare and beautiful objects from 17th century France. (その博物館には、17世紀フランスの希少で美しい品々がたくさんあります)

構文
That museum has ⟨many rare and beautiful objects [from
S   V   O
17th century France]⟩.

「物を投げつける」イメージで、「投げつける物」→「物」、「投げつける相手」→「対象・目的」となりました（文法用語の「目的語」は SVOと使われています）。動詞は object to -ing「〜することに反対する」の形が重要です（toは前置詞）。

620 patient

[péɪʃənt] ペイシェント

患者 **形** 我慢強い
patience **名** 忍耐

 例文
Naoto is a doctor respected by his patients.
(ナオトは患者から尊敬されている医者だ)

構文
Naoto is ⟨a doctor [respected by his patients]⟩.
S   V   C

「我慢強い患者」と覚えましょう。形容詞で「我慢強い」、名詞で「我慢強くしなきゃいけない人」→「患者」です。長い列に並んでだだをこねる子どもに、Be patient.「我慢しなさい」と言ったりします。

621 tear

[tíər / téər] ティアー / テア

涙 **動** 引き裂く
tear – tore – torn

 例文
Kumi had tears in her eyes when she said goodbye to her friends. (クミは友達にさようならを言ったとき、目に涙を浮かべていた)

構文
Kumi had tears (in her eyes) (when she said goodbye (to her friends)).
S   V   O   s   v   o

名詞「涙」では「ティアー」、動詞「引き裂く」では「テア」と発音します。難関校では同じつづりの語を書く問題として、The boy always tears his pants when 〜（動詞）／〜, so her father wiped away her tears.（名詞）が出ました。

Review! □ case □ control □ order
□ sign □ service □ matter

230

622

facility
[fəsíləti] ファスィリティ

能力、施設、設備

 All the recyclable resources are brought to recycling facilities after they are collected. （リサイクル可能な資源は回収された後、すべてリサイクル施設に持ち込まれる）

構文 〈All the recyclable resources〉 are brought (to recycling
S V
facilities) (after they are collected).
s v

本来「容易さ」で、「容易にする力」→「能力」、「容易にするための場所」→「施設・設備」です（「施設・設備」の意味では普通は複数形 facilities で使います）。

623

issue
[íʃuː] イシュー

問題、（雑誌の）号
動 発行する、出す

 We have to address environmental issues such as climate change and air pollution.
（我々は気候変動や大気汚染といった環境問題に取り組まなければならない）

構文 We have to address 〈environmental issues [such as climate
S V O
change and air pollution]〉.

「ポンッと出てくる」イメージで、そこから「（ポンッと表れた）問題・論争」、「発売日に店頭にポンッと出てくる」→「（雑誌の）号」となりました。

624

account
[əkáunt] アカウント

口座、アカウント、請求書
動 (account for ～で) 説明する、占める

 I only have 12,037 yen in my bank account.
（銀行口座に 12,037円しかない）

構文 I only have 12,037 yen (in my bank account).
S V O

account には count「数える」が入っており、「銀行でお金を数えて（計算して）説明するもの」→「口座」、「計算して説明するもの」→「勘定書・請求書」となりました。動詞は「（計算した内容を）説明する」→「占める」と考えれば OK です。

625

period
[píəriəd] ピェリエド

期間、時代

 In the Meiji period, Japanese people tried to learn many new things from the U.S. and Europe.
（明治時代、日本人はアメリカやヨーロッパから多くの新しいことを学ぼうとした）

 (In the Meiji period), Japanese people tried to learn many new things
　　　　　　　　　　　　　　　S　　　　　　　　V　　　　　　O
(from the U.S. and Europe).

 本来は「一定期間」で、「ピリオド（終止符）」は「しばらくの期間に区切りをつける」ということです。入試では「日本の歴史」を説明する長文で、the Meiji period「明治時代」などとよく使われます（periodの代わりに era「時代」も OK）。

626

term
[tə́ːrm] ターム

期間、用語

 We have to learn a lot of difficult terms in science class.
（私たちは理科の授業で難しい用語をたくさん学ばなければならない）

 We have to learn ⟨a lot of difficult terms⟩ (in science class).
S　　　V　　　　　　　　O

 本来「限られた一定空間」で、「限られた空間」→「期間」、「限られた空間で使われる言葉」→「用語」です。in terms of ～「～の言葉で・～の点で」という熟語もチェックしておきましょう。

627

operation
[àpəréiʃən] アペレイション

操作、運営、業務、手術
operate 動 操作する、運営する

 The company plans to expand its operations to Europe next year. （その会社は来年、ヨーロッパへの事業拡大を計画している）

 The company plans to expand its operations (to Europe)
S　　　　　V　　　　　　　O
(next year).

 日本語でも「ワンオペ（ワンオペレーション）」=「1人の従業員がすべての業務をすること」と使われています。また、医療系の長文では「手術」の意味でも出ます（医療ドラマで手術のことを「オペ」と言っています）。

Review!　□ object　　　□ tear　　　□ issue
　　　　　　　□ patient　　□ facility　□ account

628

content

[kántent/kəntént] カンテント / カンテント

中身、内容　形 満足した

例文　I was moved a lot by his fluent English and the contents of his speech.（彼の流ちょうな英語とスピーチの内容に、私は大いに感動しました）

構文　<u>I was moved</u> (a lot) (by his fluent English and the contents
S　V
[of his speech]).

「中身がつまった」イメージです。「中身・内容」は日本語でも「コンテンツ（contents）」と使われています。形容詞で「心の中身がつまった」→「満足した」の意味もあり、be content with ～「～に満足している」の形が重要です。

629

character

[kǽrəktər] キャラクタァ

登場人物、性格、文字
characteristic 形 特徴的な

例文　Every member of your group has a different character and opinion.（あなたのグループのメンバーは、1人ひとり性格も意見も違います）

構文　<Every member [of your group]> has <a different character and opinion>.
S　V　O

「（本やゲームの）キャラクター・登場人物」の意味もありますが、例文のように「性格・個性・特徴」といった意味でも使われます。さらには「（キャラが反映される）文字」の意味もあり、Chinese characterは「漢字」です。

630

energy

[énərdʒi] エナヂィ

エネルギー

例文　Japan gets most of its energy from oil, coal, natural gas and nuclear power.
（日本はエネルギーの大部分を石油、石炭、天然ガス、原子力から得ている）

構文　<u>Japan gets</u> <most of its energy> (from oil, coal, natural gas and nuclear power).
S　V　O

「エナジードリンク」では energyが正しい発音で使われています。最新入試では renewable energy「再生可能エネルギー」や sustainable energy「持続可能エネルギー」もよく出ます（太陽光・風力などによるエネルギーのこと）。

周回Check!　1　/　2　/　3　/

631

fuel
[fjúːəl] フュー(エ)ル | 燃料

例文 The burning of fossil fuels is a major cause of global warming. （化石燃料を燃やすことが地球温暖化の主な原因である）

構文 ⟨The burning [of fossil fuels]⟩ is ⟨a major cause [of global warming]⟩.
　　　　　　　　S　　　　　　　　　　　　V　　　　C

fossil fuels「化石燃料（石油・石炭・天然ガスなど）」は環境問題で欠かせない表現です。入試では「化石燃料に代わる再生可能エネルギーを開発する」といった話がよく出ます。

632

emission
[ɪmíʃən] イミッション | 排出（量）
emit **動** 発する、排出する

例文 Many countries and cities around the world have promised to cut their CO₂ emissions to zero by 2050. （世界中の多くの国や都市が、2050年までに二酸化炭素排出量をゼロにすると約束している）

構文 ⟨Many countries and cities [around the world]⟩ have promised to cut
　　　　　　　　　　　S　　　　　　　　　　　　　　　　　　　　V

their CO₂ emissions (to zero) (by 2050).
　　　　　O

emitは「外へ（e＝ex）送る（mit）」→「発する」で、その名詞形が emission です。reduce[cut] CO₂ emissions「二酸化炭素の排出量を削減する」が頻出です。

633

acid rain
[ǽsid réin] アスィド レイン | 酸性雨

例文 Smoke from factories is the main cause of acid rain.
（工場からの煙が酸性雨の主な原因だ）

構文 ⟨Smoke [from factories]⟩ is ⟨the main cause [of acid rain]⟩.
　　　　　　　　S　　　　　　　　V　　　　　C

acidは「酸っぱい・酸性の」で、acid rain「酸性雨」の形が大切です。酸性雨とは「（大気汚染の影響によって降る）酸性の雨」のことで、動物に悪影響を与えたり、植物を枯らしたり、銅像や建物を劣化させたりと、多くの被害が出ています。

Review! 　□ period 　　　□ operation 　　□ character
　　　　　　　□ term 　　　　□ content 　　　　□ energy

rainforest | 熱帯雨林

634

[réɪnfɔ̀rəst] レインフォレスト

 例文 By 2030, 60% of the Amazon rainforest may be lost.
（2030年までに、アマゾンの熱帯雨林の6割が失われるかもしれない）

 構文 (By 2030), ⟨60% [of the Amazon rainforest]⟩ may be lost.
　　　　　　　　　　　　S　　　　　　　　　　　　　V

 「雨（rain）が降る森林（forest）」→「熱帯雨林」です（a tropical rainforestと言うこともあります）。森林伐採・生態系・酸素の供給などに関する長文でキーワードになる単語です。

wildlife | 野生生物
wild **形** 野生の

635

[wáɪldlàɪf] ワイルドライフ

 例文 It is important to protect the natural habitats of wildlife.
（野生動物の自然の生息地を保護することは重要だ）

 構文 It is important ⟨to protect ⟨the natural habitats of wildlife⟩⟩.
　　　仮S V　　C　　　　　　真S

 「野生（wild）に住む生物（life）」→「野生生物・野生動物」で、野生にいる動植物全体を指します。例文の habitat「生息地」も環境・生物関連の話でよく出るのでチェックしておきましょう。

creature | 生き物
create **動** 創造する

636

[kríːtʃər] クリーチャァ

 例文 The creatures called *Funakuimushi* ate the wood of the ships and made some holes.
（フナクイムシという名前の生き物が、船の木材を食べていくつか穴を開けた）

構文 ⟨The creatures [called *Funakuimushi*]⟩ ate ⟨the wood [of the ships]⟩ and made some holes.
　　　　　　　S　　　　　　　　　　　　　V　　　　O　　　　　　　V　　　O

 「神様が創り出した（create）もの」→「生き物」です。厳密には「植物」を含まず、「不思議・驚き」のニュアンスで使われることが多いです。

周回Check! 1 ／ 2 ／ 3 ／

637

poison
[pɔ́izn] ポイズン

毒
poisonous 形 有毒な

 例文 The elephants in Ueno Zoo didn't eat the food with poison in it during the war. (上野動物園の象は戦争中、毒入りの食料を食べなかった)

 構文 〈The elephants [in Ueno Zoo]〉 didn't eat 〈the food [with
　　　　S　　　　　　　　　　　　　　　V　　　　　　O
poison in it]〉 (during the war).

日本の映画やゲームでも、箱などにドクロマークと一緒に poison と書かれているのをよく見かけます。「ドクロの下に骨でバッテン」をしたマークのイメージです。入試の長文で「生物の生態」を説明するときによく出ます。

638

brain
[bréin] ブレイン

脳

 例文 We use our brains to think.
(私たちは考えるために脳を使います)

 構文 We use our brains (to think).
　　　　S　V　　O

「社長・政治家のブレーン」とは「影の頭脳としていろいろと知恵を貸す人」のことです（英語の発音は「ブレイン」）。社会人がよく使う「ブレスト」とは、「ブレイン・ストーミング」=「頭脳を使っていろいろアイディアを出し合うこと」の略です。

639

ability
[əbíləti] アビリティ

能力

例文 This printer has the ability to print on both sides of the paper. (このプリンターは両面印刷の機能を備えている)
※直訳「このプリンターは紙の両側に印刷する能力を持っている」

 構文 This printer has 〈the ability [to print on both sides of the paper]〉.
　　　　S　　　　　V　　　　O

abilityは形容詞 able「できる」の名詞形です。ゲームでも、キャラクターの能力を表すのに「アビリティ」とよく使われています。例文のように the ability to 〜「〜する能力」の形でよく使います（to 〜 は不定詞の形容詞的用法）。

Review!　□ fuel　　　□ acid rain　　□ wildlife
　　　　　　□ emission　□ rainforest　□ creature

sense
[séns] センス

感覚
sensitive 形 敏感な

例文 Our five senses are sight, touch, hearing, taste and smell. (五感とは視力、触覚、聴覚、味覚、嗅覚のことだ)

構文 <u>Our five senses</u> <u>are</u> ⟨<u>sight, touch, hearing, taste and smell</u>⟩.
S　　　　　　　V　　　　　　　　　　　C

「センス」と聞くと「才能」を浮かべがちですが、「感覚」と強く意識してください。「センサー（何かを感知する装置）」のイメージで覚えるのもアリです。

talent
[tǽlənt] タレント

才能
talented 形 才能のある

例文 I discovered that it is more important for us to have passion and the ability to continue, than to have talent.
（才能よりも、情熱や継続力を持っていることのほうが大切だとわかった）

構文 <u>I</u> <u>discovered</u> ⟨that <u>it</u> <u>is</u> <u>more important</u> (for us) ⟨to have passion and the ability to continue⟩, (than to have talent)⟩.
S　V　　　　O 仮s v　c　　　　　　　　真s

スポーツで強いチームを「タレント集団」と言うことがありますが、「才能がある人の集団」のことです。

storm
[stɔ́ːrm] ストーム

嵐
stormy 形 嵐の

例文 The weather forecast says there will be a big storm tonight, so let's go home early.
（天気予報によると今晩大きな嵐が来るみたいなので、早く帰宅しましょう）

構文 <u>The weather forecast</u> <u>says</u> ⟨{that} <u>there</u> <u>will be</u> <u>a big storm</u> tonight⟩, so let's <u>go</u> (home) (early).
S　　　　　　V　　　　　　O　　v　　　s　　V

本来「回転する」という意味で、激しい嵐の暴風のイメージがあります。「暴風雨」のことを rainstorm と言うこともあります。天気・災害の話や物語文で頻出です。

動詞

名詞

形容詞

周回Check! 1 / 2 / 3 /

643

degree
[dɪɡríː] ディグリー

程度、(温度などの) 度、学位

 例文 The highest temperature will be 33 degrees Celsius. It's going to be hot today. (最高気温は(摂氏) 33℃になる予想です。今日は暑くなりそうです)

 構文 ⟨The highest temperature⟩ will be 33 degrees Celsius. It's
　　　　　　　　S　　　　　　　　　V　　　C　　　　　　S
going to be hot today.
　　V　　　C

「一度ずつ段階 (gree = grade) 的に上がり下がりする」イメージから、「程度・(温度などの) 度」となりました。ちなみに例文にある Celsius 「摂氏」は、摂氏温度計を作ったスウェーデンの学者の名前がそのまま使われた単語です。

644

volcano
[vɑlkéinou] ヴァルケイノウ

火山

 例文 Both Iceland and Hawaii have active volcanoes.
(アイスランドにもハワイにも活火山があります)

 構文 ⟨Both Iceland and Hawaii⟩ have active volcanoes.
　　　　　　　　S　　　　　　　　　V　　　O

日本のゲームでも、「火山」にまつわるキャラクター名に「ボルケーノ」とついていたりします。災害の話題や日本紹介 (富士山や桜島など) で大事な単語です。an active volcanoは「活火山」です。

645

hazard
[hǽzərd] ハザァド

危険 (要素)、偶然

 例文 What is the hazard map? – It's a map which shows you the dangerous places in disasters.
(ハザードマップとは何ですか? – 災害時に危険な場所を示す地図のことです)

 構文 What is the hazard map? – It's ⟨a map [which shows you the
　　　C　V　　　S　　　　　　　S V　　　C
dangerous places in disasters]⟩.

車の「ハザードランプ」は「危険」が生じたとき後続車に知らせる合図です。入試で「ハザードマップ」の話が頻出なので、例文でしっかりチェックを。

Review! □ poison □ ability □ talent
　　　　□ brain □ sense □ storm

238

646

shelter
[ʃéltər] シェルタァ

避難（所）、保護
動 保護する、避難する

例文 **In Japan, many dogs are brought to animal shelters.**
（日本では、多くの犬が動物保護施設に持ち込まれている）

構文 (In Japan), <u>many dogs</u> <u>are brought</u> (to animal shelters).
　　　　　　　　　S　　　　　V

 shield「盾」と同じ語源で、「上から保護されている場所」のイメージです。「核シェルター」のような大きな施設に限らず、animal shelter「動物保護施設」やもっと身近な「（駅付近にある）屋根付きの場所」などにも使われます。

647

harvest
[háːrvist] ハーヴィスト

収穫　動 収穫する

例文 **We had a good harvest this year. There is lots of food in Japan now.** （今年は豊作だった。今、日本にはたくさん食糧がある）

構文 <u>We</u> <u>had</u> <u>a good harvest</u> (this year). There <u>is</u> <u>lots of food</u> (in Japan) now.
　　 S　 V　　　 O　　　　　　　　　　　　　　V　　　　 S

 高校入試で「農業」の話は頻出なだけに大事です。harvest festival「収穫祭」は、日本でも「ハーヴェストフェスティバル」とたまに使われています。例文の a good harvestは「良い収穫」→「豊作」です。

648

crop
[krάp] クラプ

作物　動 刈る

例文 **This summer was cool, so the rice crop is poor. There isn't enough rice for everyone.** （今年の夏は涼しかったのでお米は不作だ。全員に十分なお米はない）

構文 <u>This summer</u> <u>was</u> <u>cool</u>, so <u>the rice crop</u> <u>is</u> <u>poor</u>. There <u>isn't</u>
　　　　 S　　　　　 V　　 C　　　　　 S　　　　 V　 C　　　　　　 V
<u>enough rice</u> (for everyone).
　　 S

 「裾を短くカットしたパンツ」を「クロップトパンツ（cropped pants）」と言いますが、これは crop「（作物の先端を）刈る」からきています。harvest a cropで「作物を収穫する」です（この harvestは動詞「収穫する」、cropは名詞「作物」）。

周回Check! 1 ／ 2 ／ 3 ／

649

seed
[síːd] スィード

種　動 種をまく

例文
When butterflies, bees, or some birds fly from one flower to another, they help fruits and vegetables to spread their seeds.
（蝶やハチ、鳥が花から花へ飛び移ることで、野菜や果物は種を広げることができる）

構文
(When 〈butterflies, bees, or some birds〉 fly (from one flower to another)),
　　　　　　　　　　　　　　　　 s 　　　　　　　 v
they help 〈fruits and vegetables〉 to spread their seeds.
S 　V 　　　　　　 O 　　　　　　　　　　 C

トーナメントの「シード」は、強い者同士がいきなりぶつからないよう、トーナメント上に「（種のように）ばらまく」ことが由来です。plant seedsは「種を植える」です。

650

stress
[strés] ストレス

ストレス、強調
動 ストレスをかける、強調する

例文
Studies show that smiling reduces stress and stress-related hormones. （研究によって、笑うことでストレスやストレスに関係するホルモンが減るとわかっている）

構文
Studies show 〈that smiling reduces 〈stress and stress-related hormones〉〉.
S 　　V 　　O 　　　 s 　　　 v 　　　　　　　 o

「グーっと強く押す」イメージで、そこから「圧力・ストレス（精神的圧力）・（英単語の）アクセント」、「強く押す」→「強調する」となりました。be stressed「ストレスをかけられて」→「ストレスがある」でもよく使います。

651

disease
[dizíːz] ディズィーズ

病気

例文
Dr. Takasugi has cured patients with various diseases.
（タカスギ先生は様々な病気の患者を治療してきた）

構文
Dr. Takasugi has cured 〈patients [with various diseases]〉.
S 　　　　　　 V 　　　　　　 O

easyの名詞がeaseで、diseaseは「楽（ease）になれない（dis）」→「病気」です。入試の長文で「健康」は定番テーマで、heart disease「心臓病」、suffer from a disease「病気に苦しむ」などとよく出ます。

Review!
□ degree　　□ hazard　　□ harvest
□ volcano　　□ shelter　　□ crop

652

cancer
[kǽnsər] キャンサァ

ガン

例文 It is said that vegetarians have a lower risk of heart disease, cancer and other illnesses.
（ベジタリアンは心臓病やガンなどの病気のリスクが低いと言われている）

構文 It is said ⟨that vegetarians have ⟨a lower risk [of heart disease, cancer and other illnesses]⟩⟩.
仮S V 真S s v o

cancerは意外なことに「カニ」が元々の意味です（「かに座」をcancerと言います）。「ガン」のまわりの血管が、カニの姿に似ていることに由来しています。

653

infection
[ɪnfékʃən] インフェクション

感染　infect 動 感染させる
　　　infectious 形 感染性の

例文 Staying at home when you are not feeling well is important to avoid the spread of infections. （感染症を広げないために、体調が悪いと感じるときは自宅で過ごすことが大切だ）

構文 ⟨Staying at home (when you are not feeling well)⟩ is important (to avoid the spread of infections).
S s v c V C

infect「感染させる」（519番）の名詞形で、新型コロナウイルスの影響で今後ますます重要になると予想されます。例文は難関校の並び替え問題で出題されたものです。

名詞

654

lack
[lǽk] ラック

不足　動 欠けている

例文 Lack of sleep is a problem that many junior high school students have. （睡眠不足は多くの中学生が抱えている問題です）

構文 Lack of sleep is ⟨a problem [that many junior high school students have]⟩.
S V C

luck「運」としっかり区別してください。健康に関する話では、lack of exercise「運動不足」／ lack of sleep「睡眠不足」が頻出です（英作文でも便利）。その他にも、lack of time「時間の不足」や lack of money「金欠」などとよく使います。

形容詞

diet
[dáɪet] ダイエット　　食事、ダイエット

例文 People often say that a vegetarian diet is good for your health.
（菜食は健康に良いとよく言われている）※直訳「人々はよく～と言っている」

構文 People often say ⟨that a vegetarian diet is good (for your health)⟩.
S　　　　V　　O 　s　　　　　　　v　C

本来は「（きちんとした）食事」で、「きちんとした食事を取りながら体重を減らすこと」→「ダイエット」となりました。どうしても「痩せるためのダイエット」が浮かんでしまいますが、実際の英文では「食事」の意味でよく使われます。

hunger
[hʌ́ŋgər] ハンガァ　　空腹、飢え
hungry 形 空腹の

例文 Many children in the world are suffering from hunger.
（世界では多くの子どもたちが飢餓に苦しんでいる）

構文 ⟨Many children [in the world]⟩ are suffering from hunger.
S　　　　　　　　　　　V　　　　　　O

hungry「空腹の」の名詞形で、suffer from hunger「飢えで苦しむ・飢餓に苦しむ」は入試でもニュースでもよく使われます。高校入試では今回の例文に下線が引かれて、「これに対してあなたができることは？」という英作文が出題されました。

nutrition
[njuːtríʃən] ニュートリション　　栄養

例文 *Washoku* is well-balanced in nutrition.
（和食は栄養バランスが良い）

構文 *Washoku* is well-balanced (in nutrition).
S　　　V　　C

nurse「育てる人」→「看護師」と関連があり、nutritionは「（育てるための）栄養」です。例文のwell-balanced in nutritionは、直訳「栄養において（in nutrition）バランスが良い（well-balanced）」→「栄養バランスが良い」となります。

Review! □ seed　□ disease　□ infection
□ stress　□ cancer　□ lack

658

nursery
[nə́ːrsəri] ナーサリィ

保育園、園芸店

例文 **I want to be a nursery school teacher in the future.**
（私は将来、保育士になりたいと思っています）

構文 I want to be 〈a nursery school teacher〉 (in the future).
S　　V　　　　　　C

「育てる人（nurse）がいる場所（ery）」→「託児所・保育園・園芸店」です（-ery 「場所」は gallery「ギャラリー」などで使われています）。nursery school「保育園」、nursery school teacher「保育士」とよく出ます。

659

vitamin
[váitəmɪn] ヴァイタミン

ビタミン

例文 **Insects such as crickets are a good source of vitamins and minerals.**（コオロギなどの昆虫は、豊富なビタミンやミネラル源だ）

構文 〈Insects [such as crickets]〉 are 〈a good source [of vitamins
S　　　　　　　　　　　　　V　　C
and minerals]〉.

アメリカでは「ヴァイタミン」と発音することが多いので、リスニングでは要注意です（イギリスでは「ヴィタミン」と発音）。例文は「昆虫食」の話題に関するもので、食料不足の解決策として近年注目が集まっています（入試でも出ています）。

660

protein
[próuti:n] プロウティーン

タンパク質

例文 **Soybeans are good for your health. For example, soybeans have a lot of protein and vitamin E.**（大豆は健康に良い。たとえば、大豆には多くのタンパク質とビタミンEが含まれている）

構文 Soybeans are good (for your health). (For example), soybeans
S　　　V　　C　　　　　　　　　　　　　　　　　　　　　　S
have 〈a lot of protein and vitamin E〉.
V　　　O

筋トレしてる人が飲む「プロテイン」は「タンパク質」を補うものです。例文にある soybean「大豆」も日本食の話題でよく出るのでチェックを。

周回Check! 1 / 2 / 3 /

661 supper
[sʌ́pər] サパァ

夕食

例文
We had curry and rice for supper last night. What did you have? (私たちの昨晩の夕食はカレーライスでした。あなたは何を食べましたか?)

構文
We had ⟨curry and rice⟩ (for supper) (last night). What did
　S　V　　　　O
you have?
S　V

✏️ have supperで「夕食をとる」となります。dinnerより軽めの夕食を指すことが多いとされていますが、個人差や地域差があり、違いにあまりこだわる必要はないでしょう (入試で区別が問われることもありません)。

662 flour
[fláuər] フラウア

小麦粉

例文
Next, add some water to the flour and mix together.
(次に、小麦粉にいくらか水を加えて混ぜてください)

構文
Next, add some water (to the flour) and mix together.
　　　V　　O　　　　　　　　　　V

✏️ flower「花」と同じ発音です (実は語源も同じ)。難関校では発音は同じだがつづりが異なる語を入れる問題として、be interested in Japanese flower arrangement / You need to have flour, eggs, sugar, and milk to make ～ が出ました。

663 ingredient
[ɪŋgríːdiənt] イングリーディエント

成分、材料

例文
In many places in Japan, there are many kinds of special *ramen* with local ingredients.
(日本の多くの場所には、ご当地食材を使った特製ラーメンがたくさんある)

構文
(In many places in Japan), there are ⟨many kinds of special *ramen*
　　　　　　　　　　　　　　　　V　　S
[with local ingredients]⟩.

✏️ inに注目して「中に入っているもの」→「成分・材料」と考えればOKです。地域独特の料理の食材を説明するのに大事な単語です。

Review!
☐ diet ☐ nutrition ☐ vitamin
☐ hunger ☐ nursery ☐ protein

694

flavor
[fléivər] フレイヴァ

味、風味　🔲 味付けをする

例文 This shop sells 31 different flavors of ice cream.
（このお店では、31種類の味のアイスクリームを販売している）

構文 <u>This shop</u> <u>sells</u> ⟨31 different flavors of ice cream⟩.
　　　　　 S 　　　　V 　　　　　　　　　　O

 本来フランス語で「香り」という意味です。日本でもお店によっては、アイスの味を「フレーバー」と呼んでいます。be full of flavorは「風味豊かな・味わいがある」です。

695

pot
[pát] パット

鍋、ポット

例文 If you want more, there is still some soup in the pot on the stove. （もっとほしいなら、コンロの鍋にまだスープが残っていますよ）

構文 (If you want more), there is still some soup (in the pot [on the stove]).
　　　　　 s v 　　　　　　　　　　 V 　　　 S

 「ポット」をイメージしがちですが、例文のように「鍋」の意味でよく使います。また、stoveはキッチンで「火を使って温めるもの」→「コンロ・レンジ」とおさえてください（「ストーブ・暖房」には heaterを使うのが普通）。

696

counter
[káuntər] カウンタァ

カウンター

例文 At most fast food restaurants, you have to order at the counter. （多くのファストフード店では、カウンターで注文しなければならない）

構文 (At most fast food restaurants), you have to order (at the counter).
　　　　　　　　　　　　　　　　　　　 S 　　 V

 元々は「お金を数える（カウントする）場所」という意味で、そこから「勘定台（＝カウンター）」となりました。「（店・ホテル・レストランなどで）料金を払う場所・カウンター」と、「（台所の）調理台」の意味が大切です。

周回Check!　1 ／　2 ／　3 ／

engine

667

[éndʒin] エンヂン

エンジン

engineer 名 エンジニア、技術者

例文 Gentlemen, start your engines. Ready, set, go!
（それでは皆さん、エンジンをかけてください。位置について、よーい、ドン!）

構文 Gentlemen, start your engines. Ready, set, go!
　　　　　　　　　V　　　O

「エンジン」と読めれば簡単ですね。乗り物・技術の発展・発明品に関する長文でよく出る単語です。start an engine「エンジンをかける」は上級者でも意外と言えない表現です（startの代わりに turn onなども OK）。

technique

668

[tekníːk] テクニーク

技術

technology 名 科学技術

例文 The chef always makes perfect omelettes. He has practiced his technique for many years. （そのシェフはいつも完璧なオムレツを作る。彼は何年も技術を磨いてきたのだ）

構文 The chef always makes perfect omelettes. He has practiced
　　　　S　　　　　　V　　　　O　　　　　　S　　　V
his technique (for many years).
　　O

日本語で「テクニック」と言いますね。正確な発音は「テクニーク」なので、今日からはゲームやスポーツで「あいつのテクニークはすごい」と言ってみてください。

research

669

[risə́ːrtʃ/ríːsəːrtʃ] リサーチ / リーサーチ

研究 動 研究する

例文 We did research in classical music.
（我々はクラシック音楽を研究した）

構文 We did research (in classical music).
　　　　S　V　　O

最近は日本語でも「リサーチ」とそのまま使われています。conduct[do] research「研究を行う」はよく使う表現です（researchは数えられない名詞なので、冠詞の aや複数の sは不要です）。

Review! □ supper　□ ingredient　□ pot
　　　　　　□ flour　□ flavor　□ counter

670

survey
[sə́rvei/sərvéi] サーヴェイ / サヴェイ

調査 動 調査する

 例文 **We will conduct a survey to gather feedback from our customers.** （私たちは顧客からの意見を集めるために調査を行う予定だ）

 構文 We will conduct a survey (to gather feedback (from our customers)).
S　　V　　　　　O

 「上から（sur）見る（vey = view）」→「見渡す・調査（する）」です。research と同じく、conduct[do] a survey「調査を行う」とよく使います（こちらは数えられる名詞）。

671

experiment
[ikspérəmənt] イクスペァリメント

実験

 例文 **We did an experiment in science class to check if this was salt or not.** （私たちはこれが塩かどうか確かめるために理科の授業で実験をした）

 構文 We did an experiment (in science class) (to check ⟨ if this
S　V　　　O　　　　　　　　　　　　　s
was salt or not⟩).
v　　c

 つづりの似ている experience「経験」（84番）と語源が同じで、「試しにやってみること」→「実験」となりました。conduct[do] an experiment「実験をする」の形が頻出です（数えられる名詞）。

672

effect
[ifékt] イフェクト

影響、効果、結果
effective 形 効果的な　affect 動 影響を与える

 例文 **His song had a big effect on me. It changed my life.**
（彼の歌は私に大きな影響を与えた。その歌が私の人生を変えたのだ）

 構文 His song had a big effect on me. It changed my life.
S　　　V　　　　　O　　　S　　V　　　O

 「外に（ef = ex）出てきたもの（fect）」→「影響・効果・結果」で、have an effect on ～「～に影響を与える」の形でよく使います。動詞 affect「影響を与える」（433番）と品詞をしっかり区別してください。

周回Check! 1 / 2 / 3 /

難関の私立高校合格レベル

動詞

名詞

形容詞

673 influence

[ínfluəns] インフルエンス

影響　動 影響を与える

 例文 The weather has a big influence on crops.
（天候は作物に大きな影響を与える）

 構文 <u>The weather</u> <u>has</u> a big influence on <u>crops</u>.
　　S　　　　V　　　　　　　　　　O

 「インフルエンサー」とは「世間に大きな影響を与える人」のことです。effectと同じく、have an influence on ～「～に影響を与える」の形が重要です。このonは「影響」の意味で、「接触（on）して力がグイグイ加わる」イメージです。

674 professor

[prəfésər] プラフェッサァ

教授

 例文 Professor Nozawa was my favorite at university. I learned a lot in her classes.（ノザワ教授は大学で私が一番好きな教授でした。私は彼女の授業で多くのことを学びました）

構文 <u>Professor Nozawa</u> <u>was</u> <u>my favorite</u> (at university). <u>I</u> <u>learned</u>
　　S　　　　　　　　V　　　　C　　　　　　　　　　　　　　S　　V
<u>a lot</u> (in her classes).
　O

 本来は「人の前で（pro）述べる（fess）」→「教授」です。もしくはproに注目して、「その学問においてプロの人」→「教授」と覚えてもいいでしょう。

675 expert

[ékspəːrt] エクスパート

専門家

 例文 Mr. Watanabe is an expert on Europe.
（ワタナベ先生はヨーロッパの専門家だ）

 構文 <u>Mr. Watanabe</u> <u>is</u> 〈<u>an expert [on Europe]</u>〉.
　　S　　　　　　V　　　C

 専門家のことを日本語でも「エキスパート」と言いますね。experience「経験」（84番）と語源が同じで、「十分経験を積んだ人」→「専門家」となりました。例文はan expert on ～「～に関する専門家」です（onは「意識の接触（～について）」）。

Review! □ engine　□ research　□ experiment
　　　　　　□ technique　□ survey　□ effect

676

knowledge

[nálidʒ] ナリッヂ

知識

 例文 You can get knowledge by reading books and using the Internet. （本を読んだりインターネットを使ったりして知識を得ることができる）

 構文 <u>You</u> <u>can get</u> <u>knowledge</u> (by reading books and using the Internet).
S　　V　　O

 「知っている（know）こと」→「知識」です。get[gain] knowledge「知識を得る」はよく使うフレーズです（gain「得る」は550番）。ちなみにknowledgeは基本的に数えられない名詞で、冠詞のaや複数のsはつきません。

677

conclusion

[kənklúːʒən] カンクルージョン

結論
conclude **動** 結論づける

例文 They did the famous marshmallow test again and their results showed Mischel's conclusion could be wrong. （彼らは有名なマシュマロ・テストを再び行い、その結果、ミシェルの結論が間違っている可能性があることを示した）

構文 <u>They</u> <u>did</u> 〈the famous marshmallow test〉 (again) and <u>their results</u>
S　　V　　　　　　　　O　　　　　　　　　　　　　　　S

<u>showed</u> 〈{that} Mischel's conclusion <u>could be</u> <u>wrong</u>〉.
V　　O　　　　　　　S　　　　　　V　　C

 conclude「完全に(con)閉じる(clude = close)」→「締めくくる・結論づける」の名詞形です。「マシュマロ実験」は入試頻出なので、余裕があれば内容もチェックを。

678

user

[júːzər] ユーザァ

利用者、ユーザー

 例文 About 35 percent of the world's Internet users are in just two countries, the United States and China. （世界のインターネットユーザーの約35%は、アメリカと中国のたった2か国にいます）

 構文 〈About 35 percent [of the world's Internet users]〉 <u>are</u> (in
S　　　　　　　　　　　　　　　　　　V

just two countries, the United States and China).

 「使う(use)人(er)」で、Internet userは「インターネットユーザー・インターネット利用者」です。他に、高校入試でsmartphone user「スマホユーザー」やTwitter user「Twitterユーザー」なども登場しています。

周回Check!　1　／　2　／　3　／

679

display
[dɪspléɪ] ディスプレイ

展示　動 展示する、示す

例文 Musical instruments are on display in a shop window.
（楽器がショーウインドウに展示されている）

構文 $\underset{S}{\underline{\text{Musical instruments}}}$ $\underset{V}{\underline{\text{are}}}$ $\underset{C}{\underline{\text{on display}}}$ (in a shop window).

 パソコンの「ディスプレイ画面」とは「情報を示す画面」です。また、お店の「ディスプレイにある商品」と言いますが、「客に商品を示す場所」ということです。例文は on display「展示されて」という重要熟語です。

680

universe
[júːnɪvə̀ːrs] ユーニヴァース

宇宙
universal 形 全世界の、普遍的な

例文 This week, he gave us an interesting lecture on the origin of the universe. （今週、彼は私たちに宇宙の起源について興味深い講義をした）

構文 (This week), $\underset{S}{\underline{\text{he}}}$ $\underset{V}{\underline{\text{gave}}}$ $\underset{O_1}{\underline{\text{us}}}$ $\underset{O_2}{\langle\underline{\text{an interesting lecture [on the origin}}}$ of the universe]⟩.

「1つ（uni）のものが回っている（verse）」→「宇宙」となりました（「宇宙は1つのもの」という考え）。university「大学」は、「教授と学生が1つの世界（宇宙）を作る」ことから universe と同じ語源です。

681

satellite
[sǽtəlàɪt] サテライト

衛星

例文 Thousands of man-made satellites are going around the earth. （何千もの人工衛星が地球の周りをまわっている）

構文 ⟨$\underset{S}{\underline{\text{Thousands of man-made satellites}}}$⟩ $\underset{V}{\underline{\text{are going}}}$ (around the earth).

衛星は「惑星の周りを公転する天体（月など）」のことです。例文の a man-made satellite は「人によって作られた（man-made）衛星（satellite）」→「人工衛星」です。こういった「宇宙」の話題は最近の入試でよく出ています。

Review!　☐ influence　　☐ expert　　☐ conclusion
　　　　　　　☐ professor　☐ knowledge　☐ user

682

telescope
[téləskòup] テレスコウプ

望遠鏡

例文 I look at stars at night with my telescope.
（夜、私は望遠鏡で星を見ます）

構文 I look at stars (at night) (with my telescope).
　　　S　V　　　O

tele は「遠い」で（telephone は「遠くからの音」→「電話」）、telescope「遠く（tele）を見る（scope）機械」→「望遠鏡」となります。ちなみに microscope は「マイクロ・ミクロ（micro）な世界を見るスコープ（scope）」→「顕微鏡」です。

683

prefecture
[prí:fektʃər] プリーフェクチャァ

県

例文 Where is Mt. Daisen? – It's in the western part of Tottori Prefecture.（大山はどこにありますか? — 鳥取県の西部にあります）

構文 Where is Mt. Daisen? – It's (in the western part [of Tottori
　　　　V　　S　　　　　S V
Prefecture]).

高校入試では各都道府県の特色を説明する話がよく出ますし、日本紹介でも重宝する単語です。prefecture は「県」以外に「京都府・大阪府」にも使えます（例：Kyoto Prefecture「京都府」）。

684

heritage
[hérətɪdʒ] ヘリティッヂ

遺産

例文 Machu Picchu became a World Heritage Site in 1983.
（マチュピチュは 1983 年に世界遺産になった）

構文 Machu Picchu became ⟨a World Heritage Site⟩ (in 1983).
　　　　S　　　　　V　　　　　　C

本来「受け継がれた（herit）こと（age）」→「遺産」です。難しい単語ですが、海外旅行や歴史、日本紹介でよく使われます。World Heritage Site「世界遺産」は重要表現です（旅行すればよく目にします）。

周回 Check!　　1　／　　2　／　　3　／

685

border
[bɔ́ːrdər] ボーダァ | 境界

 例文 **He grew up in Akita near the border with Aomori.**
（彼は秋田の、青森との県境に近いところで育った）

 構文 <u>He grew up</u> (in Akita [near the border with Aomori]).
　　　S　V

「ボーダーライン」とは何かの「境界線」を指します。例文は「県と県の境界」→「県境」ですが、「国と国の境界線」→「国境」など様々な意味で使えます。

686

horizon
[həráizn] ホライズン | 地平線、水平線

 例文 **I love to wake up early and watch the sun rise over the horizon.**（私は早起きして、地平線から太陽が昇るのを見るのが大好きです）

 構文 <u>I</u> <u>love</u> ⟨to wake up early and watch the sun rise⟩ (over the horizon).
　　　S　V　　　　　　　　　　　　　　　O

本来は「境界線」という意味で、そこから「地平線・水平線」の意味になりました。地平線や水平線の見晴らしから転じて「視野・展望」の意味もあり、broaden one's horizons「視野を広げる」はよく使われる表現です。

687

spot
[spát] スパット | 点、場所

 例文 **Tokyo Tower was a popular date spot 20 years ago. Now TOKYO SKYTREE is a popular spot.**（20年前、東京タワーは人気のデートスポットだった。今は東京スカイツリーが人気のスポットだ）

 構文 <u>Tokyo Tower</u> <u>was</u> ⟨a popular date spot⟩ (20 years ago). Now
　　　S　　　　　V　　　　　　C
<u>TOKYO SKYTREE</u> <u>is</u> ⟨a popular spot⟩.
　　　S　　　　　V　　C

「小さな点にスポットライトを当てる」イメージで、「地図上の点」→「ある場所」となりました。「デートスポット」は「デートに向いている場所」のことですね。

Review!　□ display　□ satellite　□ prefecture
　　　　　　□ universe　□ telescope　□ heritage

688

scene
[síːn] スィーン

場面

例文 In that scene in the movie, the main characters are standing at the front of the ship. (映画のあのシーンでは、主人公たちが船の前方に立っている)

構文 (In that scene in the movie), <u>the main characters</u> <u>are standing</u>
　　　　　　　　　　　　　　　　　　　　S　　　　　　　　　　　V
(at the front of the ship).

映画の「ラストシーン」は「最後の場面」のことですね（英語の発音は「スィーン」です）。scenery「風景・景色」もセットで覚えておくといいでしょう。
例：The scenery in Furano is very beautiful. 富良野の風景はとても美しい。

689

journey
[dʒə́ːrni] チャーニィ

旅

例文 My journey from Japan to Brazil took more than 24 hours. I was very tired when I arrived.
(日本からブラジルへの旅は24時間以上かかった。到着したときはとても疲れた)

構文 ⟨My journey [from Japan to Brazil]⟩ <u>took</u> ⟨more than 24 hours⟩.
　　　　　　　　S　　　　　　　　　　　　　　　　V　　　　　O
I <u>was</u> very tired (<u>when</u> I <u>arrived</u>).
S　V　　　　C　　　　　　s　　　v

フランス語の jour「1日」が語源で（「ボンジュール」と発音する Bonjour.「こんにちは」で有名）、そこから「1日がかりの移動」→「旅行」となりました。

690

countryside
[kʌ́ntrisàid] カントゥリサイドゥ

田舎

例文 In the future, do you want to live in the city or the countryside? (あなたは将来、都市と田舎のどちらに住みたいと思っていますか?)

構文 (In the future), do <u>you</u> <u>want to live</u> (in the city or the countryside)?
　　　　　　　　　　　　　　S　　　　　V

countryには「国」以外に「田舎」の意味もありますが、countrysideという単語でハッキリと「田舎」を表せます。「都市 vs. 田舎」は英作文や英検の面接でも定番で、例文は実際に難関校の自由英作文で出ました。

周回Check! 1 / 2 / 3 /

691

cave
[kéiv] ケイヴ

どうくつ
洞窟

例文 **Okinawa has a lot of caves called *Gama*.**
（沖縄にはガマと呼ばれる洞窟がたくさんあります）

構文 $\underline{\text{Okinawa}}$ $\underline{\text{has}}$ ⟨$\underline{\text{a lot of caves [called *Gama*]}}$⟩.
     S   V   O

沖縄に Cave Okinawa（ケイブオキナワ）という「鍾乳洞・洞窟探検」の観光スポットがあります。歴史の話・物語文でよく出ますし、実は洞窟は世界中で観光スポットになっています。また、地元紹介で「鍾乳洞」を説明する際に使うかもしれません。

692

economy
[ikánəmi] イカナミィ

経済

economic **形** 経済の
economist **名** 経済学者

例文 **The Japanese economy grew rapidly after the end of World War II.**（日本の経済は第2次世界大戦後に急速に成長した）

構文 ⟨$\underline{\text{The Japanese economy}}$⟩ $\underline{\text{grew}}$ (rapidly) (after the end of
           S   V
World War II).

ニュースのコメンテーターで「経済学者」を「エコノミスト（economist）」と言うことがあります。economyは本来「お金の管理」で、そこから「経済・節約」となりました。飛行機の「エコノミークラス」とは「安くて節約できる座席」です。

693

industry
[índəstri] インダストゥリィ

産業、業界
industrial **形** 産業の

例文 **The Internet has changed the entertainment industry.**
（インターネットはエンターテイメント業界を変えてきた）

構文 $\underline{\text{The Internet}}$ $\underline{\text{has changed}}$ ⟨$\underline{\text{the entertainment industry}}$⟩.
     S   V   O

「産業」という訳で覚えることが多いですが、例文のように「業界」という意味でもよく使われます。形容詞industrialも大切で、the Industrial Revolution「産業革命」が頻出です。

Review!

□ border　　　□ spot　　　□ journey
□ horizon　　　□ scene　　　□ countryside

694

crime
[kráim] クライム

犯罪
criminal 形 犯罪の 名 犯人

例文 The crime rate is low in Japan compared with other countries. (他の国と比較して日本は犯罪率が低い)

構文 <u>The crime rate</u> <u>is</u> <u>low</u> (in Japan) (compared with other countries).
　　　　　　S　　　　　　V　　C

「ヘイトクライム」とは「人種・民族・宗教などに関する偏見や憎しみ(hate)から生じる犯罪(crime)」のことです。crime rateは「犯罪の割合」→「犯罪率」です。commit a crime「犯罪を犯す」もよく使います。

695

thief
[θíːf] シーフ

泥棒

例文 A thief climbed into our window when we were out and stole some money. (私たちの外出中に、泥棒が窓から侵入してお金を盗んだ)

構文 <u>A thief</u> <u>climbed</u> (into our window) (<u>when</u> <u>we</u> <u>were</u> out) <u>and</u>
　　　　　 S　　　 V　　　　　　　　　　　　 s　 v
<u>stole</u> <u>some money</u>.
　V　　　 O

「(暴力は使わない)こそどろ」のイメージです(robber「強盗」は銀行強盗のように暴力を使って物を盗むイメージ)。入試の物語文や会話文で意外とよく出てきます。

696

gun
[gʌ́n] ガン

銃

例文 The hunter fired the hunting gun at the bear.
(その狩人は猟銃をクマに向けて発砲した)

構文 <u>The hunter</u> <u>fired</u> <u>the hunting gun</u> (at the bear).
　　　　　 S　　　　 V　　　 O

「エアガン」とは「空気の圧力を利用した銃」です。アメリカでは「銃を使った事件」や「銃規制」が常に問題となっており、入試の長文でも出題されます(海外ニュースでも頻出)。fire a gunで「(銃を)発砲する」です。

周回Check! 1 / 2 / 3 /

battle
[bǽtl] バトゥル

戦い、戦争

例文
The two tennis players had almost equal skill. Their battle lasted over four hours. （その2人のテニスプレイヤーはほとんど同レベルの技術を持っていた。彼らの戦いは4時間以上続いた）

構文
〈The two tennis players〉 had 〈almost equal skill〉. Their battle
　　　　　　S　　　　　　　V　　　　　　O　　　　　　　　S
lasted (over four hours).
　V

war は主に「国同士などの戦い全体」を、battle は「局地的な戦いや一対一の戦い」を表します。war の中にたくさんの battle が含まれるイメージです。

blood
[blʌ́d] ブラッド

血

例文
I cut my finger with a knife when I was cooking and blood came out. （料理をしているときにナイフで指を切り、血が出ました）

構文
I cut my finger (with a knife) (when I was cooking) and
S V　　O　　　　　　　　　　　　　s　　v
blood came out.
S　　V

プロフィール欄の「血液型」のところに blood type とよく書かれています。発音は「ブラッド」で、"oo" を「ア」と読む珍しい発音だけに入試でよく狙われます。

colony
[kάləni] カラニィ

植民地

例文
England once had many colonies such as India, America, Canada and Australia. （イギリスはかつて、インド、アメリカ、カナダ、オーストラリアといった植民地をたくさん持っていた）

構文
England once had 〈many colonies [such as India, America,
　S　　　　　V　　　　　　O
Canada and Australia]〉.

「囲まれた一定の区域」「多くの人・生物が集まって生活する」イメージで、歴史の文章では「植民地」の意味でよく出ます（例：a British colony「イギリスの植民地」）。

Review!
□ cave　　　　□ industry　　　□ thief
□ economy　　□ crime　　　　□ gun

700

slave
[sléiv] スレイヴ

奴隷

例文 Hundreds of years ago, Europeans brought many Africans to America as slaves. (何百年も前に、ヨーロッパの人々は、多くのアフリカ人を奴隷としてアメリカへ連れてきた)

構文 (Hundreds of years ago), <u>Europeans</u> <u>brought</u> <u>many Africans</u>
S   V   O
(to America) (as slaves).

昔たくさんの「スラブ人」が奴隷にされたことから、slave「奴隷」という単語が生まれました。難関校で「奴隷の歴史」に関する長文が出たこともあります (語句注には slavery「奴隷制度」や enslave「奴隷にする」もありました)。

701

shortage
[ʃɔ́ːrtidʒ] ショーティッヂ

不足

例文 There's a water shortage now, so don't waste water.
(今は水不足なので、水を無駄にしてはいけないよ)

構文 There's <u>a water shortage</u> now, so don't <u>waste</u> <u>water</u>.
V   S   V   O

「目標に対して短い(short)」→「届かない・足りない」と考えればOKです。a water shortage「水不足」や a food shortage「食料不足」に関する長文がよく出ます。

702

wealth
[wélθ] ウェルス

富
wealthy 形 裕福な

例文 His family has a lot of wealth. They are rich because they own a big company. (彼の家族は巨万の富を手にしている。自分たちの大きな会社を持っているのでお金持ちなのだ)

構文 <u>His family</u> <u>has</u> <u>a lot of wealth</u>. <u>They</u> <u>are</u> <u>rich</u> (because they
S   V   O   S V C   s
own a big company).
v   o

well「立派な・幸せな」と関係があり、「幸福」→「(幸福をもたらす) 富・財産」となりました。形容詞 wealthy は例文にある rich と似た意味です。

動詞

名詞

形容詞

周回Check! 1 / 2 / 3 /

703

palace
[pǽlis] パリス | 宮殿

There are many beautiful palaces in Europe. Kings and queens used to live in them.（ヨーロッパには美しい宮殿がたくさんある。王や女王がかつてそこに住んでいた）※ used to ～「かつて～していた」

構文 There are ⟨many beautiful palaces⟩ (in Europe). ⟨Kings and queens⟩
V ─────── S ─────────────────────────── ───── S ─────
used to live (in them).
V

アパートの名前で「○○パレス」と使われていますが、本来は「宮殿」です。the Imperial Palace「皇居」は外国人旅行者にも人気のスポットです。

704

religion
[rilídʒən] リリヂャン | 宗教

Shinto and Buddhism are the most popular religions in Japan.（神道と仏教は日本で最も一般的な宗教だ）

構文 ⟨Shinto and Buddhism⟩ are ⟨the most popular religions⟩ (in Japan).
─────── S ─────── V ─────── C ───────

異文化を語る上で「宗教」関連の単語は必ず必要になります。例文にある Shinto「神道」と Buddhism「仏教」も日本紹介で大事な単語です。

705

freedom
[frí:dəm] フリーダム | 自由
free 形 自由な、暇な、無料の

The government guarantees freedom of speech.
（政府は言論の自由を保障している）※ guarantee「保証する」

構文 The government guarantees ⟨freedom of speech⟩.
─────── S ─────── V ─────── O ───────

free「自由な」の名詞形です。freedom of speech「言論の自由」は以前から重要でしたが、最近はネットでの発言などに関して英作文でも重宝します。freedom of religion「宗教(信仰)の自由」もよく使う表現です。

Review! | □ battle | □ colony | □ shortage
| □ blood | □ slave | □ wealth

□ 706

wheelchair

[wíːltʃèər] ウィールチェア

車いす

例文 Patricia sat in her wheelchair and her daughter pushed it. (パトリシアは車いすに座り、彼女の娘が押した)

構文 <u>Patricia</u> <u>sat</u> (in her wheelchair) and <u>her daughter</u> <u>pushed</u> <u>it</u>.
　　　 S　　　 V　　　　　　　　　　　　　 S　　　　　 V　　　 O

wheel「車輪」と chair「椅子」がくっついた単語です（wheelは日本語でも「ホイール」と使われています）。入試でバリアフリーの話はよく出ますし、最新入試では「ロボットによって車いすの人も自由に動ける」という内容も出ています。

□ 707

barrier

[bǽriər] バリエァ

障害、障壁

例文 To a person in a wheelchair, stairs are a barrier, just like a wall. (車いすの人にとって、階段はまさに壁のような障害となる)

構文 (To a person [in a wheelchair]), <u>stairs</u> <u>are</u> <u>a barrier</u>, [just like a wall].
　　　　　　　　　　　　　　　　　　　　　 S　　　 V　　　 C

バリアフリーは「障害となるもの(barrier)がない(free)」ということです（freeは本来「ない」という意味）。a barrier-free societyで「バリアフリー社会」です。

□ 708

slope

[slóup] スロウプ

坂、スロープ

例文 The ball rolled down the slope.
(そのボールは坂を転がっていった)

構文 <u>The ball</u> <u>rolled</u> (down the slope).
　　　 S　　　　 V

駅やデパートなどの階段の横にある「坂」を「スロープ」と言いますね。入試では「登山で坂を上る」「車いすの方に配慮してスロープを作る」といった話が出ます。a gentle slopeは「緩やかな坂」、a steep slopeは「急な坂」です。

周回 Check! 1 ／ 2 ／ 3 ／

709 diversity

[dəvə́ːrsəti/daɪvə́ːrsəti] ディ ヴァースィティ / ダイヴァースィティ

多様性
diverse 形 多様な

例文 Singapore is a country of diversity. Many people live together and create a rich culture. (シンガポールは多様性の国だ。多くの人々が共に暮らし、豊かな文化を創り出している)

構文 Singapore is ⟨a country of diversity⟩. Many people live (together) and create a rich culture.

東京・お台場の「ダイバーシティ東京」という商業ビルは、150の店がある「多用性を持った施設」と「台場」を掛けた意味と思われます。現代では必須の単語です。

710 gender

[dʒéndər] ヂェンダァ

性、性別

例文 According to Deborah Tannen, gender differences are even reflected in the ways that men and women use language. (デボラ・タネンによれば、男女の性差は言葉の使い方にまで反映されるそうだ)

構文 (According to Deborah Tannen), gender differences are (even) reflected (in the ways [that men and women use language]).

genre「ジャンル」と関係があり、「性別の種類」と考えればいいでしょう。「社会的・文化的な性の区分」に使われ、「男女平等」の話で頻出です。

711 status

[stéɪtəs/stǽtəs] ステイタス / スタータス

地位、状態

例文 When a person of high status died, people made a large barrow for the great person. (身分の高い人が亡くなると、人々はその偉大な人のために古墳を作った) ※ barrow「古墳」

構文 (When ⟨a person [of high status]⟩ died), people made a large barrow (for the great person).

日本語でもランキングなどで「ステイタスが高い」と言います。本来「立っている状態」で、stand「立つ」/ stage「立場」/ state「状態」と関連があります。

Review!
- □ palace
- □ religion
- □ freedom
- □ wheelchair
- □ barrier
- □ slope

□712

debate
[dɪbéɪt] ディベイト | 議論

 例文 They're going to have a debate on global warming in class next Wednesday. (彼らは来週の水曜日の授業で、地球温暖化について議論する予定です)

 構文 <u>They're going to have</u> ⟨a debate [on global warming]⟩ (in class)
S　　　　　　　　　　　　　　　　　O
(next Wednesday).

 本来は「強く (de) 打つ（bate = bat「野球のバットで打つ」)」で、「議論で相手を打ち負かす」イメージです。have a debate on ~ は、直訳「~に関する (on) 議論 (a debate) を持つ (have)」→「~に関して議論する」です。

□713

conversation
[kànvərséɪʃən] カンヴァセイシャン | 会話

 例文 I had a conversation with my parents about my future plans. (私の将来の計画について両親と話をした)

 構文 <u>I had a conversation</u> (with my parents) (about my future plans).
S V　　　O

 「英会話」の授業で使われる教材の名前に conversation とよく使われています。have a conversation with ~ は、直訳「~との (with) 会話 (a conversation) を持つ (have)」→「~と会話する」です。

□714

origin
[ɔ́:rədʒin] オーリヂン | 起源　original 形 最初の、元々の
originally 副 元々は

 例文 No one knows the exact origin of the Japanese language. (誰も日本語の正確な起源を知らない)

 構文 <u>No one knows</u> ⟨the exact origin [of the Japanese language]⟩.
S　　V　　　　　　O

 origin「起源」の形容詞 original「オリジナル」は、「ある1つの起源から生まれた」→「最初の・元々の・独創的な」ということです。入試の長文では「言語の起源」「宇宙の起源」など、何らかの「起源」を探る文章が出たりします。

周回Check! 1 / 2 / 3 /

715

humor
[hjúːmər] ヒューマァ

ユーモア
humorous 形 ユーモアのある

例文 He has a great sense of humor.
（彼はユーモアのセンスに長けている）

構文 <u>He</u> <u>has</u> 〈a great sense [of humor]〉.
　　　S　V　　　　　O

日本語でも「ユーモアがある」と使います（英語の発音はかなり違うので注意）。ユーモアとは「人間味あふれたおかしさ・気のきいたギャグ」くらいに考えてください。

716

pardon
[páːrdn] パードゥン

許し 動 許す

例文 I beg your pardon?
（もう一度言ってください）

構文 <u>I</u> <u>beg</u> <u>your pardon</u>?
　　　S　V　　　O

例文は直訳「あなたの許しを請うてもいいですか？」→「もう一度言ってもらえませんか？」です。ただし、これはかなり丁寧なお年寄りが好む表現で、友達同士の会話では Sorry?「何て？・もう一度言ってくれない？」などが便利です。

717

fiction
[fíkʃən] フィクシャン

作り話

例文 That novel is fiction. The people in the story aren't real people. （その小説は作り話です。話の登場人物は実在の人ではありません）

構文 <u>That novel</u> <u>is</u> <u>fiction</u>. 〈<u>The people</u> [in the story]〉 <u>aren't</u> <u>real people</u>.
　　　　S　　　　V　　C　　　　　S　　　　　　　　　V　　　C

ドラマを観ていると「このドラマはフィクションです」と出てきますね。「（事実に基づいた話ではなく）架空の作り話」のことです。この逆は nonfiction「事実に基づく作品」で、これも日本語で「ノンフィクション」と使われています。

Review!
- [ ] diversity
- [ ] gender
- [ ] status
- [ ] debate
- [ ] conversation
- [ ] origin

☑ 718

poem
[póuəm] ポウエム

詩　poetry 名 詩（全体）
　　poet 名 詩人

 例文 **Haruki likes to write poems to express his emotions.**
（ハルキは自分の感情を表現するために詩を書くのが好きだ）

 構文 <u>Haruki</u> <u>likes to write</u> <u>poems</u> (to express his emotions).
　　　　S　　　　　V　　　　　　O

 日本語でも「ポエム」と言いますね。「詩人」は poet です。日本で「ポエマー」とたまに使われていますが、そんな単語は英語にはありません。

☑ 719

proverb
[právə:rb] プラヴァーブ

ことわざ

 例文 **Learning proverbs is a good way to know about another country's culture.** （ことわざを学ぶことは他国の文化について知る良い方法だ）

 構文 <u>Learning proverbs</u> <u>is</u> ⟨a good way [to know about another
　　　　S　　　　　　　　V　　　　C
country's culture]⟩.

 本来「みんなに共通する(pro)言葉（verb）」という意味です。長文で定番の「言語論」でキーワードになったり、英作文で「ことわざの意味を説明する」問題が出たりします。

☑ 720

author
[ɔ́:θər] オーサァ

著者

 例文 **Murasaki Shikibu is the author of *Genji Monogatari*.**
（紫式部は『源氏物語』の著者です）

 構文 <u>Murasaki Shikibu</u> <u>is</u> ⟨the author [of *Genji Monogatari*]⟩.
　　　　S　　　　　　　　V　　　　C

 例文の 人 is the author of ～「人 は～の著者です」はそのまま使えるようにしておきましょう。会話で Who is your favorite author?「君の一番好きな作家は誰ですか？」もよく使います。資格試験の面接で聞かれることもありますよ。

周回Check!　1　／　2　／　3　／

721 tongue
[tʌ́ŋ] タング

舌、言語

 例文 **I put a little of the ice cream on my tongue. It tasted sweet.**（舌の上にアイスクリームを少しのせた。甘い味がした）

 構文
<u>I</u> <u>put</u> ⟨a little of the ice cream⟩ (on my tongue). <u>It</u> <u>tasted</u> <u>sweet</u>.
S V   O   S V C

 焼肉の「牛タン」は「牛の舌(tongue)」です。「舌から発する言葉」→「言語」の意味もあり、こちらも「言語論」の長文で出てきます。mother tongueは「母語」です。

722 generation
[ʤènəréɪʃən] ジェネレイション

世代
generate 動 生み出す

例文 **I realized that younger generations and older generations use different words.**（私は、若い世代と年配の世代では使う言葉が違うのだと実感した）

構文
<u>I</u> <u>realized</u> ⟨that ⟨younger generations and older generations⟩
S V   O   s
<u>use</u> <u>different words</u>⟩.
v

「ジェネレーションギャップ（generation gap）」とは「世代間のずれ」のことです。the younger generationは「若年層・青年層」、the older generationは「年配の世代・高齢世代」です。ちなみに「一世代」とは「約30年間」を指します。

723 joy
[dʒɔ́i] ヂョイ

喜び
joyful 形 楽しい

例文 **Honoka was filled with joy when she heard she was going to have a new baby brother.**（ホノカは新しく弟が生まれると聞き、喜びでいっぱいだった）

構文
<u>Honoka</u> <u>was filled</u> with joy (when she heard ⟨{that} she
S   V   O   s v   s'
<u>was going to have a new baby brother</u>⟩).
v   o

 動詞 enjoyは「喜び(joy)を中に(en)こめる」→「楽しむ」ということです。また、ファミリーレストランの「ジョイフル（Joyfull）」は、「楽しさ・喜び（joy）がいっぱい（full）」が由来です（これ自体は l が1つ多い造語）。

Review!
☐ humor   ☐ fiction   ☐ proverb
☐ pardon   ☐ poem   ☐ author

☐ 724

courage
[kə́ːridʒ] カーリッヂ

勇気
encourage 動 励ます、勧める

例文 John found the courage to ask Rio for a date, and she said "Yes!" （ジョンは勇気を出してリオをデートに誘い、彼女は "Yes!" と言いました）

構文 <u>John</u> <u>found</u> ⟨the courage [to ask Rio for a date]⟩, and <u>she</u> <u>said</u> "Yes!"
    S   V   O   S   V   O

encourage（449番）は「人の中に（en）勇気（courage）をこめる」→「励ます」でしたね。例文の find the courage to ~ は、直訳「~する勇気を見つける」→「~する勇気を出す・勇気を出して~する」です。

☐ 725

pleasure
[pléʒər] プレジャァ

楽しみ
please 動 喜ばせる

例文 My experience in Japan gave me the pleasure of learning about other cultures. （日本での経験は、異文化について学ぶ喜びを与えてくれた）

構文 ⟨My experience [in Japan]⟩ gave me ⟨the pleasure [of learning about other cultures]⟩.
            S   V O₁   O₂

please「喜ばせる」の名詞形です。会話では Thank you. に対して It's my pleasure.「どういたしまして」と使いますが、本来は「それ（今やった行為）は私の喜びです（好きでやっただけですからお礼なんて結構です）」ということです。

☐ 726

amusement
[əmjúːzmənt] アミューズメント

楽しみ
amuse 動 面白がらせる、楽しませる

例文 My father needs English for his job, but he watches movies in English for amusement, too.
（私の父は仕事で英語が必要ですが、娯楽としても英語で映画を見ます）

構文 My father needs English (for his job), but he watches movies (in English) (for amusement), too.

amuse「面白がらせる・楽しませる」（488番）の名詞形です。「アミューズメントパーク（amusement park）」は「人を楽しませる施設」ですね。

727

fear
[fíər] フィア

恐怖 　動 恐れる

 例文 He turned pale with fear when he saw the snake.
（彼はヘビを見たとき、恐怖で青ざめた）

 構文
<u>He</u> <u>turned</u> <u>pale</u> (with fear) (<u>when</u> <u>he</u> <u>saw</u> <u>the snake</u>).
　S　　V　　C　　　　　　　　　　　　s　　v　　　o

turn pale with fearは、直訳「恐怖を持って（with fear）青ざめた状態になる（turn pale）」→「恐怖で青ざめる」です（turn paleは 320番）。have a fear of heightsは「高さの恐怖を持っている」→「高所恐怖症だ」です。

728

pity
[píti] ピティ

哀れみ、残念なこと

 例文 It's a pity that it's raining today. We wanted to play outside, but can't. （今日は雨で残念だなあ。外で遊びたかったのに、遊べないよ）

構文
<u>It's</u> <u>a pity</u> ⟨ <u>that</u> it's raining today⟩. <u>We</u> <u>wanted to play</u>
仮S V　C　　　　　　　真S　　　　　　　　S　　　　V
(outside), but <u>can't</u>.
　　　　　　　　 V

It's a pity that sv「svするのは残念だ」の形でよく使います。会話ではちょっとした残念なことに対して、What a pity!「なんて残念なんでしょう！」と使ったりもします。

729

spirit
[spírit] スピリット

精神
spiritual 形 精神の、霊的な

 例文 She has great fighting spirit. Even when something is difficult, she doesn't give up. （彼女は強いファイティング・スピリットを持っている。何か困難なときでさえ、あきらめない）

構文
<u>She</u> <u>has</u> ⟨ <u>great fighting spirit</u>⟩. (Even <u>when</u> <u>something</u> <u>is</u>
　S　　V　　　　　　　O　　　　　　　　　　　　　　　　　s　　　　v
<u>difficult</u>), <u>she</u> <u>doesn't give up</u>.
　　c　　　　　S　　　　V

「ファイティング・スピリット」とは「積極的に戦おうとする気持ち」です。「精神」だけでなく、in good spirits「上機嫌」のように「気分」の意味でも使えます。

Review! 　□ tongue 　　　□ joy 　　　　□ pleasure
　　　　　　 □ generation 　□ courage 　　□ amusement

266

730

interview
[íntərvjùː] インタヴュー

面接　面接する

例文 **Ayame was asked many difficult questions in her job interview.** （アヤメは就職面接で難しい質問をたくさんされた）

構文 <u>Ayame</u> <u>was asked</u> 〈<u>many difficult questions</u>〉 (in her job interview).
　　　S　　　V　　　　　　　　O

 「有名人のインタビュー」を連想すると思いますが、「面接」という意味で使われるほうが圧倒的に多いです。job interviewは「仕事の面接・就職面接」です。

731

boss
[bɔ́ːs] ボース

上司

例文 **My boss told me to keep my desk clean.**
（上司は私に机をきれいにしておくように言った）

構文 <u>My boss</u> <u>told</u> <u>me</u> <u>to keep my desk clean</u>.
　　　S　　 V　 O　　　　C

 「ボス」と聞くと悪役のイメージがあるかもしれませんが、本来は「ご主人様」で、ビジネスでは「会社の上司」によく使います。

732

employee
[implɔ́iː] エンプロイー

従業員　employ 雇う
　　　　employer 雇用者

例文 **That company hired three new employees this month.**
（あの会社は今月3人の新しい従業員を雇った）

構文 <u>That company</u> <u>hired</u> 〈<u>three new employees</u>〉 (this month).
　　　S　　　　　　V　　　　　O

 -eeには「される人」という意味があり、employeeは「employ<u>される人</u>」→「従業員・社員」です。employ<u>er</u>は「employ<u>する人</u>」→「雇い主・雇用者」です。

733

hire
[háɪər] ハイア | (有料で) 借りる、雇う

 例文 We need to hire another teacher for the new school year.
（新学期に向けて、もう1人先生を雇う必要がある）

 構文 <u>We</u> <u>need to hire</u> <u>another teacher</u> (for the new school year).
　　　　　S　　V　　　　　O

 本来は「有料で借りる」という意味です（車を有料で借りることを「ハイヤーする」と言うことがあります）。そこから「人を有料で借りる」→「雇う」となりました。例文は難関校の語彙問題で出たものです（hireが空所で問われました）。

734

position
[pəzíʃən] パズィシャン | 位置、立場、身分、役職
動 置く

 例文 My position in this company is leader of the sales department. （この会社での私の役職は営業部のリーダーです）

 構文 〈<u>My position [in this company]</u>〉 <u>is</u> 〈<u>leader [of the sales department]</u>〉.
　　　　　　　　　S　　　　　　　　　　V　　　　C

 本来「位置」で、スポーツでよく「ポジションを変える」と使われています。スポーツに限らず、様々な「立場・身分・役職」に使われます。例文は「会社でのポジション・位置」→「役職」です。

735

branch
[bræntʃ] ブランチ | 枝、支店

 例文 That bank has two branches near here. Which one do you want to go to? （その銀行はこの近くに支店が2つあります。どちらの支店に行きたいですか?）

 構文 <u>That bank</u> <u>has</u> <u>two branches</u> (near here). Which one do <u>you</u> <u>want to go to</u>?
　　　　　S　　　V　　　O　　　　　　　　　　　　　　　S　　V

 木の幹に対して「枝」のことを branchと言います（例：a bird sitting on a branch of a tree「木の枝にとまっている鳥」）。そして「(本店から) 枝分かれした店」→「支店」となりました。a branch managerは「支店長」です。

Review! 　□ fear 　　　□ spirit 　　　□ boss
　　　　　　□ pity 　　　□ interview 　　□ employee

736 career

[kəríər] カリア

仕事、経歴、職業

例文 Ms. Suzuki has a lot of teaching experience. She started her career 20 years ago.（スズキ先生は指導経験が豊富だ。彼女は20年前に仕事を始めた）

構文 Ms. Suzuki has 〈a lot of teaching experience〉. She started her career (20 years ago).

実は car「車」と語源が同じで、「車で走ってきた道」を人生にたとえて「経歴」となりました。日本語でも仕事の「経歴」を「キャリア」と言います。発音・アクセントは Korea「韓国」とほぼ同じです。

737 salary

[sǽləri] サラリィ

給料

例文 I wish my salary were higher.（もっと給料が高ければなぁ）

※ I wish s 過去形「sが〜ならなぁ」（be動詞は wereを使うのが原則）

構文 I wish my salary were higher.

salt「塩」と語源が同じで、「塩 = お金」という発想です（調味料や保存料として塩はとても貴重でした）。「給料が多い」には（bigや manyではなく）highを使います。塩が山盛りの「高い」状態をイメージするといいでしょう（反対は low）。

738 cash

[kǽʃ] キャッシュ

現金　cashier 名 レジ係
cashless 形 現金のいらない

例文 You can pay with your smartphone or in cash.（スマートフォンでのお支払いも、現金でのお支払いも可能です）

構文 You can pay (with your smartphone) or (in cash).

銀行の「キャッシュカード」は「現金をおろすカード」です。pay in cashで、直訳「現金（cash）という形式で（in）払う（pay）」→「現金で払う」となります。cashierは「現金（cash）を扱う人（er）」→「レジ係」です。

周回 Check! 1 / 2 / 3 /

739 sale
[séil] セイル

販売、特売
salesclerk 名 販売員、店員

 例文 I got a nice jacket at the spring sale. The price was 50 percent off. (春のセールで素敵なジャケットを手に入れた。50%引きだった)

 構文
I got a nice jacket (at the spring sale). The price was
S V O S V
50 percent off.
C

日本語でも「特売」のことを「セール」と言いますね（英語の発音は「セイル」）。be on sale「発売中で・セール中で」という熟語も大切です（onは「動作に接触」→「進行中」を表す）。日本でもCMでnow on sale「発売中」と使われています。

740 market
[má:rkət] マーケット

市場
動 市場に出す、売る

 例文 Sometimes the farmers who grow the vegetables come to the market to sell them. (野菜を育てた農家の人が市場に売りにくることが時々ある)

 構文
(Sometimes) 〈the farmers [who grow the vegetables]〉 come
S V
(to the market) (to sell them).

例文は「市場（定期的に人が集まって商品を売り買いする場所）」の意味ですが、経済学などで「市場（商品やサービスの需要・供給の関係／金融商品を取引する経済的な仕組み）」の意味でも使われます。

741 goods
[gúdz] グッズ

商品、品物

 例文 This shop sells many kinds of leather goods such as jackets, belts and wallets. (この店は、ジャケットやベルト、財布のような多くの種類の革製品を売っている)

 構文
This shop sells 〈many kinds of leather goods [such as
S V O
jackets, belts and wallets]〉.

日本語の「グッズ」は記念品などを指すことが多いですが、英語のgoodsは「物全般」を指します。frozen goodsは「冷凍食品」、imported goodsなら「輸入品」です。

Review!
☐ hire ☐ branch ☐ salary
☐ position ☐ career ☐ cash

□ 742

mark
[má:rk] マーク

印、記号
動 印をつける

 例文 Did the teacher write lots of circles on your test? Those marks mean your answers are correct. (先生はあなたのテストにたくさん丸を書きましたか？　そのマークはあなたの答えが正解だということです)

 構文 <u>Did</u> <u>the teacher</u> <u>write</u> <u>lots of circles</u> (on your test)?
　　　　　　S　　　　　V　　　　O

<u>Those marks</u> <u>mean</u> 〈{<u>that</u>} <u>your answers</u> <u>are</u> <u>correct</u>〉.
　　S　　　　V　　　　　　　　s　　　　v　　c

 日本語でも「マーク(印)をつける」と使われていますね。動詞「印をつける」も大事で、mark the word「その単語に印をつける」のようにも使えます。

□ 743

force
[fɔ́:rs] フォース

力　**動** 強いる

 例文 The force of the wind was so strong that it broke my umbrella. (風の力がとても強かったので私の傘は壊れた)

 構文 〈<u>The force</u> [of the wind]〉 <u>was</u> <u>so strong</u> (<u>that</u> <u>it</u> <u>broke</u> <u>my umbrella</u>).
　　S　　　　　　　　　　V　　C　　　　s　　v　　o

 「空軍」のことを air force と言い、シューティングゲームで「○○フォース」という名前がよく使われます。難関校では、動詞で force 人 to ～「人 に～するよう強いる」の形でも使われます。

□ 744

race
[réis] レイス

競争、人種
動 競争する

 例文 Adam won the race by 10 seconds.
(アダムは 10秒差でレースに勝った)

 構文 <u>Adam</u> <u>won</u> <u>the race</u> (by 10 seconds).
　　S　　V　　O

 日本語でも「競争」のことを「レース」と言いますね (英語の発音は「レイス」です)。win the race「レースに勝つ」の形で覚えておきましょう。語源は異なりますが、同じつづりで「人種」という意味もあります。

745

apartment
[əpáːrtmənt] アパートメント

アパート、マンション

例文 My family's apartment is on the fifth floor of this building. （私の家族の部屋はこの建物の5階にある）

構文 ⟨My family's apartment⟩ is (on the fifth floor [of this building]).
S V

日本語では「アパート」と言いますが、正しくは apartment です。厳密には apartment は「アパートの1室・部屋」で、apartment building[house] で「アパートの建物全体」を指します。ちなみに mansion は「大豪邸」です。

746

seat
[síːt] スィート

席 **動** 座らせる

例文 Is this seat taken? – No, it isn't. You can sit there if you like. （この席は空いていますか? — 空いていますので、よければ座ってください）

構文 Is this seat taken? – No, it isn't. You can sit there (if you like).
S V S V S V s v

名詞「席」は「シートベルト」から連想できるでしょう（飛行機や野球場の座席にもよく「シート」と使われています）。例文（1文目）の直訳は「この席はとられていますか?」です。動詞で be seated「座らせられる」→「座る」もよく使います。

747

rubber
[rʌ́bər] ラバァ

ゴム

例文 The tires on my bicycle are made of rubber.
（私の自転車のタイヤはゴムでできている）

構文 ⟨The tires [on my bicycle]⟩ are made of rubber.
S V O

卓球で「ラケットに貼るゴム製の板」を「ラバー」と言います。イギリスでは rubber で「消しゴム」も表します（アメリカでは eraser）。

Review! □ sale □ goods □ force
□ market □ mark □ race

748

bar
[bá:r] バー

棒、バー（酒場）

 例文 Mr. Yanagida put bars on the windows of his house to prevent thieves from getting in.
（ヤナギダさんは泥棒が入ってくるのを防ぐために、家の窓に棒を取り付けた）

 構文 <u>Mr. Yanagida</u> <u>put</u> <u>bars</u> (on the windows of his house) (to
　　　S　　　　V　　O
prevent thieves from getting in).

本来「棒」で、お酒を飲む店の「バー」は、カウンターに1本の木から作ったカウンターが自慢です。「木の棒」があるので bar と呼ぶわけです。「すし屋」を sushi bar と言うことがありますが、これもカウンターのイメージからなんです。

749

volume
[válju:m] ヴァリューム

ボリューム

例文 The TV is too loud. Please turn down the volume.
（テレビの音が大きすぎます。ボリュームを下げてください）

 構文 <u>The TV</u> <u>is</u> <u>too loud</u>. Please <u>turn down</u> <u>the volume</u>.
　　　S　　V　　　C　　　　　　V　　　　　O

「音のボリューム」や「カレーのボリュームがすごい」などは「量」のことですね。また、マンガなどで vol. と書かれているのは volume で「巻」のことです。
例：I read the first three volumes.　私は最初の3巻を読んだ。

750

breath
[bréθ] ブレス

呼吸、息
breathe 動 呼吸する

 例文 Joan stopped to catch her breath.（ジョーンは立ち止まって一息
ついた）※ stop to ～「～するために立ち止まる・立ち止まって～する」

 構文 <u>Joan</u> <u>stopped</u> (to catch her breath).
　　　S　　V

breath は「ブレス」と発音します。歌や楽器の演奏、水泳での息継ぎを「ブレス」と言いますね。例文の catch one's breath は、直訳「息をキャッチする」→「息を整える・一息つく」です。動詞 breathe「呼吸する」の発音は「ブリーズ」です。

周回Check!　1　／　2　／　3　／

☑ 751

sweat
[swét] スウェット

汗

 例文
I ran to the station and got covered in sweat.
（私は走って駅へ行き、汗びっしょりになった）

構文
I ran (to the station) and got covered (in sweat).
S V　　　　　　　　　　 V

「ポカリスエット」は「汗で失われた水分を補う飲み物」です。また、sweater「セーター」は本来「汗を出すもの」、「スエット生地」は「汗をしっかり吸収する吸汗性に優れた生地」のことです。

☑ 752

skin
[skín] スキン

肌、皮膚

 例文
We got caught in sudden rain and got wet to the skin.
（私たちはにわか雨にあい、びしょ濡れになった）

構文
We got caught (in sudden rain) and got wet (to the skin).
S V　　　　　　　　　　　　 V C

「スキンケア」は「肌の手入れ」です。例文の get wet to the skinは、直訳「（雨で）肌まで濡れた状態になった」→「びしょ濡れになった」という表現です。

☑ 753

tail
[téil] テイル

しっぽ

 例文
The boy stepped on the dog's tail and it barked at him.
（その少年は犬のしっぽを踏んでしまい、犬に吠えられた）

構文
The boy stepped (on the dog's tail) and it barked at him.
S V　　　　　　　　　　　　　　 S V O

髪型の「ポニーテール」は「ポニーという小型の馬（pony）のしっぽ（tail）のような髪型」、「テールスープ」は「牛の尻尾を煮たスープ」です。

 Review!
☐ apartment　　☐ rubber　　☐ volume
☐ seat　　　　 ☐ bar　　　 ☐ breath

□ 754

bone
[bóun] ボウン

骨

 例文 The cat ate the fish, bones and all.
（そのネコは魚を骨まですべて食べた）

 構文 The cat ate ⟨the fish, bones and all⟩.
　　　　　 S　　V　　　　　　　O

 発音は「ボーン」ではなく「ボウン」です（発音問題で頻出）。break a boneで「骨折する」です。高校入試では、物語文や動物の生態に関する長文でよくこの単語が登場します。

□ 755

candle
[kǽndl] キャンドゥル

ろうそく

例文 After we sang "Happy Birthday" to Hayato, he blew out the candles on his cake.（私たちがハヤトに "Happy birthday" を歌った後、彼はケーキのロウソクの火を吹き消した）※ blow out「吹き消す」

 構文 (After we sang "Happy Birthday" (to Hayato)), he blew out
　　　　　　　 S　 V　　　　 O　　　　　　　　　　　　　　　S　 V
⟨the candles [on his cake]⟩.
　　　 O

 日本語でもそのまま「キャンドル」と言いますし、結婚式で「新郎新婦がお客さんのテーブルのロウソクに点火してまわる」ことを「キャンドルサービス」と言います。

□ 756

shade
[ʃéid] シェイド

陰
shadow 名 影

例文 It's really hot today, but it is cooler in the shade of that tree.（今日は本当に暑いけど、その木の陰は涼しい）

 構文 It's really hot today, but it is cooler (in the shade of that tree).
　　　　 S V　 C　　　　　　　　　 S V　 C

 「（日なたに対して）暗くなっている場所・空間」のことです。メイクの「シェイディング」は、頬や鼻に「暗い影」を作って顔をより立体的に見せることです。ちなみに shadowは、光がさえぎられてできる輪郭のはっきりした「影」を指します。

周回Check! 　1 ／ 　2 ／ 　3 ／

757

dust
[dʌ́st] ダスト

| ほこり

 例文 **This table is covered in dust. It's really dirty!**
(このテーブルはほこりをかぶっている。本当に汚い!)

構文 <u>This table</u> <u>is covered</u> (in dust). <u>It's</u> <u>really dirty!</u>
　　　　S　　　　V　　　　　　　　　S　V　　　C

dustは「細かいちり・ほこり」を指します。「ハウスダスト (house dust)」は「家の中のほこり」、「スターダスト (stardust)」は「星のちり」→「星くず」です。

758

sand
[sǽnd] サンド

| 砂

 例文 **Sand in the desert is hard to walk on.**
(砂漠の砂の上は歩きにくい)

構文 ⟨<u>Sand [in the desert]</u>⟩ <u>is hard</u> (to walk on).
　　　　S　　　　　　　　　　　　V　　C

日本語では「サンドイッチ」「パンでサンドする」のように「挟む」の意味でよく使いますが、英語 sandは「砂」です (食べ物の sandwichは「イギリスの Sandwich 伯爵がトランプを中断せず食事できるよう考案した」ことに由来)。

759

bulb
[bʌ́lb] バルブ

| 球根、電球

 例文 **We changed all of the old light bulbs in our house for new LED lights.** (私たちは家の古い電球をすべて新しい LEDに変えた)

構文 <u>We</u> <u>changed</u> ⟨<u>all of the old light bulbs [in our house]</u>⟩ (for
　　　S　　V　　　　　　　　　　O
new LED lights).

元々は「タマネギ」という意味で、そこから「球根」→「(球根と似た形の) 電球」となりました。例文の light bulb「電球」のように、lightと一緒に使うことも多いです。

 Review!
　□ sweat　　　□ tail　　　□ candle
　□ skin　　　□ bone　　　□ shade

動詞

名詞

形容詞

□ 760

metal
[métl] メトゥル

| 金属

例文 This knife is made of hard metal.
（このナイフは硬い金属でできている）

構文 This knife is made of hard metal.
　　　　　S　　　　V　　　　　O

 「メタルラック」とは「金属でできたラック」、「レアメタル」とは「地球上にわず
かしかない希少な（レアな）金属」のことです。gold「金」／ silver「銀」／
bronze「銅」／ iron「鉄」などを総称して表します。

□ 761

treasure
[tréʒər] トゥレジャァ

| 宝

例文 The pirate ship was carrying lots of treasure such as gold, diamonds and pearls.
（その海賊船は金、ダイアモンド、真珠など、たくさんの宝物を運んでいた）

構文 The pirate ship was carrying ⟨lots of treasure [such as gold,
　　　　　S　　　　　　　　　　V　　　　　　　　　O
diamonds and pearls]⟩.

 マンガや映画に出てくる「トレジャー・ハンター」とは、無人島などで「財宝を探
す人」のことです。日本紹介では a national treasure「国宝」も便利です。

□ 762

jewel
[dʒúːəl] デュー(エ)ル

| 宝石
jewelry 名 宝石類、装身具類

例文 The treasure box was filled with gold and jewels.
（宝箱は金と宝石でいっぱいだった）

構文 The treasure box was filled with ⟨gold and jewels⟩.
　　　　　S　　　　　　　V　　　　　　　　O

 日本語でも「宝石店」のことを「ジュエリー・ショップ」と言います。jewelは
「個々の宝石」、jewelryは「（集合的に）宝石類」です（jewelryは数えられない名
詞）。ちなみにjewelryは宝石類に限らず、体や服につける装飾品全般を指します。

周回Check! 　1 ／　2 ／　3 ／

763 leather

[léðər] レザァ | 革

 例文
The black coat that my father is wearing is made of leather.（お父さんが着ているその黒いコートは革製だ）

構文 〈The black coat [that my father is wearing]〉 is made of leather.
　　　　　　S　　　　　　　　　　　　　　　　　　　　V　　　　　O

「レザージャケット（leather jacket）」は「革を使用したジャケット」です。例文は be made of 材料「材料でできている」の形で、be made of leather「革でできている・革製だ」はよく使われるフレーズです。

764 envelope

[énvəloup] エンヴェロウプ | 封筒

 例文
I put my letter to him in the envelope and wrote his address on it.（私は彼への手紙を封筒に入れ、封筒に彼の住所を書いた）

構文 I put 〈my letter [to him]〉 (in the envelope) and wrote his address
　　　S　V　　O　　　　　　　　　　　　　　　　　　　　　　V　　　O
(on it).

「中に（en）包むもの（velope）」→「封筒」です。高校入試では「手紙のやりとり」がよく出るだけに大事な単語です。put a stamp on an envelopeは「封筒に切手を貼る」です（stampは「切手」）。

765 journalist

[dʒə́ːrnəlist] ヂャーナリスト | ジャーナリスト、報道記者

 例文
He is a journalist for the New York Times. He usually writes about politics.（彼はニューヨーク・タイムズのジャーナリストです。普段は政治について書いています）

構文 He is 〈a journalist [for the New York Times]〉. He usually
　　　S　V　　C
writes about politics.
　V　　　　O

journalには「雑誌・新聞・会報」という意味があり、日本でも雑誌の名前に「○○ジャーナル」とよく使われています。それらを書く人が journalistです。

 Review!
□ dust　□ bulb　□ treasure
□ sand　□ metal　□ jewel

☑ 766

carpenter
[kάːrpəntər] カーペンタァ

大工

 A carpenter made this table from just one piece of wood.
（大工は、たった1つの木材からこのテーブルを作った）

 <u>A carpenter</u> <u>made</u> <u>this table</u> (from just one piece of wood).
　　　S　　　　V　　　　O

元々は「二輪車を作る人」という意味で（つづりに car がありますね）、そこから「大工」となりました。こういった「職業」を表す単語は、英検の語彙問題でもよく狙われます。

☑ 767

rhythm
[ríðm] リズム

リズム

 Try dancing to the rhythm of the drums.
（ドラムのリズムに合わせて踊ってみてよ）

 <u>Try</u> <u>dancing</u> (to the rhythm of the drums).
　　V　　　O

ギリシア語が語源でつづりが難しいですが、「リズム」と読めれば問題ないでしょう。dance to the rhythm of ～「～のリズムに合わせて踊る」の形でよく使います。この to は「方向・到達」→「一致（～にくっついて）」の用法です。

☑ 768

trap
[trǽp] トゥラップ

わな
動 わなをしかける、閉じ込める

 My father caught a mouse with a trap he set in the closet. （私の父は押入れに仕掛けたわなでネズミを捕まえた）

 <u>My father</u> <u>caught</u> <u>a mouse</u> (with a trap [he set in the closet]).
　　S　　　　V　　　O

ドラマや小説でも「トラップ」と使われますね。trap は元々「動物に仕掛けるわな」でしたが、今では「人」に対しても使えます。be trapped on the train は「電車に閉じ込められる」です。

周回Check!　1　／　2　／　3　／

769

shelf
[ʃélf] シェルフ

棚

 例文 After you finish reading the book, please put it back on the shelf. (その本を読み終えたら、本棚に戻してください)

構文 (After you finish reading the book), please put it back (on
S   V   O   V O
the shelf).

最近は家具屋で「シェルフ」と使われているのを見かけます。shelfは本来「棚」ですが、例文のように文脈によっては「本棚」も表せます（bookshelf「本棚」を使うと明確になります）。複数形は shelvesです。

770

signal
[sígnəl] スィグヌル

合図、信号
動 合図をする

 例文 There are no traffic signals on Miyajima island.
(宮島には信号機がまったくない)

構文 There are no traffic signals (on Miyajima island).
V   S

signalには sign「合図」というつづりが入っていますね。日本語でも「合図を送る」ことを「シグナルを送る」と言ったりします。a traffic signalは「交通信号・信号機」、a warning signalは「警告する合図」→「警報」です。

771

garage
[gərάːdʒ/gǽrɪdʒ] ガラーヂ / ギャリッヂ

車庫

 例文 Dave parked his car in the garage.
(デイヴは車庫に車を停めた)

 構文 Dave parked his car (in the garage).
S   V   O

 日本語でも車庫を「ガレージ」と言います（英語の発音は「ガラーヂ」「ギャリッヂ」です）。guard「ガードする」と関連があり、「車を(雨風・盗難から)ガードするもの」ということです。

 Review!
□ leather   □ journalist   □ rhythm
□ envelope □ carpenter   □ trap

772

angel
[éindʒəl] エインヂェル | 天使

例文 That girl smiles like an angel.
(その少女は天使のようにほほえむ)

構文 <u>That girl</u> <u>smiles</u> (like an angel).
　　　　S　　　　V

例文の like an angel「天使のように」はよく使う表現です。You're an angel.「本当に優しいですね」のように、「良い人・優しい人・手伝ってくれる人」といった意味でも使えます（日本語の「天使みたいな人」と似た感覚です）。

773

board
[bɔ́ːrd] ボード | 板

例文 We put our surf boards on the roof of our car and started driving to Izu. (私たちは車の屋根にサーフボードをとりつけ、伊豆に向けてドライブを始めた)

構文 <u>We</u> <u>put</u> <u>our surf boards</u> (on the roof of our car) <u>and</u> <u>started</u>
　　　　S　　V　　　　O　　　　　　　　　　　　　　　　　　　　　V
〈driving to Izu〉.
　　O

日本語でもそのまま「ボード」と言いますね。例文の surf boardは「サーフィンをするための板」です。a message boardは「伝言板」、a bulletin boardは「掲示板」です。ちなみに「黒板」は blackboardです。

774

square
[skwέər] スクウェア | 正方形、広場

例文 All *origami* paper is square, but you can get many different colors. (折り紙はすべて正方形ですが、様々な色のものが手に入ります)

構文 <u>All *origami* paper</u> <u>is</u> <u>square</u>, but <u>you</u> <u>can get</u> <u>many different colors</u>.
　　　　S　　　　　　　　V　　C　　　　S　　V　　　　O

本来は「正方形」で、そこから「（四方を建物に囲まれた四角形の）広場」の意味もあります。「タイムズ・スクエア（Times Square）」はニューヨークにある「（42丁目・7番街・ブロードウェイが交差する）広場」のことです。

senior

[síːnjər] スィーニャ

年上の、上位の

 Every day, groceries are delivered to senior citizens across the city.（毎日、町中の高齢者の方々に食料品が届けられている）

 (Every day), <u>groceries</u> <u>are delivered</u> (to senior citizens across the city).
S   V

 日本語で「シニア」と言えば「お年寄り」を指しますが、seniorは本来「年上の」という意味です（必ずしも年配者を指すわけではありません）。a senior citizenで「年齢が上の市民」→「高齢者」です。ちなみに反対は junior「年下の」です。

---

ancient

[éinʃənt] エインシャント

古代の

 The Pyramids were built in ancient Egypt. Some of them are more than 4,000 years old.（ピラミッドは古代エジプトに建設された。そのいくつかは 4,000年以上前のものだ）

<u>The Pyramids</u> <u>were built</u> (in ancient Egypt). 〈<u>Some of them</u>〉 <u>are</u>
S   V   S   V
<u>more than 4,000 years old.</u>
C

 modern「現代の」（300番）の逆です。高校の世界史の授業で出てくる「アンシャン・レジーム（ancien regime）」は「フランス革命以前の体制（昔の体制）」のことです。

---

major

[méidʒər] メイヂャァ

主要な　**動** 専攻する
majority **名** 大部分、過半数

 A major problem today is global warming. It's really serious.（今日の主要な問題は地球温暖化である。それは本当に深刻だ）

 〈<u>A major problem today</u>〉 <u>is</u> 〈<u>global warming</u>〉. <u>It's</u> <u>really serious.</u>
S   V   C   S V   C

 「メジャーな曲」とは「主要な（有名な）曲」ですね。「大学でメジャーに・主要に勉強する」→「専攻する」という動詞もあり、major in ～「～を専攻する」の形で使います（inは「範囲・分野」を表す）。

Review!   □ shelf   □ garage   □ board
                □ signal   □ angel   □ square

778

regular
[régjulər] レギュラァ

規則的な、通常の
regularly **副** 定期的に、頻繁に、いつも

例文 I get up at 7:00 and go to bed at 11:00 every day. That's my regular schedule.
（私は毎日7時に起きて、11時に寝る。それが私のいつものスケジュールだ）

構文 <u>I get up</u> (at 7:00) and <u>go to bed</u> (at 11:00) (every day). <u>That's</u>
S V   V   S V
⟨<u>my regular schedule</u>⟩.
C

スポーツの「レギュラー」は「いつも・規則的に決まって試合に出る選手」、飲み物の「レギュラーサイズ」は「通常のサイズ」です。

779

particular
[pərtíkjulər] パティキュラァ

特定の、好みにうるさい
particularly **副** 特に

例文 I have no particular plans today. Would you like to do something? （私は今日、特に予定がありません。何かしたいことはありますか?）

構文 <u>I have</u> ⟨<u>no particular plans</u>⟩ today. Would <u>you like to do something</u>?
S V   O   S   V   O

part「部分」に注目して、「部分的な」→「特定の」「（特定のことに）うるさい」と考えればOKです。in particular「特に」や be particular about ～「～の好みにうるさい」という熟語も大切です（どちらも難関校の語彙問題で出題済み）。

780

confident
[kánfədənt] カンフィデント

自信がある、確信している
confidence **名** 自信

例文 She is confident about passing the exam. She has prepared a lot. （彼女は試験に合格する自信がある。彼女はたくさん準備してきたのだ）

構文 <u>She is confident</u> (about passing the exam). <u>She has prepared</u> (a lot).
S V   C   S   V

例文は be confident about -ing「～する自信がある」の形です（aboutの代わりにofもOK）。その他、be confident that sv「svする自信がある」、be confident in ～「～に自信がある」の形でもよく使います。

781

strict
[stríkt] ストゥリクト

厳しい

例文 **My teacher is very strict. If I am even one minute late, he gives me extra homework.** (私の先生はとても厳しい。もし私が1分でも遅れたら、宿題を追加されるのだ)

構文
My teacher is very strict. (If I am even one minute late), he
S　　　V　　　C　　　　　s　v　　　　　　　　　　c　　　S
gives me extra homework.
V　O₁　　O₂

 物語文で「厳しい親・先生」がよく出るだけに大事な単語です。「人が厳しい」だけでなく、a strict rule「厳しいルール」のようにも使えます。

782

calm
[káːm] カーム

穏やかな

例文 **Don't get angry. It's better to stay calm and think about what to do.** (怒らないで。落ち着いて何をするべきか考えたほうがいいよ)

構文
Don't get angry. It's better 〈to stay calm and think about
V　　C　　仮SV　　C　　　　真S
what to do〉.

 発音は「カーム」です。例文の stay calm は「落ち着いた状態を保つ・平静を保つ」です（stay 形容詞「形容詞 のままだ」の形）。会話で Calm down.「落ち着いて」もよく使います。

783

flat
[flǽt] フラット

平らな

例文 **This area is very flat. There are no hills or mountains at all near here.** (この地域はとても平たんだ。この近くに丘や山はまったくない)

構文
This area is very flat. There are 〈no hills or mountains〉 (at
S　　　V　　　C　　　　　V
all) (near here).

 「フラットテレビ」は「（奥行が薄い）平らなテレビ」です。「空気が抜けて平らになった」→「パンクした」で、The tire went flat.「タイヤがパンクした」のようにも使えます。さらに「金額が平らな」→「一律の・均一の」の意味もあります。

Review!
- [ ] senior
- [ ] ancient
- [ ] major
- [ ] regular
- [ ] particular
- [ ] confident

784

correct
[kərékt] カレクト

正しい　**動** 訂正する

例文 If you think about the problem carefully, I'm sure you can find the correct answer.
（その問題についてよく考えれば、きっと正しい答えが見つかるはずだよ）

構文 (If you think about the problem carefully), I'm sure ⟨{that}
　　　　　S　　v　　　　o　　　　　　　S V　C
you can find the correct answer⟩.
　　s　　v　　　　　o

 correctの rectは、directと同じ意味で、「まっすぐ正しい方向へ指導する」→「訂正する」となりました。collect「集める」と区別してください。

785

rare
[réər] レア

まれな、珍しい
rarely **副** めったに～ない

例文 Diamonds are expensive because they are very rare.
（ダイヤモンドはとても希少なので高価だ）

構文 Diamonds are expensive (because they are very rare).
　　　　 S　　V　　C　　　　　　　 s　 v　　c

 「レア（珍しい）」は「レアキャラ」「レアもの」など日本語でも使いますし、ゲームで「レアアイテム」と言えば「珍しい道具」のことですね。

786

fat
[fǽt] ファット

太った　**名** 脂肪

例文 My cat is really fat. He just sleeps on the sofa all day long. （私のネコは本当に太ってるよ。1日中ソファで寝てるだけなんだ）

構文 My cat is really fat. He just sleeps (on the sofa) (all day long).
　　　　 S　 V　　C　　　 S　　　 V

 名詞で「脂肪」の意味があり、「脂肪」→「太った」とセットで覚えてください。fatは人に直接言うと失礼になるので注意しましょう（「太った」を遠回しに言うときは largeや heavyを使ったりします）。

周回Check!　1　／　2　／　3　／

787

sour
[sáuər] サウア | すっぱい

例文 These grapes look delicious, but when I tasted one, it was very **sour.** (このブドウはとてもおいしそうだが、1つ味見してみると、とてもすっぱかった)

構文
<u>These grapes</u> <u>look</u> <u>delicious</u>, but (<u>when</u> <u>I</u> <u>tasted</u> <u>one</u>), <u>it</u> <u>was</u>
S   V   C   s   v   o   S   V
<u>very sour</u>.
C

📖 「すっぱいお菓子」の商品名に「サワー」と使われています。また、「梅酒サワー」は「すっぱいお酒」という意味です。

788

intelligent
[intélədʒənt] インテリヂェント | 知能の高い
intelligence **名** 知性

例文 Taiga is the most intelligent student in our class. He can solve any math problem.
(タイガは私たちのクラスで最も賢い生徒だ。彼はどんな数学の問題も解ける)

構文
<u>Taiga</u> <u>is</u> 〈<u>the most intelligent student</u>〉 (in our class). <u>He</u>
S   V   C   S
<u>can solve</u> <u>any math problem</u>.
V   O

📖 日本語で「インテリ」と言いますが、これは intelligentのことです。名詞 intelligence「知性」は、AI「人工知能（artificial intelligenceの略）」でも使われています。

789

raw
[rɔ́ː] ロー | 生の、加工していない

例文 Raw spinach has more vitamin C than boiled spinach.
(生のほうれん草は、ゆでたほうれん草よりも多くのビタミンCを含んでいる)

構文
<u>Raw spinach</u> <u>has</u> <u>more vitamin C</u> (than boiled spinach).
S   V   O

📖 「むき出しの」というイメージで、料理関係では raw fish「生魚」／ raw meat「生肉」／ raw eggs「生卵」などとよく使います（日本紹介で「寿司」の説明でも便利）。

Review! | □ strict | □ flat | □ rare
| □ calm | □ correct | □ fat

available

[əvéɪləbl] アヴェイラブル

利用できる、手に入る、都合がつく

例文 The microwave oven is available in black and white.
（その電子レンジはブラックとホワイトが購入可能です）

構文 <u>The microwave oven</u> <u>is</u> <u>available</u> (in black and white).
S ・ V ・ C

 「スタンバイ OK」のイメージで、「Wi-Fiがスタンバイ OK」→「利用できる」、「店で商品がスタンバイ OK」→「手に入る・購入できる」、「人がスタンバイ OK」→「都合がつく・空いている」となります。

effective

[ɪféktɪv] イフェクティヴ

効果的な
effect **名** 影響、効果、結果

例文 I think visiting other countries even for a few days is an effective way to learn foreign cultures or customs. （私は、数日間でも外国を訪れることは、外国の文化や慣習を学ぶのに効果的な方法だと思います）

構文 <u>I</u> <u>think</u> ⟨{that} ⟨visiting other countries (even for a few days)⟩
S V O s
<u>is</u> ⟨an effective way [to learn foreign cultures or customs]⟩⟩.
v C

 effect（672番）の形容詞形で、an effective way to ～「～するのに効果的な方法」はよく使われるフレーズです。

willing

[wílɪŋ] ウィリング

～してもよい

例文 About 40 percent of answers showed that they would be willing to donate organs after brain death. （約40%の回答が、脳死後に臓器提供をしてもよいと示していた）※ donate「寄付する」／ organ「臓器」

構文 ⟨About 40 percent [of answers]⟩ <u>showed</u> ⟨ that they would
S V O s
<u>be willing to donate</u> <u>organs</u> (after brain death)⟩.
v o

 will「～する意思がある」→ willing「～してもよい」となりました。be willing to ～ は「しても OKだよ」という感じでよく使われます。

☑️ 793

solar
[sóulər] ソウラァ | 太陽の

 Solar panels only make electricity when the sun is shining.（太陽光パネルは太陽が出ているときしか電気を作らない）

 <u>Solar panels</u> only <u>make</u> <u>electricity</u> (<u>when</u> <u>the sun</u> <u>is shining</u>).
S　　　　　　V　　O　　　　　　　s　　　v

 「ソーラーパネル（solar panel）」とは「太陽光で発電するパネル」です。化石燃料に代わる環境に優しい燃料として、solar energy「太陽エネルギー」や solar power generation「太陽光発電」に注目が集まっています。

☑️ 794

atomic
[ətámik] アタミック | 原子の
atom 名 原子

 The first atomic bomb was dropped in Hiroshima on August 6, 1945.（最初の原子爆弾は1945年8月6日に広島に落とされた）

 〈<u>The first atomic bomb</u>〉 <u>was dropped</u> (in Hiroshima) (on
S　　　　　　　　　V
August 6, 1945).

atomは元々「これ以上分割できないもの」で、そこから「最も小さい単位」→「原子」となりました。その形容詞形が atomic で、atomic bombは「原子爆弾」です。

☑️ 795

nuclear
[njúːkliər] ニュークリア | 核の、原子力の

 Many people don't feel nuclear power is safe.
（多くの人は原子力が安全だと思っていない）

<u>Many people</u> <u>don't feel</u> 〈{that} <u>nuclear power</u> <u>is</u> <u>safe</u>〉.
S　　　　　V　　　　　O　　　s　　　　v　c

エネルギー問題に関する長文で、nuclear power「原子力」や nuclear power plant「原子力発電所」が大切です。nuclear weaponは「核兵器」です。

Review!　☐ sour　　　　☐ raw　　　　☐ effective
　　　　　☐ intelligent　☐ available　☐ willing

796

severe
[sɪvíər] スィヴィア

厳しい

 例文 Rising temperatures on the earth are one of the causes of severe weather. （地球の気温上昇は、悪天候を引き起こす原因の1つだ）

 構文 〈Rising temperatures [on the earth]〉 are 〈one of the causes [of severe weather]〉.
S　　　　　　　　　　　　　　V　　　　　C

 「シビアな業界」とは「生き残りが厳しい世界」ということです。severe weather で「厳しい天候・悪天候」となります。他に、severe summer heat「夏の厳しい暑さ（酷暑）」や severe disease「重病」など様々な場面で使えます。

797

extreme
[ɪkstríːm] イクストリーム

極端な
extremely 副 極めて

 例文 In some areas extreme weather events and rainfall are becoming more common. （地域によっては、異常気象や降雨が多くなっている）

 構文 (In some areas) 〈extreme weather events and rainfall〉 are becoming
S　　　　　　　　　　　　　　　　V
more common.
C

 「普通の状態の外（ex）にある」→「極端な」と考えてください。環境の話題では extreme weather events「異常気象」という表現がよく出ます（例文は難関校で実際に出たものより抜粋）。

798

recyclable
[rìːsáɪkləbl] リーサイクラブル

リサイクル可能な
名 リサイクル可能な物

 例文 McDonald's plans to use recyclable packages in the near future.
（マクドナルドは近い将来、リサイクル可能な包装を使用する予定だ）

 構文 McDonald's plans to use recyclable packages (in the near future).
S　　　　　V　　　　　O

 "-able" は「可能（～できる）・受動（～される）」を表し、recyclableは「リサイクルされることができる」→「リサイクル可能な」となります。複数形 recyclablesで「リサイクル可能な物」という名詞としても使われます。

周回Check! 1 ／ 2 ／ 3 ／

799

disabled
[diséibld] ディセイブルドゥ

障がいがある、障がい者用の
disability 名 障がい

 In Japan, trains, buses, and taxis offer discounts to disabled people. （日本では、電車、バス、タクシーで障がい者割引を提供している）

 (In Japan), ⟨trains, buses, and taxis⟩ offer discounts (to disabled people).
　　　　　　　　　　　　S　　　　　　　　　V　　　O

disableは「できる（able）＋否定（dis）」で、disabledは「できなくさせられる」→「障がいがある」です。かつて使われた handicapped「ハンデがある」は差別的とされ、代わりに disabledなどが使われるようになりました。

800

universal
[jùːnivə́ːrsəl] ユーニヴァーサル

全世界の、普遍的な
universe 名 宇宙

 Universal design is the idea of creating products and environments for everyone. （ユニバーサルデザインとは、すべての人のために製品や環境をつくるという考え方だ）

 Universal design is ⟨the idea [of creating products and environments
　　　　　　S　　　　 V　　C
(for everyone)]⟩.

本来「宇宙（universe）の」で、「宇宙全体・世界中で通じる」→「全世界の・普遍的な」となりました。入試では「ユニバーサルデザイン」の話がよく出ます。

Review!	□ solar	□ nuclear	□ extreme
	□ atomic	□ severe	□ recyclable

日本紹介英作文 ⑪

浴衣

Yukata is a light cotton *kimono*. There are two kinds. The first kind is colorful and is worn by women in the summer. Women especially like to wear *yukata* at traditional Japanese events, such as firework displays and *Obon* dancing. The second kind has a simpler design. It is worn by both men and women. Guests wear them in Japanese hotels and hot spring resorts instead of pajamas after they take a bath.

和訳

浴衣は軽い綿でできた着物です。2種類あります。1つ目の種類は色彩に富んだもので夏に女性が着ます。女性は、花火大会や盆踊りのような伝統的な日本の行事で浴衣を着るのが特に好きです。2つ目の種類はもっとシンプルなデザインのものです。それは男性も女性も着ます。入浴後に、日本のホテルや温泉リゾートでパジャマの代わりに宿泊客が着ます。

英作文お役立ち単語
(赤文字は本書の見出し語（派生語含む）に掲載)

☐ **light** 形 軽い

☐ **wear** 動 身に着ける
wear – wore – worn

☐ **especially** 副 特に → 371番

☐ **traditional** 形 伝統的な、従来の → 255番

☐ **firework display** 名 花火大会

☐ **design** 名 デザイン → 222番

☐ **both** 副 両方とも → 386番

☐ **guest** 名 宿泊客 → 166番

☐ **hot spring** 名 温泉

☐ **instead of ～** 熟 ～の代わりに → 367番

☐ **bath** 名 浴室

動詞

名詞

形容詞

周回Check! 　1 　/ 　2 　/ 　3 　/

日本紹介英作文 ⑫

ひな祭り

Hinamatsuri is the Girl's Festival, and is celebrated on March 3rd. The festival celebrates girls' growing up. On this day, families who have girls put dolls called *hinaningyo* on a special stand, and display them in their homes. There are many different kinds of *hinaningyo* sets.

和訳

ひな祭りは女の子のお祭りで、3月3日に行われます。そのお祭りは女の子の成長を祝うものです。この日、女の子のいる家庭はひな人形と呼ばれる人形を特別な台に置き、家にそれらを飾ります。ひな人形には様々な種類のセットがあります。

英作文お役立ち単語
(赤文字は本書の見出し語（派生語含む）に掲載)

□ celebrate　　動 祝う → 12番　　　□ stand　　名 台

□ grow up　　熟 成長する　　　　　□ display　　動 展示する、飾る → 679番

□ put　　　　動 置く

Review!　　□ disabled
　　　　　　　□ universal

INDEX
アルファベット順

C

F

S